企業経営の
グローバル化
研究

第3版

マーケティングから
ロジスティクスの時代へ

丹下博文【著】
Hirofumi TANGE

中央経済社

第3版への序文

　本書の第2版が2010年に出版されてから6年ほど経過したが，その間に例えば11年に東日本大震災やタイの大洪水が勃発し，日本企業は大きな試練に遭遇した。日本国内も消費税の増税や円安が進行し，市場環境が大きく変動した。海外では米国経済が金融政策や原油価格の影響を受け，かつての「世界の工場」から「世界の消費市場」へと変貌した中国は高度経済成長の時代を終えようとしている。欧州では金融不安がくすぶり続けており，世界的にはテロや地域紛争が後を絶たず，日本企業も企業経営のグローバル化に際して新たな問題に直面しなければならなくなってきている。

　このような国際情勢の変化を背景に，このたび第2版を増補して第3版を出版することにした。特に補筆した点は，本書の副題となっている「マーケティングからロジスティクスの時代へ」の考察を一層深めるために第XI章に第6節と第7節を追加したことである。さらに本書とともに「企業経営研究三部作」として，同じく中央経済社から2014年に同時出版された『企業経営の社会性研究〈第3版〉』と『企業経営の物流戦略研究』をご参照いただければ幸いである。

　お陰さまで前者の『企業経営の社会性研究』の初版は2003年に環境経営学会より学会賞（学術貢献賞），後者の『企業経営の物流戦略研究』は14年に日本物流学会より学会賞（著書）を受賞することができたので，本書を含めた企業経営研究三部作にご支援・ご協力いただいた多くの方々に厚く御礼申し上げたい。また，本書に関しても十分に考察が及ばなかった点については，今後の研究課題としてご指導・ご鞭撻いただければ幸いである。

　最後に本書の出版にあたりご尽力いただいた中央経済社・経営編集部の酒井隆氏に厚く御礼申し上げるしだいである。

　2016年3月吉日

丹　下　博　文

第2版への序文

　本書の前身となる『国際経営とマーケティング』と題する専門書を1992年，その新版を7年後の1999年に出版して以降，21世紀に入っても世界市場の環境変化は目まぐるしいほど激しく，企業経営も国際化からグローバル化へと一気に進展しつつある。例えば従来，世界最大の市場は米国で，企業経営のグローバル・スタンダードといえば米国のそれを指していると考えてよかったほどである。ところが21世紀になり，「世界の工場」と呼ばれた中国を含む，いわゆる新興の「BRICs」（ブラジル，ロシア，インド，中国の4カ国）の市場が急拡大を続けている。

　とくに2008年9月のリーマン・ショックに端を発する世界同時不況は世界中の需要を減退させ，世界市場を取り巻く状況が激変した。そのなかで中国は世界の消費地へと変容しようとしており，自動車の生産と販売で世界一に躍り出ると同時に，温暖化ガスとなる二酸化炭素（CO_2）の排出量でも米国を抜いて世界一になろうとしている。その一方では，日本企業だけでなく国際的にもサプライチェーンをもとにグローバル経営を指向する動きが一段と強まり，21世紀の今日では新しいパラダイムの構築が必要になってきている。

　こうした最新の情勢を踏まえ，2007年4月に出版された本書の初版『企業経営のグローバル化研究』を増補改訂した「第2版」は，主として国際経営，多国籍企業，マーケティング，物流・ロジスティクスなどに学術的な関心を抱く研究者や実務家等を対象に執筆・構成されている。全部で11章あるが，あえて分類すれば第Ⅰ章～第Ⅲ章の3章が基礎的研究，第Ⅳ章～第Ⅵ章の3章が応用的研究，そして第Ⅶ章～第Ⅺ章の5章が実践的研究と呼べるであろう。

　この第2版の第Ⅰ章から第Ⅸ章までは，基本的に初版の論述を踏襲している。これらは21世紀の今日でも，そのまま妥当する普遍性があると考えられるからである。他方，第Ⅹ章と第Ⅺ章の2章は新たな考察に基づいており，第2版の新機軸を示す論述と言えよう。いまや世界市場は供給過剰が常態となる一方で，マーケティングにおける顧客満足や顧客関係の観点から，企業経営のグローバル化研究において物流やロジスティクスを重要視しなければならなくなり，ま

さにマーケティングからロジスティクスの時代へと移行するパラダイム・シフトが鮮明になってきたからである。

ところで、著者自身が国際経営やマーケティングにかかわる長い研究過程において最も啓発されたのは、米国のビジネス・スクール（経営大学院）においてであった。その留学当時に以下のような随筆を発表したことがある。

「ビジネス・スクールは、時々刻々と変遷する複雑な企業環境のなかで、多様かつ迅速な意思決定をしなければならないトップ・エグゼクティブを養成するための職業訓練の場といえよう。しかし、このビジネス・スクールにもいくつかの問題点がある。例えばケース・スタディといっても所詮ペーパー・ワークにすぎず、実社会で実践することとは別問題である。つまり、ビジネス・スクールで良い成績をあげたからといって、その人が必ずしも企業のトップ・エグゼクティブとして適性があり成功するとは限らない。『企業は人なり』という諺にもあるように、実社会では人間関係が基本になり、ビジネスは信頼関係の上に成り立つという大原則は世界各国共通のように思える」と。

このような問題意識は現在もなお、著者が専門領域の調査・研究活動に取り組む際の基本となっており、その成果として生まれた本書が読者の研究や実務等のお役に立つようなことがあれば幸いである。もちろん著者一人の経験や知識には限界があるため、十分に考察がおよばなかった点については今後の研究課題としたい。

なお、本書を著者の研究体系における総論とすると、同じ中央経済社から2005年4月に出版した『企業経営の社会性研究〈第2版〉』は各論と位置づけられるので、本書とともに是非ご参照いただければ幸いである。

最後に本書の初版だけでなく第2版を出版する際にもご尽力いただいた中央経済社の江守眞夫氏、同じく編集をご担当いただいた市田由紀子氏に厚く御礼申し上げるしだいである。

2010年1月吉日

丹下博文

目　次

序　文

第Ⅰ章　経営国際化の基礎理論 —————————— 1

- Ⅰ-1　問題の起点 ………………………………………… 2
- Ⅰ-2　比較優位による貿易 ……………………………… 2
- Ⅰ-3　貿易形態の変化 …………………………………… 3
- Ⅰ-4　多国籍企業の登場 ………………………………… 5
- Ⅰ-5　経営グローバル化のプロセス …………………… 8
- Ⅰ-6　海外直接投資と貿易収支 ………………………… 11
  - Ⅰ-6-1　海外直接投資が与える効果　*11*
  - Ⅰ-6-2　貿易収支変化のメカニズム　*12*
- Ⅰ-7　国際経営における戦略 …………………………… 15
  - Ⅰ-7-1　戦略と意思決定　*15*
  - Ⅰ-7-2　戦略的決定の重要性　*17*
- Ⅰ-8　国際経営戦略の体系 ……………………………… 18
  - Ⅰ-8-1　国際経営戦略の分類　*18*
  - Ⅰ-8-2　国際経営戦略の問題点　*20*

第Ⅱ章　マーケティングと国際化 —————————— 25

- Ⅱ-1　マーケティングの国際性 ………………………… 26
- Ⅱ-2　ショーのマーケティング論 ……………………… 27
  - Ⅱ-2-1　ビジネス活動の基本　*27*
  - Ⅱ-2-2　需要創造活動　*28*
  - Ⅱ-2-3　販売の方法と機関　*29*
  - Ⅱ-2-4　流通経路の短縮化　*30*

Ⅱ-2-5　価格政策　*31*
　Ⅱ-3　ホールの流通に関する理論 ……………………………*32*
　　Ⅱ-3-1　流通の発展過程　*32*
　　Ⅱ-3-2　流通理論の形成　*33*
　　Ⅱ-3-3　広告の普及　*34*
　Ⅱ-4　ショーとホールからの発展 ……………………………*35*
　Ⅱ-5　マーケティングの先行的役割 …………………………*37*
　　Ⅱ-5-1　マーケティングと海外市場　*37*
　　Ⅱ-5-2　海外市場への進出ステップ　*39*
　Ⅱ-6　国際マーケティング活動 ………………………………*40*
　　Ⅱ-6-1　マーケティング活動の国際的展開　*40*
　　Ⅱ-6-2　現地生産とマーケティング活動　*42*
　Ⅱ-7　国際マーケティング戦略 ………………………………*43*
　　Ⅱ-7-1　市場の細分化と選択　*43*
　　Ⅱ-7-2　標的市場への浸透　*44*

第Ⅲ章　グローバル化の事例研究　　*51*

　Ⅲ-1　事例研究のポイント ……………………………………*52*
　　Ⅲ-1-1　グローバル経営と日本人的発想　*52*
　　Ⅲ-1-2　戦略的結合とMUTEC　*53*
　Ⅲ-2　米国進出の背景とプロセス ……………………………*55*
　　Ⅲ-2-1　米国市場とアルカリ乾電池　*55*
　　Ⅲ-2-2　米国進出の諸要因　*57*
　　Ⅲ-2-3　立地調査の経緯　*58*
　Ⅲ-3　合弁による戦略的結合 …………………………………*60*
　　Ⅲ-3-1　合弁事業形態の戦略性　*60*
　　Ⅲ-3-2　戦略的結合と販売経路　*62*
　Ⅲ-4　内外一体経営の導入 ……………………………………*64*
　　Ⅲ-4-1　グローバル化と内外一体経営　*64*
　　Ⅲ-4-2　生産拠点のシフト　*65*

Ⅲ-4-3　現地材料部品の使用　*66*
　　　Ⅲ-4-4　現地従業員の育成・登用　*67*
　　　Ⅲ-4-5　地域社会に根付く　*68*
　　　Ⅲ-4-6　内外一体経営の阻害要因　*70*
　　Ⅲ-5　グローバル化への挑戦　……………………………………*72*

第Ⅳ章　中小企業の国際化プロセス　　　　　　　　　　*79*

　　Ⅳ-1　新しい中小企業像　………………………………………*80*
　　　Ⅳ-1-1　中小企業の進取性　*80*
　　　Ⅳ-1-2　「知恵（チエ）」の戦略化　*81*
　　Ⅳ-2　中小企業の海外進出　……………………………………*84*
　　　Ⅳ-2-1　産業空洞化への対応　*84*
　　　Ⅳ-2-2　海外進出の成功事例　*85*
　　　Ⅳ-2-3　海外進出における留意点　*88*
　　Ⅳ-3　中小ベンチャー企業の勃興　……………………………*90*
　　Ⅳ-4　新規創業を支える諸環境　………………………………*93*
　　Ⅳ-5　ハイテク・ベンチャーの集積　…………………………*96*
　　Ⅳ-6　シリコンバレーからの教訓　……………………………*99*
　　Ⅳ-7　大企業と中小企業　……………………………………*101*
　　　Ⅳ-7-1　米国のビジネス教育　*101*
　　　Ⅳ-7-2　リエンジニアリングの影響　*103*
　　Ⅳ-8　中小企業国際化への課題　……………………………*105*
　　　Ⅳ-8-1　ベンチャー企業の発展段階　*105*
　　　Ⅳ-8-2　海外事業展開の動向　*107*
　　　Ⅳ-8-3　起業家に共通する要素　*109*
　　Ⅳ-9　中小企業と経済発展　…………………………………*110*
　　　Ⅳ-9-1　規制緩和と地方分権　*110*
　　　Ⅳ-9-2　地域的な経済発展の条件　*112*

第Ⅴ章　米国におけるベンチャー企業の動向　117

- Ⅴ-1　米国の「ベンチャー企業」 …………………………… 118
- Ⅴ-2　専門的労働者の登場 ………………………………… 120
  - Ⅴ-2-1　その背景と問題点について　*120*
  - Ⅴ-2-2　専門的労働者の創造的環境　*123*
- Ⅴ-3「インテル」の事例研究 ……………………………… 125
  - Ⅴ-3-1　大企業からのスピンアウト　*125*
  - Ⅴ-3-2　スタート・アップ段階での模索　*127*
  - Ⅴ-3-3　大躍進の発端となる発明　*129*
  - Ⅴ-3-4　急速に変化する市場への対応　*131*
  - Ⅴ-3-5　マーケティングの活用段階へ　*133*
- Ⅴ-4「マイクロソフト」の事例研究 ……………………… 136
  - Ⅴ-4-1　コンピュータ言語への傾注　*136*
  - Ⅴ-4-2　ソフトウェア産業の誕生　*137*
  - Ⅴ-4-3　パソコン時代の幕開き　*139*
- Ⅴ-5　米国における新しい動向 …………………………… 141
  - Ⅴ-5-1　高度な知識レベルとは　*141*
  - Ⅴ-5-2　経済の活性化に向けて　*143*
- Ⅴ-6　日本のベンチャー・ブーム ………………………… 145
  - Ⅴ-6-1　日本のベンチャー企業への期待　*145*
  - Ⅴ-6-2　今後の課題と展望　*147*

第Ⅵ章　国際ビジネス・ネゴシエーション　151

- Ⅵ-1　ネゴシエーションの実践性 ………………………… 152
- Ⅵ-2　ネゴシエーションの概念規定 ……………………… 154
  - Ⅵ-2-1　ネゴシエーションとビジネス　*154*
  - Ⅵ-2-2　ネゴシエーションの諸定義　*155*
- Ⅵ-3　個人的要因 …………………………………………… 157
  - Ⅵ-3-1　言語的要因　*157*

(1)　ランゲージ・バリアとは　*157*
　　　(2)　誤解されやすい表現例　*160*
　　Ⅵ-3-2　行動的要因　*161*
　　Ⅵ-3-3　人間関係的要因　*164*
　　　(1)　ネゴシエーションと信頼関係　*164*
　　　(2)　友人関係の重要性　*165*
　Ⅵ-4　社会的要因 …………………………………………… 167
　　Ⅵ-4-1　組織的要因　*167*
　　Ⅵ-4-2　法律的要因　*169*
　　Ⅵ-4-3　社会慣習的要因　*171*
　　　(1)　非公式な場での接触　*171*
　　　(2)　接待における困惑　*172*
　Ⅵ-5　ネゴシエーション研究の重要性 …………………… 173

第Ⅶ章　シリコンバレーと地域経済活性化　　181

　Ⅶ-1　地域経済活性化に向けて ………………………… 182
　Ⅶ-2　シリコンバレーと起業家精神 ……………………… 183
　　Ⅶ-2-1　シリコンバレー発展の背景　*183*
　　Ⅶ-2-2　シリコンバレーの成功例　*184*
　Ⅶ-3　シリコンバレーの地域特性 ………………………… 186
　Ⅶ-4　シリコンバレーの優位性 …………………………… 189
　　Ⅶ-4-1　優位性の本質的要因　*189*
　　Ⅶ-4-2　「スピード」と「知識の向上」　*192*
　Ⅶ-5　シリコンバレーの成長モデル ……………………… 194
　　Ⅶ-5-1　ベンチャー企業の繁栄　*194*
　　Ⅶ-5-2　日本の地域経済活性化　*195*

第Ⅷ章　21世紀の国際マーケティング　　201

　Ⅷ-1　マーケティングの多様化 …………………………… 202

- Ⅷ-2　マーケティングの新しい動向 …………………………… 203
  - Ⅷ-2-1　21世紀のマーケティングへの示唆　*203*
  - Ⅷ-2-2「ポジショニング」概念の登場　*205*
- Ⅷ-3「国際マーケティング」の誕生と展開 ………………… 207
  - Ⅷ-3-1「国際マーケティング」誕生の背景　*207*
  - Ⅷ-3-2　国際マーケティングと不確実性　*208*
  - Ⅷ-3-3　国際マーケティングの5段階　*210*
- Ⅷ-4「グローバル・マーケティング」への進展 …………… 212
  - Ⅷ-4-1　競争のプレッシャー　*212*
  - Ⅷ-4-2　マーケティングのグローバル化　*213*
  - Ⅷ-4-3　マーケティングの5つのタイプ　*216*
- Ⅷ-5　国際マーケティングの新しい展開 …………………… 219
  - Ⅷ-5-1　国際マーケティングの普遍性　*219*
  - Ⅷ-5-2　リーダーシップと創造性　*220*

第Ⅸ章　21世紀のグローバル化と国際経営　　225

- Ⅸ-1　国際経営の新しい課題 ………………………………… 226
- Ⅸ-2「企業の社会的責任」の国際規格化 …………………… 227
  - Ⅸ-2-1　企業の社会的責任（CSR）と国際経営　*227*
  - Ⅸ-2-2「ISO26000」規格に関する動向　*229*
- Ⅸ-3「サステナビリティ」をめぐる動向 …………………… 230
  - Ⅸ-3-1　グローバル化とサステナビリティ　*230*
  - Ⅸ-3-2　注目されるサステナビリティ・レポート　*232*
- Ⅸ-4　グローバル化をめぐる動向 …………………………… 234
  - Ⅸ-4-1　グローバル化と反グローバル化　*234*
  - Ⅸ-4-2　グローバル化の推進力　*236*
- Ⅸ-5　21世紀の国際経営における新しい動向 ……………… 239
  - Ⅸ-5-1　国際化からグローバル化へ　*239*
  - Ⅸ-5-2　国際的な経営環境の変化　*240*
- Ⅸ-6　グローバル化へのパラダイム構築 …………………… 242

第Ⅹ章　物流に関する国際経営的視点からの考察　　249

　Ⅹ-1 「物流」という概念の変遷 …………………………………… 250
　Ⅹ-2　物流からロジスティクスへ …………………………………… 251
　　Ⅹ-2-1 「物流」の発祥と発展　*251*
　　Ⅹ-2-2 「ロジスティクス」概念の定着　*252*
　Ⅹ-3　ロジスティクスとＳＣＭ ……………………………………… 255
　　Ⅹ-3-1　市場環境の変化とロジスティクス　*255*
　　Ⅹ-3-2 「ＳＣＭ」という概念の登場　*257*
　　Ⅹ-3-3 「ＳＣＭ」をめぐる諸問題　*259*
　Ⅹ-4 「３ＰＬ」ビジネスの成長 ……………………………………… 260
　Ⅹ-5　国際インテグレーターの出現 ………………………………… 263
　　Ⅹ-5-1　物流の総合化と国際化　*263*
　　Ⅹ-5-2　国際インテグレーター発展の課題　*264*
　Ⅹ-6　21世紀における物流の重要性 ………………………………… 265

第ⅩⅠ章　マーケティングからロジスティクスの時代へ　　271

　ⅩⅠ-1　企業経営におけるロジスティクス指向 …………………… 272
　ⅩⅠ-2　マーケティング・ロジスティクスの提唱 ………………… 274
　ⅩⅠ-3　グローバルなロジスティクス戦略の必要性 ……………… 276
　　ⅩⅠ-3-1　マーケティングとサプライチェーン　*276*
　　ⅩⅠ-3-2　マーケティング戦略とロジスティクス戦略　*278*
　ⅩⅠ-4　マーケティング・ロジスティクスの発展 ………………… 282
　　ⅩⅠ-4-1　サプライチェーンにおける展開　*282*
　　ⅩⅠ-4-2　ロジスティクス重視の新しい動向　*284*
　ⅩⅠ-5 「ロジスティクスの時代」へのパラダイムシフト ……… 286
　ⅩⅠ-6　米国の混載システムに関する考察 ………………………… 287
　　ⅩⅠ-6-1　直接輸送と混載輸送　*287*
　　ⅩⅠ-6-2　配送センターと混載倉庫　*289*
　　ⅩⅠ-6-3　クロスドッキングの普及　*291*

XI-7　戦略的提携とM&Aの時代 …………………………………… 292
　　XI-7-1　求められる変革型リーダーシップ　*292*
　　XI-7-2　注目される大型M&Aの動向　*295*

索引（和文／欧文） ———————————————— 301

第I章

経営国際化の基礎理論

I-1 問題の起点

　日本はイギリスと同じように四囲を海にかこまれ，しかも天然資源（natural resources）に乏しいために外国から原材料を輸入し，それを加工して製品を輸出する加工貿易の国である，とかつて習ったことがある。ところが今日では日本の大企業ばかりでなく中堅・中小企業までが海外進出を余儀なくされ，貿易摩擦問題が顕在化するに至った。一体何ゆえに企業は海外への事業展開をはかり，これほどまでに国際化を志向しようとするのであろうか。

　本章では企業経営の国際化の背景となっている理論的根拠を解明するために，いわゆる多国籍企業が登場するまでのプロセスを考察し，さらに進んでグローバル経営へ移行しようとする現代の日本企業に言及して国際経営を研究する起点としたい。また，本章の最後には国際経営（International BusinessまたはInternational Management）における戦略論の導入も現代的なテーマとして触れておくことにする。

I-2 比較優位による貿易

　国内で生産した商品を国内市場のみで販売する場合に比べ，国境を超えて外国市場へ流通させて販売する場合には絶えず大きなリスクをともなう。政治・経済・社会・文化のどの局面においても外国の事情に関しては不安定で不確実な要素が多くなるからである。それでもなお外国との貿易が必然性をもって行われる背景には，そうしたリスクを正当化しうるだけの経済的合理性が存在しなければならない。その裏付けとなる理論として最初に登場したのが，1871年にイギリスの経済学者リカード（Ricardo, D.）によって提唱された「比較生産費の原理（principle of comparative costs）」である。

　この原理は貿易発生の原因と国際分業の方向を説明している。つまり，各国が貿易を行う前に生産費の観点から相対的に優位な商品の生産に特化（specialize）して輸出をはかり，逆に相対的に劣位に立っている商品を輸入するようにすれば，それぞれの国が貿易によって相互に利益を増加させることができ

るとする考え方である。ただし，リカードの説は商品1単位を生産するのに何人の労働者が必要かという労働生産性の比較優位を国際分業の唯一の決定要因としていた。このため，1900年代に入ると，主要な生産要素の賦存比率（または価格比率）の違いに着目して，各国は他国と相対比較をした場合に安価もしくは豊富な生産要素——例えば自然条件，資本，労働力など——をより集約的に利用できる商品に対して比較優位性をもつとする「ヘクシャー＝オリーンの定理」が主張された。この定理によると，各国間の賦存比率の差が大きくなればなるほど国際分業の利益も大きくなって，理論的には国際貿易が盛んになってくる[1]。

しかし，こうした比較優位論に基づいて国際分業 (international division of labor)，さらには国際貿易 (international trade) の有利性を追求できる前提条件としては，各国によって生産条件の基盤が異なり，ある商品の生産に関する適性に差が生じなければならない。したがって，産業革命 (Industrial Revolution) によって生産技術の大変革がもたらされてから第2次世界大戦が始まるまでの時代に典型的に見られたような，西欧の先進工業国と天然資源の豊富な後進の一次産品生産国との間の貿易取引を説明する際には十分に妥当性があったといえよう[2]。

I-3 貿易形態の変化

上述した伝統的な比較優位による貿易の形態は，一次産品とそれを原材料にして加工した工業製品との貿易，言い換えれば生産段階の上下関係にある国と国との間の交換取引という意味で，一般に「垂直貿易 (vertical trade)」と呼ばれている。

これに対して戦後は先進工業国間における貿易が伸びており，この場合には生産基盤が類似して生産要素の賦存比率が小さい国どうしの貿易，つまり同種の工業製品対工業製品の取引となることが多いために競争的 (competitive) にならざるをえない。これが垂直貿易に対し「水平貿易 (horizontal trade)」と呼ばれる貿易形態で，現代における世界貿易の主流になっているといってよいであろう。しかし，それと同時に相互依存関係が希薄かつ不安定であること

から，貿易摩擦（trade friction）の原因になる恐れがあることも忘れてはならない。こうした貿易形態の構造的変化をもたらした要因としては以下のことが考えられる[3]。

① 先進工業国において所得水準が上昇し，その結果，需要の多様化がもたらされた。
② 製造技術が一層進歩して，先進工業国では需要に見合った多様な製品を生産することが可能となった。
③ 先進工業国の間では，経済を活性化するために関税等の貿易障壁を軽減ないし撤廃して自由貿易体制へ移行しようとの意欲が強い。
④ 運輸・通信手段の目ざましい発達により，先進工業国における需要動向が把握しやすく，しかも大量で迅速な輸送ができるようになった。

以上のような水平貿易の増加は，戦後急速な復興・発展を遂げて今や経済大国（economic power）に成長した貿易立国・日本についても当てはまることは言うまでもない。

例えば商品輸入構造の推移を見ると，繊維原料・金属原料・その他の原料といった原料に関する項目の総輸入額に占める割合は戦後一貫して減少し続け，1955年に50％くらいあったものが1980年代後半には15％以下になってしまった。これと全く対照的に化学製品・機械機器・その他製品といった完成品については，1955年に15％にも満たなかったものが1989年には50％に達した。このように原料輸入の割合が減少し，完成品輸入の割合が増加していることは，日本の貿易構造が根本的に変わってきたことを示唆している。

一方，地域別輸出シェアの推移を見ると，1955年には米欧の先進地域への輸出よりも東南アジアを中心とする発展途上地域への輸出の方が割合的には大きかったといえる。その後若干の変動はあるものの，1980年代の後半にはアメリカ向けと西欧向けとを合わせた分が輸出全体の50％以上を占めるようになり，以前に比べると先進国向けの輸出が相対的に多くなっている傾向を明瞭に示している[4]。

これらのことから，日本に関しても発展途上国との垂直的な国際分業体制に基づく従来の加工貿易の構図は大きく変遷してしまい，現代では先進国向け輸出主体の水平貿易を中心とする激しい国際的な企業間競争の時代に入っている

といっても過言ではない。

なお参考までに、『通商白書2006』（経済産業省編）には製造工程を中心に国際展開が進んでいるなかで、国内事業と海外事業の関係が次のように説明されている（同白書の76頁参照）。つまり「工程を分割して我が国と海外で分業する」という垂直展開を行う企業が減少し、「工程を分割せず海外で一貫生産を行う」という水平展開を行う――各企業が我が国と海外との双方において同種の製品の一貫生産を行う――企業が増加している傾向が見られる。とくに2000年以降は水平展開への移行が著しく進展しており、海外との工程間分業を行う企業は減少している、と。

Ⅰ-4　多国籍企業の登場

第2次世界大戦後、世界的に水平貿易が盛んになってくると、多様化する需要に応えるために企業レベルでは新製品の開発にしのぎを削るようになる。それが今度は生産機能の国際化を促し、企業は多国籍化を余儀なくされることになる。このようなプロセスに理論的根拠を提示したのが、1960年代に発表されたバーノン（Vernon, R.）の「プロダクト・ライフサイクル論（Product Life Cycle Theory）」である。

まず新製品を開発する機会が一番多いのは、世界でもっとも豊かな消費市場をもつアメリカである。そこで図Ⅰ-1「(1)　国際事業展開から見た場合」に示されているように、アメリカで生産された新製品は最初に所得水準の高いアメリカ国内の消費者の需要を満たす。この新製品は、やがて水平貿易によって同じく所得水準の高い他の先進諸国へ輸出されていく。しかし、新製品の導入期の段階ではアメリカからの輸出が中心で、海外での需要もそれほど多くないために現地生産される可能性は少ない。次の成熟期の段階に入ると、アメリカでの生産体制が安定して大量生産も可能になるが、逆にそのために価格が低下傾向を示すようになり利潤も薄くなってくる。

一方、他の先進諸国では新製品の消費が伸び、それを補うために輸入が増加してくる。そうなると輸入障壁などによって輸入が抑制されはじめ、直接投資による現地生産が推進される。また、この頃になると発展途上国への輸出も行

◆ 図I-1　プロダクト・ライフサイクルの過程 ◆

(1) 国際事業展開から見た場合

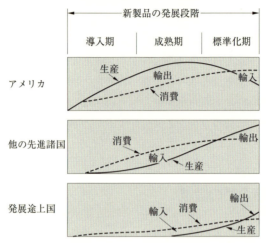

資料：伊藤文雄他著『テキストブック現代商業学』有斐閣，1980年，232頁より作成。

(2) 売上と利益の推移から見た場合

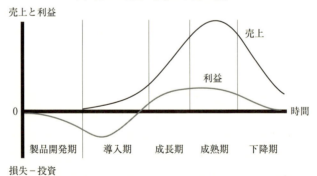

資料：Philip Kotler & Gary Armstrong, *Principles of Marketing (Tenth Edition)*, Pearson Prentice Hall, 2004, p.330.

われるようになる。

　最後の標準化期の段階になるとアメリカでの製造技術が完成され，他の先進諸国でも現地生産が盛んになってくる。その結果，労働コスト面で比較優位な

立場にある発展途上国の国際競争力が強くなり，最終的にアメリカでの生産活動が低下し，輸入する方がコスト的に有利になってアメリカ国内へ逆輸出が行われるようになる。

　こうして新製品が導入期・成熟期・標準化期という段階を経て世界市場へ浸透していくにつれ，企業は製品の輸出のみならず海外直接投資（foreign direct investment）によって次々と現地生産に踏み切り，多国籍企業（multinational corporation，略称MNC）へと発展していくことになる。要するに，この必然的な過程を説明する理論として，上述のプロダクト・ライフサイクル論は非常に説得力があるといえるわけである[5]。

　なお，プロダクト・ライフサイクルを売上と利益の推移から見た場合は図Ⅰ-1(2)のように製品開発期，導入期，成長期，成熟期，下降期の5段階が想定されており，時系列的には売上・利益ともに成熟期に最大に達した後，下降に転じると一般的に考えられている。ただし，導入後すぐに消えていく製品もあれば，成熟期の長い製品もあり，なかには下降期の後に再開発や再設計されて成長期に戻る製品もある。

　さて，多国籍企業が登場するようになったのは，1958年にEEC（欧州経済共同体）が発足した際にアメリカ企業がヨーロッパ向けの直接投資を急増させて海外進出を始めた頃からといわれている。また，多国籍企業という用語自体が一般化したのは1970年代に入ってからであり，実際のところ「国際企業（international corporation）」とか「世界企業またはグローバル企業（global corporation）」という用語としばしば混同して使われる嫌いがある。

　そこで，ここでは米国の著名な国際経営学者ロビンソン（Robinson, R. D.）の定義に従って，多国籍企業とは「株式所有に基づき親企業（parent corporation）によって支配されている国際的に統合された生産システムであり，その親企業は本拠地を置く国の国籍をもつ者によって本質的に所有・管理されている」としておきたい[6]。そうすると多国籍企業は国境（border）の存在を肯定する概念であり，この点で最近よく使われるグローバル化とは一線を画していることが分かる。要するに，グローバル経営とは国境の存在を意識しないボーダレス時代に適した経営形態を指し，それゆえに国際経営学の研究対象も多国籍企業に限定されるべきではないのである。

実際，多国籍企業は国際取引にかかわる経営組織（business organization）の一形態にすぎず，すでに衰退しつつあると説く見解すら見られる(7)。そうはいっても多国籍企業の登場が企業経営のグローバル化をもたらす基盤を作ったことは否定できず，多国籍企業を語らずして事業活動の国際化を論ずることは不可能といってよい。

　もっとも，21世紀を目前に控えた1990年代後半にはすでに，企業活動のグローバル化（globalization：グローバリゼーション）について次のような見解が表明されている。いわく「特に企業活動のグローバルな展開は外国の製品・文化を広く流布させるのみならず，外資系企業の活動等を通じて国内の競争環境や雇用のあり方に変化をもたらしたり，一国の株価や為替レート，金利等の変動の世界経済への影響を大きくさせることにより，グローバルな活動に直接携っていない企業や個人にも様々な影響を及ぼしている」と。その一方で「冷戦の崩壊による世界市場の拡大等により，グローバル企業の活動はまさに世界大で展開されるようになった。グローバル企業は世界大での競争に勝ち抜くために，購買，製造，販売，研究開発等の事業展開を世界の中で最も効率的な環境下で行なうべく活動している」と指摘し，まさに企業が国を選ぶ時代になったという観点に立っている点は注目に値するであろう(8)。

I - 5　経営グローバル化のプロセス

　多国籍企業がグローバル化を目指して経営形態の一層の発展を志向していくという点では，日本企業とて例外ではない。とくに1995年頃までは円高基調が海外現地生産を促進した。

　一般的には海外生産が増加すればするほど，企業の多国籍化も促進される運命にある。そこで，1988～95年における日本企業の海外生産額と直接投資残高（製造業）の変化を見てみると，直接投資残高の増大とともに米国，EU，NIEs，ASEAN 4 などの諸地域において海外生産額がいずれも増大しており，とくに米国への投資残高と海外生産の規模が好調な経済を反映し飛び抜けて大きくなっている(9)。

　したがって，1990年代には「地球的規模での最適化」，すなわち「グローバ

ル経営」を目指す動きが日本企業の間で高まったと考えられる。実際のところ，1998年度に実施された企業アンケート調査によれば，円安傾向下においても海外現地生産を実施する企業割合は高まっており，日本企業はグローバル化を進展・継続させている，と結論づけられている(10)。

　ここで，経営グローバル化に至るプロセスをまとめると，次のようになるであろう。まず最初は，18世紀後半から19世紀前半にかけてイギリスに端を発する産業革命によって生産の機械化がもたらされると，比較優位に基づく国際貿易が盛んになった。それが第2次世界大戦以降になると，先進諸国における需要の多様化や生産技術の向上などによって水平貿易が主流を占めるようになり，貿易構造が大きく変わって海外直接投資による現地生産が促進された。こうなるとプロダクト・ライフサイクルという新製品の発展段階に基づいて，それまで輸出に専念していた企業は次第に多国籍化していくことになる。つまり，輸出主導型から直接投資型へと企業の経営形態も変革を強いられることになるのである。

　このようにして，ある国への輸出が急増すると経済ナショナリズムが高揚されて大なり小なり貿易摩擦が発生する。そうすると摩擦問題を回避するために，輸出に代替するような現地生産活動が開始される。その現地生産が軌道に乗って生産数量が増えると，今度は第三国輸出やさらには逆輸入さえ行われるようになる。その次の段階になると同じような過程を経て複数国で現地生産が行われるようになり，多国籍企業へと発展していく基盤ができる。また，この段階に至ればグローバルな視点から経営資源の最適配分をはかる必要にせまられ，多国籍企業はいよいよ経営グローバル化への道を歩み始めることになる。

　なお，多国籍企業といえどもその形態は一様ではなく，例えば在外子会社に対する本社の志向形態は本国志向，現地志向，世界志向（つまりグローバル志向）へと発展していくことになる。この各志向段階の特徴を企業の諸側面から整理したのが表Ⅰ-1である。こうしたプロセスは，どれも21世紀において日本企業が進むべきグローバル化への方向性を示唆しており，国際経営学の観点から非常に興味深い研究対象となっている。

　なお，1980年代以降の財，サービスおよび資本の国際的な移動の推移を見ると，いずれも名目GDP（国内総生産）の伸びを上回っており，とくに直接投

◆ 表 I-1　多国籍企業の存外子会社に対する本社の志向形態 ◆

企業の諸側面	志向		
	本国志向	現地志向	世界志向
組織の複雑性	本国では複雑，在外子会社は単純	変化に富むが相互に独立	世界ベースで複雑性が増大し，相互依存性は高い
権限：意思決定	本社に集中	本社集中の相対的低下	世界中の本社および在外子会社の協議
評価と統制	人事考課と業績評価に本社基準を採用	地域で決定	世界および現地を含んだ基準を採用
賞罰：インセンティブ	報酬は本社で厚く，在外子会社で薄い	まちまち・報酬の高低は在外子会社の実績いかんに依存する	国際的および現地経営幹部に対する報酬は，現地および世界目標の達成度に依存する
コミュニケーション：情報の流れ	在外子会社に対して大量の命令，指図，助言を行う	本社と子会社間に限定，子会社相互間ではなし	相互コミュニケーションと世界中の在外子会社間で行われる
地理的属性	本国籍法人	現地国籍法人	真の意味での世界的企業，ただし各国の国益を遵守する
継続性（採用，要員配置，人材開発）	世界中の主要な地位には本国の人材を	現地の主要な地位には現地人を	主要な地位には世界から最良の人材を

出典：J. C. ベーカー他編，中島・首藤・安室・鈴木・江夏監訳『国際ビジネス・クラシックス』文眞堂，1990年，583頁。

資や証券投資といった資本移動が，財やサービスといった実物の取引に比べて大きく拡大している。もっとも，世界の財に関する貿易は早くから活発化していたために1980年代以降は，平均的には名目GDPとほぼ同程度の伸びを示しているにすぎないが，1980～96年の東アジアに関する輸出の伸びは，いずれを見ても世界平均の伸びを上回っている。そして，このことが結局は1997年7月のタイ・バーツ下落に端を発した通貨危機の影響が，それまで世界の成長センターとして発展してきたアジア諸国に瞬く間に飛び火した原因の1つになっていると考えられる。さらに香港やニューヨークの株式市場にも波及していったという実物経済だけで説明できないような現象は，現下の世界経済が貿易や投資等を通じて極めて密接な関係にあることを示している，と指摘されている[11]。

Ⅰ－6　海外直接投資と貿易収支

Ⅰ－6－1　海外直接投資が与える効果

　海外直接投資はマクロ的には国際間の長期資本移動の一形態と位置づけられるが，企業レベルでは投資先の事業を継続的に経営支配または経営参加することを目的とする資本の投下であり，その主要な形態には海外子会社の設立や既存外国企業のM&A（合併・買収）などがある。したがって，製造業企業が海外で工場を建設して現地生産を行う場合には必ず海外直接投資をともなう。それは単なる資本の国際的な移動にとどまらず，生産技術や経営ノウハウ等のさまざまな経営資源の移転を通じて投資国と被投資国との間の貿易構造にも大きな影響を及ぼすことになる[12]。

　海外直接投資による現地生産が貿易収支に与える効果については，輸出に与える効果と輸入に与える効果に分けて考察しなければならない。最初に輸出に与える効果であるが，企業が国外において現地生産に踏み切るには当該市場への輸出に実績をもっていることが前提となる。少なくとも現地市場への販路拡大を目的とする海外進出であれば，輸出が順調に行われていない場合にはリスクが大きくなるので，海外に生産拠点を設置するということは通常考えられない。したがって，現地生産は本来的に輸出に代替する機能を備えており，現地生産が開始されれば本国から現地市場へ向けての製品輸出はいずれ減少していくことになろう。こうして本国の貿易収支が黒字の場合には，現地生産は黒字を削減する効果（いわゆる輸出代替効果）をともなう。

　他方，海外で新規に生産工場を建設する際には，機械などの生産設備を本国から輸入することになる。なぜなら，これらの資本財には移転すべき技術が製造ラインと一体化しているため，現地調達に適さないからである。したがって一時的に本国からの資本財輸出が急増し，貿易収支の黒字幅を拡大させる効果（いわゆる資本財輸出促進効果）が表れる。また，現地生産に必要となる部品等の中間財については，品質管理や情報の制約にともなう現地調達のリスクを回避するため，当面は本国からの輸入に依存しようとするであろう。こうして生産開始当初は部品や中間財の本国からの輸出が増えることになり，これが黒

字拡大の要因となる(13)。その一方で，ローカル＝コンテント法（local content legislation）のように部品の現地調達を一定割合で義務づける法律が存在する場合もあり，加えて現地に根ざした企業を目指すという観点から生産活動が軌道に乗るにつれ，徐々に現地調達率が上昇して本国からの部品や中間財の輸出が減少していく要因になる。

　次に輸入に与える効果については，海外生産にともなって企業内貿易が行われるようになると，海外で生産された製品が本国市場へ逆輸入されるようになる点が最も注目される。このことは企業のグローバリゼーションが進展して，企業内における貿易のウェイトが高まってきた証（あかし）ともいえるであろう。この逆輸入効果が貿易収支の黒字削減に貢献することは言うまでもない。さらに企業内分業がすすみ海外の生産拠点から本国の生産拠点に向けて部品などの中間財が輸出されるようになれば本国の輸入が増え，これも黒字削減につながる。他方，生産能力の海外へのシフトにともない，これまで国内生産に使用されていた輸入原材料部品等が減少していくと，本国での輸入が減少して黒字拡大の要因になる。

Ⅰ-6-2　貿易収支変化のメカニズム

　以上の諸効果のメカニズムを要領よくまとめてあるのが表Ⅰ-2である。この表の中では転換効果（または代替効果）の貿易に対する影響は代替的であるのに対し促進効果は補完的となっているが，両者の間に厳密な区別があるわけではないので，これは程度の問題と考えてよい。また，中心となる財が①生産拠点の建設に必要な生産設備等を提供する資本財，②生産活動に必要な原材料や部品等の中間財，そして③最終的に生産される消費財（完成品）の3種類に分類してあることなどから見て，海外生産の貿易収支に与える効果を単なる財のフローだけで把握するのは不十分で，長期的視点に立って考察しなければならないことが分かる。そこで表Ⅰ-3のように貿易収支変化のパターンを時系列で見ていくと，海外生産と貿易収支との関係が一層明確になる。

　表Ⅰ-3では貿易収支変化のパターンが海外生産拠点の稼働状況に基づいて4期に区分されており，最下欄には貿易収支全体に対する効果が総合判断されている。まず第Ⅰ期では海外における新規の工場建設にともない，本国から資

◆ 表 I-2　海外生産の貿易収支に与える効果 ◆

		実際の効果	中心となる財	貿易に対する影響 収支黒字の場合
輸出	輸出転換効果	海外生産品が現地および第三国市場で我が国からの輸出品を代替するため，我が国からの輸出が減少。	消費財 代替的	黒字削減 (−)
輸出	輸出促進効果	海外生産拠点の建設に伴って，当該拠点で生産設備を我が国から調達するため，我が国からの輸出が増加。	資本財 補完的	黒字拡大 (＋)
輸出	輸出促進効果	海外生産に伴って，海外生産拠点で必要な部品・中間財を，当面，我が国からの輸入に依存するため，我が国からの輸出が増加。	資本財 中間財 補完的	黒字拡大 (＋)
輸入	輸入代替効果	国内生産の海外シフトに伴って，国内で使用される原材料・部品等が減少するため，我が国の輸入が減少。	資本財 中間財 代替的	黒字拡大 (＋)
輸入	輸入促進効果	海外生産に伴い，企業内分業が行われ海外生産品が逆輸入という形で国内にも供給されるため，我が国の輸入が増加。	消費財 補完的	黒字削減 (−)
輸入	輸入促進効果	生産工程の一部を海外にシフトする企業内分業が行われることにより，当該生産拠点から中間財，部品等の供給を受けるため，我が国の輸入が増加。	資本財 中間財 補完的	黒字削減 (−)

出典：通商産業省編『通商白書（1990年版）』大蔵省印刷局，199頁。ただし（＋）（−）の記号は著者が記入。

本財が現地へ向けて輸出されるので，直接投資による資本財輸出促進効果が顕著に現れる。なお，この段階で資本財を現地調達するというのは技術的リスクが大きく心理的にも無理があることから，実際問題として行われる可能性は小さい。したがって，この時期には貿易収支を黒字化する圧力が強く働くことになる。引き続き第II期では生産設備が稼動し始めて生産活動の初期段階に入ることになるが，この時期においても上述の資本財と同じような理由で，完成品（つまり消費財）を生産するのに必要となる部品などの中間財は本国からの輸出に大きく依存する。このようにして第II期でも貿易収支の黒字幅は縮小していかない。

◆ 表 I-3　貿易収支変化のパターン ◆

	第Ⅰ期	第Ⅱ期	第Ⅲ期	第Ⅳ期
海外生産拠点の稼働状況	海外生産拠点の着工から生産開始まで	海外生産拠点の生産立ち上がり期	海外生産拠点の生産拡大期	海外生産拠点は安定的に操業され，生産が標準化する時期
輸出代替効果	無（0）	無（0）	次第に効果が現れ始める（−）	大幅な効果が現れる（−）
輸出促進効果　資本財	大きく輸出を増加させる（＋）	次第に減少するものの，高水準を維持（＋）	減少し始める（＋）	低い水準で安定する（＋）
輸出促進効果　部品・中間財	無（0）	高水準で輸出を増加させる（＋）	依然高水準だが，減少し始める（＋）	低い水準まで減少し安定する（＋）
輸入転換効果	無（0）	無（0）	次第に効果が現れ始める（＋）	効果が拡大し，一定の水準で安定する（＋）
逆輸入効果　資本財・中間財	無（0）	無（0）	効果が拡大していく（−）	一定の水準で安定する（−）
逆輸入効果　完成品	無（0）	無（0）	効果が現れ始める（−）	効果が拡大していく（−）
貿易収支全体に対する効果	大きく黒字方向にシフトされる（＋）	黒字幅を拡大する（＋）	黒字がピークアウトし，次第に減少する（−）	黒字幅は小さなものとなり場合によっては赤字化する（−）

備考：(0)は効果なし，(＋)は黒字拡大効果，(−)は黒字削減効果を示す。
出典：通商産業省編，前掲書，200頁。ただし(0)(＋)(−)の記号は著者が記入。

　ところが，第Ⅲ期に入って海外生産活動が安定・拡大してくると，従来の輸出品に代わって海外生産品が現地でのシェアを高めてくるために輸出代替効果（表 I-2の輸出転換効果に相当）が少しずつ出はじめる。このため現地国への製品輸出が減って，貿易黒字を縮小させる大きな要因になる。また，この頃から部品や中間財などの現地調達率が上昇し，これらの現地国への輸出数量も減少傾向をたどるようになる。その一方で，少しずつ逆輸入も行われるようにな

ると輸入増にともなう黒字削減効果が表れ始め，輸出代替効果と相まって貿易収支の黒字幅を縮小させる圧力が働くようになる。この圧力が第Ⅳ期になるとさらに増幅され，貿易収支の黒字幅が小さくなるか，場合によっては赤字化することさえ可能になる。もちろん第Ⅳ期ともなればミクロ的には企業の現地化が進展し，マクロ的には企業のグローバリゼーションの成熟が背景として必要になる。

　なお，現地生産が貿易収支に与える影響を3つの段階に分ける考え方もあるが，これは主に自動車産業のような加工組立型の製造業に関して説明されている。つまり，第1段階では現地生産を開始するために資本財輸出の増加が見られる。次の第2段階で現地生産が本格化すると輸出の代替が進んで完成財輸出が減少し，部品・中間財の輸出が増加するという動きがみられる。さらに第3段階に至ると，継続的取引契約の形成等の連携強化やローカルコンテンツ基準を満たすための努力などにより部品の現地調達が進むとともに，本国への逆輸入が増加するようになる。このようなプロセスを経て，結局「貿易収支に与える影響は，当初は黒字拡大要因になるが，次の段階では現地生産により新たに輸出された部品と従来輸出されていた完成品の差分について黒字を縮小する方向に作用し，最後の段階では黒字を縮小させる効果が本格的になる」[14]とされている。

　もちろん，いくら海外生産と貿易収支との関係を網羅的に説明しようとしても，実際には進出先国の所得水準や進出企業の技術力，さらに製品のブランド力などが複雑に作用するであろう。しかし，上述したように，長期的に見ると海外生産が貿易収支の黒字幅を縮小させる効果をもつと合理的に考えることができ，とくに日米関係に限って言うならば，輸出代替効果が貿易不均衡の解消に重要な役割を果たすことができると期待される。

Ⅰ-7　国際経営における戦略

Ⅰ-7-1　戦略と意思決定

　前述したロビンソンがいみじくも「多くの人々にとって比較的同質的な生活圏からグローバルな経済社会に船出することは，誠に不安に満ちたものであろ

う。しかしながら，国がその経済的活力を維持していけるか否かは，まさにその点にかかっているのである。国際ビジネスの原動力もまた，まさにそこにあるといえるであろう」(15)と述べているように，経営のグローバル化には絶えず不安がつきまとう。なぜなら，競争（competition）というプレッシャーを強く受けるために，長年にわたって温存されてきた価値観や制度を変革する必要にせまられるからである。それは企業行動（corporate behavior）を律してきた企業文化（corporate culture）さえも根底から変えてしまうほど強力なものであるといっても過言ではない。そうした激しい国際競争のさなかで企業が活力を維持しながら発展し続けるためのツール（tool）として導入されたのが「戦略」という概念であった。

「戦略（strategy）」という用語は本来，戦争で軍事行動を計画する技術を指していたが，現在では軍事に限らずゲームとか競争状態の中で成功を勝ち取ったり自己に有利に導く計画を意味し，各分野で広く使われるようになっている。ちなみに，アメリカにおいて，この戦略という概念が経営学で使われ始めたのは1950年代の後半ごろからで，一般化したのは1960年代に入ってからといわれている(16)。そうすると，ちょうど多国籍企業の出現と同じ時期に経営学の領域で戦略という概念が普及し始めたことになり，国際経営学との関連の深さを推測させる。

経営学関係で戦略を取り扱った名著の1つに1965年に出版されたアンゾフ（Ansoff, H. I.）の『企業戦略論（Corporate Strategy）』があるが，この中で戦略は広義には企業の成長にかかわる意思決定のルールと定義されている。アンゾフによれば，企業とは利益（profit）を得ることを目的とする組織であり，利益を追求するために物的，金銭的および人的な諸資源を商品やサービスに転換し，それらを顧客に販売している。したがって，企業の抱える最大の問題は，その目的の達成を最適化する（optimize）ような資源の転換プロセスを形成し管理運営することになる。この転換プロセスにおいて行われる意思決定（decision making）の中でもっとも注目されるのが戦略的決定（strategic decisions）である。

こうした戦略的決定は企業の管理や業務に関する内部問題（internal problems）よりむしろ外部問題（external problems）に多くかかわっており，と

りわけ企業が生産する製品ミックス（product mix）とそれを販売する市場の選択に関係が深い。もっと一般的にいえば，企業が何の事業（business）に従事し，どの市場（market）に参入しようとするのか，という問題に関する意思決定であるといえよう[17]。

I－7－2　戦略的決定の重要性

　上述の戦略的な意思決定がもっとも重要になるのは，何といっても国際経営の分野であると考えられる。海外では国内に比べて企業とそれを取り巻く諸環境[18]との間の乖離(かいり)が大きくなるために，よりいっそう複雑で緻密な戦略的決定が要求されるからである。すなわち，国際的な視野に立って意思決定する場合には，自国内だけで事業活動をする際には見られないような多くの事柄を考慮に入れなければならない。

　例えば，国際経営における意思決定プロセスによると，これには①自国の国内環境，②進出先国の環境，③国際的環境，④法的規制，⑤コミュニケーションの質，⑥企業の諸資源，⑦過去における企業の経験，⑧既存の企業構造，⑨個人的な嗜好や偏向，などが列挙されている。こうした要因をもとに意思決定者は圧力（pressures）とかリスク（risks）を認識し，そこから時間・製品・機能・地理・構造・財務等に関して自己に対する制約が形成され，最後にこの自己制約の範囲内において企業の目的と受容できる戦略が意思決定としてアウトプットされることになる[19]。

　国際経営における戦略的決定の大きな特徴は，国内経営の場合よりも意思決定とその履行段階との時間的なずれ(しこう)（time lag）がはるかに大きくなる点にある。それゆえ，数年にわたる企業の海外進出をも含めた長期経営計画を策定する際に戦略的決定は必須の要素になるわけである[20]。

　実際，1980年に出版されたポーター（Porter, M. E.）の『競争戦略論（Competitive Strategy）』の中で，競争戦略とはマーケット・ポジションを強化するために企業がより効果的に競争できるようにする方策である，と定義づけられている[21]。そうすると，前出の戦略的決定と同じように，やはり市場（market）とのかかわりに重点が置かれていることが理解でき，この点から戦略の分野においてもマーケティングがキー・ポイントになるといえよう。

また、戦略によく似た「戦術（tactics）」という用語がしばしば使われるけれども、これは戦略によって決められた方向に従って設定されるさまざまな手段を指し、戦略を実践するプロセスの中で個々に行われる短期的かつ具体的な方策と考えられる。

Ⅰ-8 国際経営戦略の体系

Ⅰ-8-1 国際経営戦略の分類

1984年に出版されたロビンソンの著作"Internationalization of Business"は日本語に翻訳され、訳本のタイトルは『国際経営戦略論』[22]となっている。機能的（functional）または戦略的（strategic）な意思決定に焦点を当て、国内だけの事業展開では問題として現れないような局面を強調しつつ、市場の国際化に直面した際に企業が選択しなければならない戦略を中心に同書が構成されているからである。この戦略の選択は、主としてマーケティング、ソーシング、労務、人事、所有、財務、法務、コントロール、対境関係などの分野に関係しており、これらに合わせて図Ⅰ-2の意思決定サークルの中では9種類の戦略領域が示されている。

そこで、国際ビジネスに関して解決すべき問題が発生した場合に、これらの戦略領域のどの領域で検討し解決をはかるべきかを決めなければならない。もちろん1つの問題は恐らく複数の戦略とかかわるであろうが、解決方法はそれぞれの戦略領域で異なり、しかも必ず相互に影響し合うと考えられる。したがって、企業が国際活動に深くかかわればかかわるほど意思決定は複雑な様相を呈してくることになる。意思決定サークルは通常マーケティング戦略から始められるが、実際にはフィードバックによって以前に選択した戦略が相互作用的に調整されていく。それゆえ、図Ⅰ-2の矢印はそうしたプロセスの一部を示しているにすぎない点に注意しなければならない。

意思決定サークルに示された戦略は大きく基本戦略（Basic Strategies）・投入戦略（Input Strategies）・組織戦略（Structural Strategies）の3つに分類される。最初の基本戦略の中でとくにマーケティング戦略（Marketing strategy）とソーシング戦略（Sourcing strategy）は、企業が最初に考慮しな

第Ⅰ章　経営国際化の基礎理論　19

◆　図Ⅰ-2　意思決定サークル　◆

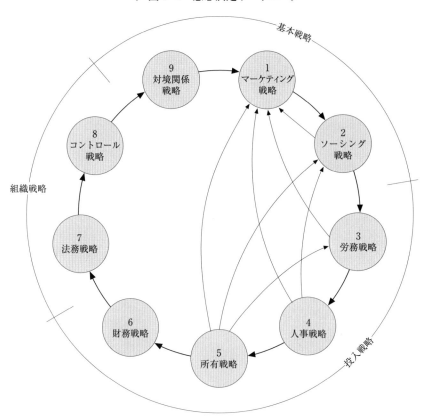

資料：Robinson, R.D., *Internationalization of Business*, The Dryden Press, 1984, xiii.

ければならない戦略領域を形成している。要するに，この領域においては誰に何を売ろうとしており，市場にどこからどうやって供給するのか，という非常に戦略性の高い意思決定をしなければならない。

　その次に一連の投入戦略として労務戦略（Labor strategy）・人事戦略（Management strategy）[23]，所有戦略（Ownership strategy），財務戦略（Financial strategy）がきているが，これらは上述の基本戦略を実施する際にどのような資源（resources）が必要なのかという問題を取り扱っている。例えば，適切な人材，リスクを負う意思，そして必要な資金などをどこに求めて

いくのか，といった問題である。

3番目の組織戦略は法務戦略（Legal strategy）とコントロール戦略（Control strategy）から成っており，諸資源が集められた時に今度は基本戦略を実施できるように企業をどのように組織すればよいのか，という問題に対処する。なお，最後の9番目にある対境関係戦略（Public Affairs strategy）は基本戦略の中に含まれているが，この理由は他のどの戦略領域を選択しても多かれ少なかれ対境関係戦略が制約を課すことになるからである。

Ⅰ-8-2 国際経営戦略の問題点

こうした「戦略」という概念自体の定義をロビンソンは「意識的に作成された企業の総合的な発展計画の中に含まれる要素であり，いったん決定されて実行に移されると短期間に（コストの面から）変更することが難しいものである」としている[24]。このように定義したのは，例えば人材の採用や配置に関する問題1つ取り上げてみても，国内だけで処理できる問題なら数ヵ月で対応できても，それが国際レベルで扱う問題になると数年がかりになることが通例だからである。ただ，注意しなければならないのは，最適な戦略（optimum strategy）というのは事実上存在せず，経営者が目標にはするけれども決して達成されえないものであるという点である。例えば，利益を最大にするという企業目標にしても絶対的な基準というものはなく，どこで，誰のために，どれくらいの期間にわたるものであるのかによって意味するものが違ってくる。

そこで，今後ますます国際化していく市場において，できる限り効率的に企業経営を行うことが重要になり，そのために企業の戦略的な意思決定システムの中で作用している市場外の偏向（nonmarket biases）に気付かなければならない。参考までに，ロビンソンはこうした偏向は本質的に次の4つに集約できると説明している[25]。

- パワー（power）またはコントロールの偏向。
- エンジニアリングの偏向。これは，どのような所で使われるべきかという適性を考えずに，もっとも複雑で最新の技術（technology）を選ぶ方向で行動してしまうことを指す。
- 距離の偏向。自己の経験や専門知識（expertise）から遠ざかるほど，場

所や機能や製品に対してリスクや不確実性（uncertainty）をより大きく課す傾向がある。
- 過去の成功への偏向。これは周囲の状況が急速に変化している場合には決定的なものとなる。

ところで，ロビンソンの提示した国際経営戦略は企業の海外進出戦略とほとんど同義と見なしてよいであろう。しかし，あらゆる経営環境が時々刻々と変化する現代社会にあっては，上述の9つの戦略領域に加えて，投入戦略のところに技術戦略，組織戦略のところに撤退戦略を加える方が国際経営戦略をより体系化することができるのではないかと考えられる。いずれにしても，企業経営の国際化やグローバル化が進めば進むほど国際経営戦略の内容もますます複雑多岐にわたることは間違いなく，新しいパラダイムのもとに一層ダイナミックな戦略の策定が要請されている。

■ 注

(1) 伊藤文雄他『テキストブック現代商業学』有斐閣，1980年，222〜223頁。
(2) 『体系・経済学辞典（第6版）』東洋経済新報社，1984年，701〜702頁。
(3) 伊藤文雄他，前掲書，224〜226頁。
(4) 通商産業省貿易局編『日本の貿易』通商産業調査会，1990年，29〜36頁。
(5) 山崎清・竹田志郎編『テキストブック国際経営』有斐閣，1982年，25〜26頁。
(6) Robinson, R. D., *Internationalization of Business*, The Dryden Press, 1984, p. 11. なお，「多国籍企業は，広義には対外直接投資を2ヵ国以上の国に行なっている企業である」とする定義もある。
(7) Robinson, R. D., *op. cit.*, p. 11.
(8) 通商産業省編『通商白書（1998年版）』大蔵省印刷局，1998年，16頁。
(9) 通商産業省編，前掲白書，19頁。なお，EU（European Union：欧州連合）はEC（欧州共同体）を発展させて1993年に発足。NIEs（Newly Industrializing Economies：新興工業経済地域）とは1970年代以降，発展途上国の中で急速に工業化が進み高い経済成長率を達成した国のことで，アジアでは香港，シンガポール，台湾，韓国などが代表的。また，ASEAN（東南アジア諸国連合）4には，タイ，マレーシア，フィリピン，インドネシアが含まれる。

参考までに，1996年7月に日本労働研究機構から発表された「生産活動のグローバル化と人的資源管理に関する緊急調査結果」によると，過去5年間に海外生産比率（生産額ベース）の上昇した企業は8割以上もあり，さらに今後3年間に海外生産比率が一層上昇するとした企業も8割以上あった。

(10)　経済企画庁調査局編『日本的経営システムの再考（1998年度企業行動に関するアンケート調査報告書）』大蔵省印刷局，1998年，10頁。

　ただし，『1998年ジェトロ白書・投資編　世界と日本の海外直接投資』（日本貿易振興会，1998年）によると，日本の対外直接投資はドルベースでは1992年度を底に拡大を続けていたが，為替動向の影響をうけて96年度以降は頭打ちの傾向を見せている。なお，日本貿易振興会は2003年10月に日本貿易振興機構（ジェトロ：JETRO）に改称された。

　内閣府経済社会総合研究所編『日本企業：持続的成長のための戦略—平成18年企業行動に関するアンケート調査報告書—』国立印刷局，2006年，18〜44頁。参考までに，同著には以下のような日本企業の国際事業展開の動向が指摘されている。

　海外現地生産を行う企業の割合は製造業全体で見た場合，2003年度実績の63.0％から2004年度実績の59.6％へと低下したものの，2005年度実績見込みは60.4％，2010年度見通しは62.6％へ上昇する見通しになっている。さらに海外現地生産（生産高）比率は，製造業全体で見ると2004年度実績は14.0％で，2001年度以来3年ぶりに上昇に転じた。2005年度実績見込みは14.8％で，2010年度見通しでは17.0％となり引き続き上昇する見通し。なお，個別業種は「精密機械」「電気機器」「輸送用機器」「繊維製品」等で海外現地生産比率が高くなっている。

　日本企業が海外に生産拠点を置く理由について製造業全体で見ると「現地の製品需要が旺盛または今後の拡大が見込まれるから」が39.9％と最も多く，それに次いで「良質で安価な労働力が確保できるから」が34.0％の順となっている。対照的に「技術者の確保が容易だから」と回答した企業は皆無という結果になっている。また，地域別に見ると，北米・EU，中国を重視する企業で，現地の製品需要に対応することを理由とするものが最も多いが，北米・EU，中国以外を重視する企業では，良質で安価な労働力の確保を理由とするものが最も多いという結果が出ている。

　なお，今後3年間における輸出市場，生産拠点の進出先，国内外の市場の競争相手等，いずれの項目においても中国の重要度は北米やEUなどを上回ると回答しており，今後の日本経済を見通すうえで中国に注意する必要がある，と結論づけられている。

(11)　通商産業省編，前掲白書，1〜2頁。

なお，21世紀になってからのアジアの最新動向については次の文献に詳述されている──経済産業省編『通商白書2006』ぎょうせい，2006年，第2章（57～156頁）。
⑿　経済企画庁調整局編『日本と世界を変える海外直接投資』大蔵省印刷局，1990年，11～12頁。
⒀　通商産業省編『通商白書（1990年版）』大蔵省印刷局，1990年，196～204頁。
⒁　経済企画庁編『経済白書（1990年版）』大蔵省印刷局，1990年，122～29頁。
⒂　入江猪太郎監訳『国際経営戦略論』文眞堂，1985年，vii頁。
　　なお，同書はRobinson, R. D., 前掲書の翻訳である。
⒃　'strategy' という用語は，最初のうちは諸論文（papers）の中でproduct line strategy, marketing strategy, diversification strategy, business strategyのように使われていたらしい。
　　Ansoff, H. I., *Corporate Strategy*, McGraw-Hill, 1965, p. 94.
　　もっとも，A. W.ショー著，丹下博文訳・解説『市場流通に関する諸問題（新版）』（白桃書房，2006年）の第1章第10節「経営者の戦略的地位」の中では，すでに「戦略」という概念が用いられている。そうすると，この著書の原典は1915年に米国で出版されているので，実際にはかなり以前から経営の分野で「戦略」という概念が使われていたことになる。
⒄　Ansoff, H. I., *op. cit.*, pp. 15-22.
⒅　企業を取り巻く諸環境の具体的な要素としては従業員，労働組合，顧客，供給者，同業者／協業者，特殊な利益団体，政府，金融機関／投資家などが挙げられる。
⒆　Robinson, R. D. *op. cit.*, p. 17.
⒇　今光廣一編著『経営学総論』八千代出版，1986年，275～78頁。
(21)　Porter, M. E., *Competitive Strategy*, The Free Press, 1980, p. x.
(22)　具体的には入江猪太郎監訳，前掲書のことを指す。
(23)　'Management Strategy' は 'Managerial Strategy' とも呼ばれ，内容的には海外経営者の選定と訓練，さらに昇進制度や給与体系などを取り扱っているので「人事戦略」と訳すのが適切かもしれない。
(24)　Robinson, R. D., *op. cit.*, Preface.
(25)　*Ibid.*, pp. 21-22.

第Ⅱ章 マーケティングと国際化

II-1 マーケティングの国際性

　1935年に初めて定義され50年後の1985年に改定されたアメリカ・マーケティング協会（AMA）の定義によると、「マーケティングとは個人および組織の目標を満たす交換を創出するために、アイデア、商品およびサービスのコンセプション、価格設定、プロモーション、流通を計画し遂行するプロセスである」となっており、原文で示せば次のようになる[1]――

　"Marketing is the process of planning and executing the conception, pricing, promotion, and distribution of idea, goods, and services to create exchanges that satisfy individual and organization objectives."

　さらに約20年後の2004年に改定された同協会の定義によれば「マーケティングとは顧客に価値を創出し、伝達し、提供するとともに、組織とそのステークホルダー（利害関係者たち）に利益をもたらすよう、顧客との関係を管理するために行われる組織の機能や一連のプロセスである」となっており、前述した1985年の定義と比べると、顧客、価値、ステークホルダーといった新しい用語が使われている。なお、原文は以下のようになっている――

　"Marketing is an organizational function and a set of processes for creating, communicating, and delivering value to customers and for managing customer relationships in ways that benefit the organization and its stakeholders."

　これらの定義のなかにはマーケティングの「国際的（international）」な性質については何も触れられていない。しかし、マーケティングが戦後アメリカで発達し、アメリカという国自体が他民族国家で、しかも各州があたかも1つの国のように独立した存在（すなわち連邦制）であることを考えれば、マーケティングはダイナミックな性質をもつばかりでなく、本質的にグローバルでユニバーサル（universal：普遍的）なものと認識するのが正しいであろう[2]。したがって、国内マーケティングも国際マーケティングも原理的には何ら変わるところがないと考えてよい。

　そこで本章では、最初にマーケティングに関する古典的名著といわれるアメ

リカのショー（Shaw, A. W.）著『市場流通に関する諸問題』（1915年刊行）とイギリスのホール（Hall, M.）著『流通取引の経済分析』（1950年刊行）に記された理論を概観してマーケティング活動の本質にせまり，国際マーケティング研究へのステップとしたい(3)。マーケティング活動は本来国際性を有するのみでなく，後述するように企業の海外事業展開に際して重要な役割を担わなければならない点に鑑み，国際経営においてもとくにマーケティング活動を重視し，時代をさかのぼって基礎的なところから考察を加えていきたいという意図からである。

もちろん，この2人の理論の中には現代の国際マーケティングに応用できる重要なエッセンスとなるべき考え方が数多く含まれていることは言うまでもない。とくにショーの『市場流通に関する諸問題』は，マーケティングという学問がアメリカで生まれアメリカで発展したことを考えると，それはまさにマーケティング研究の出発点を意味しており，今日においてもなお考察に値するだけの優れた理論的内容を誇っている。さらに同書は歴史的に普遍性のあるアカデミックな創造的思考にあふれており，新しいものばかりを追い求め，とかく本質的なものが見過ごされやすい時代においてこそ，もっと読まれてしかるべきではないかと痛感される。

Ⅱ-2 ショーのマーケティング論

Ⅱ-2-1 ビジネス活動の基本

工場で原材料の加工に従事している工場労働者，店頭で商品の受け渡しをしている店員，事務所で書類を作成している事務員などの作業を観察してみると，ビジネス活動は実に多種多様にわたっている。ショーは，これらのビジネス活動全般に共通する要素は動作（motion）であると考え，ビジネス活動の本質は動作を素材（material）に適用することであると定義づけた(4)。さらに，動作の目的性に着目してビジネス活動の機能的分類も試みた。つまり動作を目的のあるものと目的のないものに区分し，後者を排除することによって無駄を省こうとした。目的のない動作は作業の能率を悪くし，経済性を損なうものだからである。

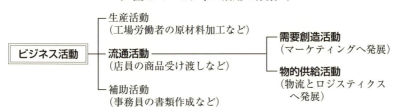

◆ 図Ⅱ-1 ビジネス活動の分類 ◆

　また，ショーは前述した工場労働者，店員，事務員のそれぞれの動作をビジネス活動における典型例と考え，それらを①生産活動，②流通活動，③補助活動の3つに分類した（図Ⅱ-1参照）。すなわち，ビジネス活動はいかなる性質をもつものであれ，究極的にはこれら3つのうちのどれかに該当することになる(5)。しかし，実際にはどの活動も他の活動と密接に関連し，かつ影響しあっているので，これら諸活動の間に相互依存と均衡を保つことがビジネス活動全体の基本原則といえる。そこで，大規模化する企業組織の中で一貫した政策を遂行するためには，相互依存の原則と均衡の原則を適用して，特定の機能を強調しすぎたり，逆に必要な機能を軽視したりすることがないようにしなければならない点を強調している(6)。

Ⅱ-2-2　需要創造活動

　ショーは動作の目的に基づいて，流通活動をさらに需要創造（demand creation）活動と物的供給（physical supply）活動に分類した。需要創造活動は消費者に対して行われるもので，その目的は購買意欲を起こさせるような「商品に関するアイデア（idea about the goods）」を伝達し，消費者の購買行動を普及・継続させることにある。しかし，たとえ需要が喚起されたとしても現実に商品が消費者の手もとへ届けられなければ，その需要が商業的または経済的に価値をもったとはいえない。また，需要創造と物的供給のどちらかの活動に重点が置かれすぎて調和を失っても両者の連携はうまくいかず，結局は円滑な流通活動が阻害されることになる。したがって，ここでも相互依存の原則と均衡の原則が適用されなければならない。

　また，生産活動は主として有形の原材料を対象とするのに対し，需要創造活

動は商品の効用など無形のものを対象とすることが多いために，もともと量的に測定しにくい分野といえる。さらに，人間関係の不安定性や市場心理の複雑さなどの諸要因をも考慮しなければならないから，客観的基準を設定することが非常にむずかしい。それゆえ，従来は経験的方法に頼っていたために販売目標や販売費用の決定基準が不明瞭かつ不統一であり，販売に関しては無駄な努力や無用の支出が多かった。

 そこでショーは，「商品に関するアイデア」という新しい概念は需要創造過程における素材を意味し，生産過程における有形の原材料に類推させて考えてもよいほどに明確性をもち，客観的評価や比較分析を行うことができるものであると考えた[7]。つまり，科学的方法に基づいた体系的基準の設定によってマーケティング・システムの効率化——すなわち，最小の努力と支出で最大の需要を創造できるシステムの実現——をはかろうとしたわけである。

II-2-3 販売の方法と機関

 産業社会の初期における販売方法は，すべて売り主が買い主に現物の商品を見せて行うバルク販売（sale in bulk）であった。その後，市場が拡大する一方で商品の標準化がすすむと，見本品販売（sale by sample）が普及するようになったが，この要因には2つのことが考えられる。その1つは，生産者は見本品と同一の商品を供給するにちがいないという商業倫理が確立したことであり，他の1つは機械化によって生産者が同一商品を大量に生産できる能力をもつようになったことである。次に登場したもっとも新しい販売方法は説明書販売（sale by description）であった。この販売方法を行うには見本品販売の時よりもさらに高度な商業倫理と生産能力が要求されることに加え，印刷技術の向上が不可欠となる。説明書販売の特徴は，現物の商品や見本品の代わりに印刷された商品の説明書を見せることによって，商品に関するアイデアを伝達して需要を創造しようとする点にある。また，説明書販売の時代には需要創造活動と物的供給活動が分離する傾向が強くなるが，どちらを欠いても流通活動に支障をきたすようになる。

 流通活動は需要を創造することから始まるといってもよく，これを担当する販売機関には①中間業者，②生産者の自己販売員，③広告業者の3種類が考え

られる。どの販売機関を使うのが最も効果的かは，どの販売方法をとるかによって異なる。バルク販売では中間業者を使うのが一般的であるけれども，小型の家庭用器具などの場合には自己販売員による訪問販売もしばしば行われる。見本品販売においては中間業者または自己販売員を使うことが望ましい場合が多い。しかし，嵩張るものでなければ見本品を郵送するという方法をとることもできる。説明書販売では広告業者を使うのが効果的であるが，中間業者を使うこともある。とくに重機械製品の販売などにおいては，自己販売員が説明書の他にカタログや写真などを用いることが多い。いずれにせよ，どの販売機関をどのような組み合わせで使うのが最も効果的かは，複雑な問題を提示しているといえよう。

II－2－4 流通経路の短縮化

　原始的な交換経済の時代から近代工場制度が確立されるまでの流通機構の変遷過程では，中間業者の数がしだいに増加してきている。しかし，こうした流通機構の下での生産者の立場は，必ずしも有利ではなかった。なぜなら，流通経路が中間業者によって支配されているために価格も自由に変更することができず，結局，生産者は中間業者から圧力をかけられ利幅が稼ぎにくくなっていたからである。そこで，力のある生産者は中間業者を通さず消費者と直接的に取引しようとする，いわゆる流通経路短縮化の動きが活発になった。例えば靴，衣料品，銀製品などの生産者は卸売業者を通さず，直接的に小売業者に販売し配送も行った。この他の多くの生産者も中間業者をすべて排除し，通信販売や特約店・自己販売員などを通して消費者に直接販売しようとした。このような流通経路短縮化の動きに対して，取扱数量の減少した卸売業者は自社ブランドの開発に注力したり，原材料の供給源や小規模生産者を事実上支配することによって対抗しようとした。

　こうした情勢の中で生産者の考えなければならないことは，ある特定の分野では中間業者を排除することが生産者自身をもその市場から締め出すことにはならないか，という問題である。例えばブランドやトレード・マーク，あるいは生産者などの名声によって差別化のすすんだ専門品（specialties）であれば，広告や自己販売員を使って消費者に直接接触した方が需要を創造しやすく，売

上を伸ばすのに効果的である。しかしながら，品質や価格が標準化された必需品（necessities）であれば，大量販売に適しているのでそのような必要はなく，中間業者の介在する余地が十分残されている[8]。

Ⅱ-2-5 価格対策

　ショーは，市場に新規参入しようとする生産者の価格政策には，①市場価格マイナス（selling at the market minus）政策，②市場価格（selling at the market）政策，③市場価格プラス（selling at the market plus）政策の3つがあると考えた[9]。

　まず最初に，市場価格マイナス政策は，同一商品を生産する他の生産者よりも低価格で販売することによって需要を喚起し，売上を伸ばそうとするものである。つまり，商品を差別化するのではなく，価格水準を引き下げることによって消費者にアピールするのである。この価格政策によって販売数量が増えれば，生産者は大規模生産によって売上高に占める間接経費や製造原価の割合を低くでき，利益水準を引き上げることが可能となる。また，市場価格マイナス政策は百貨店の特売品売場でも実際に採用された。百貨店は必需品の価格を競争相手の百貨店より引き下げることによってお客を引きつけ[10]，販売数量を増やして間接経費の割合を相対的に低くし大量仕入れを可能にしたのである。こうして，百貨店は大量仕入れ・大量販売によるスケール・メリットを享受することができた。

　次に市場価格政策であるが，これは商品の価格を他の生産者と同一の市場価格に設定するもので，主として必需品に関して適用され，生産活動に重点がおかれていた時代に特徴的に現れた価格政策である。この価格政策によって生産者が利益を増加させるには2つの方法があった。1つは，工場内の生産システムを改善することにより生産コスト自体を削減することであり，これは鉄鋼業において典型的にみられた。他の1つは，売上数量を増加させると同時に大規模生産のスケール・メリットによって間接経費の比率を下げることであるが，これは当時急成長をとげた織物工業において適用された。もっとも，同一価格の同一商品について売上数量を伸ばすには，例えば仕上げがよいとか，包装がきれいであるとか，配達が迅速であるとかいった方法で差別化を行い需要を喚

起することが必要となる。

　最後の市場価格プラス政策は，商品価格を需要と供給の関係によって決まる市場価格以上に設定するという，もっとも新しいタイプの価格政策である。この価格政策をとるには，生産者であれば品質や包装に改良を加えることにより，また流通業者であればブランドやトレード・マークを付けることによって商品を差別化し，あたかも新商品のごとく需要を創造できることが必要である。つまり，ある商品の価格が市場価格以上であっても，商品の差別化により消費者の商品に対する主観的交換価格が市場価格を上回っていれば，いわゆる消費者余剰（consumer's surplus）[11]が発生し，市場価格以上で商品を購入しても消費者は満足できる。このように消費者余剰という経済理論を援用して，ショーは市場価格プラス政策の有効性を説いた。また，流通業者がこの価格政策で成功をおさめるには，商品そのものの差別化に加えて消費者の心理や社会的競争意識など，消費者の商品に対する主観的交換価値に影響を及ぼすあらゆる要素を考慮に入れなければならず，マーケティングに関するもっとも高度な知識と技術が要求される。

II－3　ホールの流通に関する理論

II－3－1　流通の発展過程

　ホールによれば，流通（distribution）とは商品を売買する手段，いいかえれば商品を生産者から最終消費者に移転する過程を指し，流通業者にはこの過程に携わっている卸売業者と小売業者の両方が含まれる。ただし，流通機能を果たすのは流通業者とは限らず，かつては生産者も流通機能を果たした時代があったという[12]。

　さて，イギリスでは分業の確立と機械化の促進により大量生産が可能になったが，いかに大量に生産しても，それを大量に捌ける市場が存在しなければ機械化への投資効果は現れない。他方，市場の拡大・発展を促す要因として重要なのは，交換手段としての貨幣の創出と流通の発展であった。したがって，流通の発展なくしては産業革命は成熟しなかったといっても過言ではないだろう。つまり，工業化がすすむにつれて同一商品の生産者は特定地域に集中するよう

になるが，消費者の方は地理的にこれと同じようには分布しないのが通常である。この生産者と消費者の地理的なギャップを埋めるために登場したのが，まさしく流通であった(13)。

ところで，消費者が流通部門に支払っている対価を流通コストというが，流通業者が利益をあげるには流通業者の利ざやが流通コストを上回らなければならない。しかし，第1次から第2次の世界大戦にかけてのイギリスでは流通コストの増大傾向を反映して，流通取引がしだいに不経済性を帯びるようになっていった。この結果，イギリスにおけるマーケティング・メソッドの非効率が指摘されはじめた。そこでホールは，資源の最も効率的な配分という経済理論の観点から流通理論を形成しようと考えた(14)。

II-3-2 流通理論の形成

流通過程は連続性があり，生産者と最終消費者の間に介在するものをすべて含んでいる。一方，流通の基本的役割は，大量生産を行う近代的工場と消費者である個々の家庭の間に橋渡しをすることにあるといえよう。ホールはこの流通機能を①在庫の保有と信用の供与，②商品の品揃え，③情報（information）の伝達，④生産者から消費者への品物の輸送，の4つに分類した。ここでホールが注目したのは，どの機能を卸売業者が受けもった場合にもっとも費用が少なくてすみ流通コストの低減につながるか，という問題である(15)。つまり，生産面において分業の原則を適用して効率をあげたのと同じように，流通面においても卸売業と小売業との間に機能的および組織的に分業の原則を適用して経済的合理性を追求できないか，と考えた。以上のような問題意識から出発して，ホールは以下に掲げるように流通取引の経済性に資する2つの原則を提示するに至った(16)。

まず第1の原則は，最小取引総数（Minimum Total Transaction）の原則である。これは，生産者が直接に小売業者と多くの小口取引をする代わりに，卸売業者と大口取引をすることによって一定量の商品を流通させるのに要する取引回数をできるだけ少なくすべきである，とする原則である。第2の原則は，集中在庫（Massed Reserved）の原則または不確実プーリング（Pooling Uncertainty）の原則と呼ばれるものである。消費者は欲しい物を欲しい時に

欲しい所で購入しようとするため，需要は不規則的または断続的に起こらざるをえない。これに対処するために在庫が必要になるが，流通過程全体に必要な在庫量を卸売業者が保有することによってできるだけ減らすべきである，というのがこの原則である。要するに，こうした原則によって流通過程における資源（resources）の最適配分を理論化しようとしたのである。

II-3-3　広告の普及

　ある商品の生産方法が何通りかある場合，生産者は支出額が同じであるならばもっともよい結果の得られる方法を，また同じ結果になるのなら支出額のもっとも少ない方法を選ぶのが当然である。つまり，生産者は代替（substitution）の原則を適用して，つねにより高い利益をあげようとしている。これと全く同じことが，情報の伝達という重要な流通機能を果たす広告（advertising）についても当てはまる。例えば広告費は，広告の代わりに販売員を使用した時にかかる人件費や交通費のような，他の手段を用いた場合に必要となる費用の代替と考えることができる(17)。

　ところで，20世紀になると新聞やラジオなどのマス・メディアの発達を背景に，イギリスでもアメリカでも国民経済に占める広告費の割合が急増した。ホールは，広告が普及してきた基本的要因は市場の不完全性にあると考えた。つまり，売り手と買い手が地理的に離れているので買い手は十分な商品知識を得ることができないなど，流通取引には本質的に不完全な要素が含まれている。そこで，この不完全な市場をコントロールする手段として広告が多く利用されるようになったと考えた(18)。

　アメリカの統計によると，1940年における生産者の1ドル当たりの販売額に占める広告費の割合は1.87％で最も多く，ついで小売業の1.42％，卸売業はもっとも少なくて0.35％であった。生産者が広告費を多く使って最終消費者に直接コンタクトしようとした理由は2つある。その第1は，生産規模が拡大するにつれて大量販売を可能にしないと，生産者は規模の利益（スケール・メリット）を追求できなくなる。そこで，不完全な市場で大量販売を可能にするために，広告を使って自己の商品のブランド化をはかろうとしたことである。その第2は，実際にはあまり効率的に機能していない卸売業者を迂回して，流

通業者から独立性を保とうとしたことである。なお，小売業者の中で広告費を多く使うのは，ほとんどが大規模小売業者である点にも注意を要しよう。

II－4　ショーとホールからの発展

　ショーは，それまで経験則に基づいて行われていたビジネス活動に科学的要素を取り入れようとした。そこで，動作を研究することによってビジネス活動を機能的に分類し，非効率で無駄なものを排除しようと考えた。この動作研究という点では，「科学的管理の父」と呼ばれ近代経営学の基礎を築いたテイラー（Taylor, F. W.）と軌を一にしている[19]。しかし，ショーの研究の中でもっとも注目すべき点は，流通活動の中で「商品に関するアイデア」の伝達による需要創造活動を重要視した点である。これが，ショーがマーケティング研究の先駆者と位置づけられるゆえんであろう[20]。

　実際，ショーは21世紀になった今日においても次のように高く評価されている。いわく「現代はマーケティングの時代であると強調する人は，マーケティングの研究者や関連者だけではないだろう。マーケティングは20世紀初頭にアメリカで胎動し，誕生した。とりわけ，マーケティング論の端緒的成立は，A. W. ショーの『市場配給の若干問題』が発刊された1915年であった。ショーの考え方はマネジリアル・マーケティング論の原型と評価を受けている。しかし，その後，この論が広く展開されるのは，第2次世界大戦後を待たねばならなかった」と[21]。

　一方，ホールは統計に基づく実証的研究を志した（こころざ）といえる。ホールが流通取引に関心をもつきっかけとなった現象が2つある。その1つは，流通取引に従事する労働者の数が増加し，雇用の安定という重要な国家政策を考えるうえで流通取引の研究を避けて通ることができなくなったことである。他の1つは，小売取引の国民経済に占める割合が増大してきたことである。小売店は日常生活にとって必要欠くべからざるものであり，生産から流通に至る一連の経済機構の中で消費者が最終的に購買欲求を満たすところである。したがって，小売業者の販売活動も相対的に重要性を帯びるようになり，これが小売店の大型化を促す要因になったと考えられる。

また，ショーの時代になると，生産技術の進歩によって大量生産や製品自体の差別化が可能になった。これに呼応するように，流通面では伝統的な市場競争原理に基づく価格競争に代わって，ブランド化や広告を主体とする非価格競争が台頭してきた。例えば市場価格プラス政策の普及は，その好例といえる。ところが，ホールの時代になると，この傾向にさらに拍車がかかる。これを端的に示しているのが，広告に対する考え方の相違である。ショーは，広告とは需要を創造するために印刷物によって商品に関するアイデアを消費者に伝達する手段であると定義し，説明書販売の進展したものであるととらえている。しかし，ホールになるとマス・メディアの発達を背景に，広告は消費者の選好（preference）を創造するための情報伝達を目的とし，市場をコントロールするための手段であり，さらに独占の兆候であるとさえ考えている[22]。

　ここに，もう1つショーとホールの時代の流れを象徴するような出来事がある。1908年にヘンリー・フォード（Ford, Henry）は，流れ作業（assembly line）による大量生産体制によって標準化されたT型車を発表し大成功をおさめた。この時の顧客のほとんどは，まだ特別の選好をもたない一般大衆であった。ところが，それからわずか10数年しか経ていない1920年代になるとフォード社の業績は急速に悪化し，後進のゼネラルモーターズ社に市場を奪われてしまう。なぜなら，この短期間に所得の階層化がすすみ消費者選好が多様化したが，フォード社はこれに素早く対応しなかったからである。それくらいこの時代の市場構造の変化は急激だったといえる。

　このような状況のなかで流通の合理性を追求しようとする問題意識は，ショーもホールも方法論は違えども一致しており，ショーからホールにかけての時代は，まさにマーケティング研究の胎動期というにふさわしいであろう。この2人の時代を経て本格的なマーケティングの時代が到来するのは，ようやく第2次世界大戦を過ぎてからであり，それと同時に国際ビジネスの重要性が増し，多国籍企業が生れる環境がしだいに整ってくるのである[23]。

　なお，ショーが分析した流通活動のうちの物的流通活動は，流通の物理的側面の管理を取り扱う「物流」へと発展していくことになるが，最近では「ロジスティクス（logistics）」という用語が頻繁に使われるようになってきた。このロジスティクスは消費者の要請，すなわち市場の実需要情報を基点に生産も

原材料調達もそれに従って発するマーケットイン（market in）という戦略的な考え方に基づいており，この点で市場の需要に対応して開発・生産された商品の市場への供給を中心とするプロダクトアウト（product out）という考え方に立脚する物流とは基本的に相違するといわれている。

もともとロジスティクスとは軍隊で武器や食糧などの補給を行う兵站（へいたん）機能を意味していたが，アメリカ・ロジスティクス管理協議会（CLM）による現在の定義では「顧客の必要条件に適合させるべく，原材料，半製品，完成品ならびにその関連情報の産出地点から消費地点までのフローと保管を，効率的かつ費用対効果を最大ならしめるよう計画立案，実施，統制する過程である」とされている。そして，必然的に経済のグローバル化にともない，全世界の市場をネットワーク化するグローバル・ロジスティクスシステムの形成が求められつつあるわけである[24]。

Ⅱ－5　マーケティングの先行的役割

Ⅱ－5－1　マーケティングと海外市場

戦前におけるショーやホールの時代の国際取引は工業製品と原材料の変換，すなわち垂直貿易が中心であった。このため国際取引といっても相互依存関係が強く，製造や流通が大きな課題となり，マーケティング活動にはそれほど関心が払われていなかった。ただし，前述したようにショーが考察した需要創造活動や価格政策，さらにホールの考察した流通理論や広告の普及などには，明らかにマーケティング研究の草分け的発想が含まれている。そして戦後すぐに訪れたマーケティングの時代は，同時に本格的な国際ビジネスの開花期でもあった。つまり，テクノロジー面における知識の爆発的増加や顧客によるライフスタイル変化の加速などによって先進諸国は豊かな社会を実現しつつあり，次々と新製品や代替製品が現れるようになって先進諸国間の水平貿易が盛んになり，しだいに国際取引の競争的性格が強くなっていった。

こうなると輸出マーケティング（export marketing）が重要になってくるが，輸出マーケティングといっても基本的には国内マーケティングと何ら変わるところはなく，結局は標的市場に関する情報レベルの違いと考えてよい[25]。こ

◆ 図Ⅱ-2　海外市場への進出モデル ◆

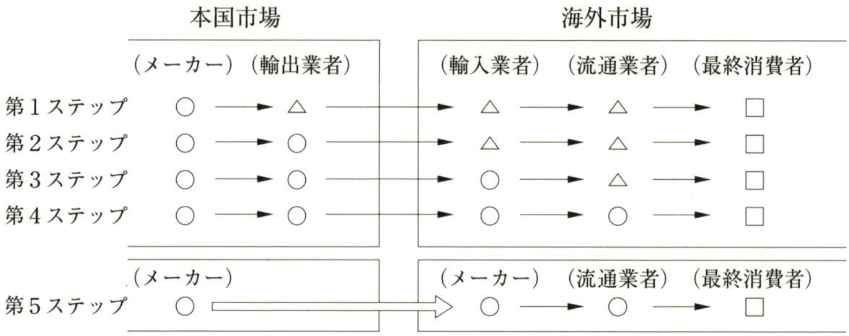

	本国市場		海外市場		
	（メーカー）	（輸出業者）	（輸入業者）	（流通業者）	（最終消費者）
第1ステップ	○ →	△ →	△ →	△ →	□
第2ステップ	○ →	○ →	△ →	△ →	□
第3ステップ	○ →	○ →	○ →	△ →	□
第4ステップ	○ →	○ →	○ →	○ →	□
	（メーカー）		（メーカー）	（流通業者）	（最終消費者）
第5ステップ	○ ⇨		○ →	○ →	□

注：○は同一企業（メーカー），△は他社，□は最終消費者，→は製品の流れ，⇨は生産機能の移転をそれぞれ表している。

うなると国内市場に比べて海外市場に関する情報に関しては不確実な要素が多くなり，顧客の需要動向を的確につかみ販売高を予測することが難しくなってくる。実際，輸出マーケティングで失敗するケースは，自国で成功したマーケティングのやり方がそのまま海外でも通用すると考えた場合に多く発生しているようである。したがって，人間の経験には限界があり，誰しも自己の置かれた環境をもとに他の社会集団や民族のことを類推してしまう傾向があることを，マーケティングの担当者は肝に銘じておかなければならない[26]。

　もっとも，輸出を計画するということは，国内でのマーケティングが成功していることが前提条件として必要であろう。なぜなら，国内市場で売れない製品を一層リスクが大きくなる海外市場で売ろうとすることは，注文生産でもない限り通常考えられないからである。海外市場でのマーケティングが成功し輸出数量が伸びてくると，今度は現地生産へ移行しはじめる。この要因には現地生産を行った方が海外の標的市場（target market）に関する情報にアクセスしやすくなり現地のニーズに合った製品を作りやすくなることと，進出先国との間で発生する貿易摩擦を回避しなければならなくなることがある。

　このような海外市場へ進出する経緯を簡単にモデル化したのが図Ⅱ-2である。もっとも，これは一般的なケースにすぎず，例えば特殊な機械類のように注文生産を行うものであれば，メーカーから海外のユーザーへ製品を直接販売することもある。なお，実務的に見て輸出入業務は専門的なノウ・ハウと経験

が必要なことを念頭に置いた方がよいであろう(27)。

II-5-2 海外市場への進出ステップ

　まず進出モデルの第1ステップであるが，本国市場において販売が順調に伸び生産数量も増えてくると，どのメーカーも海外市場を開拓して本国における生産能力を増強しスケール・メリットを享受しようと考える。しかし，輸出の経験に乏しいメーカーであれば，外部の輸出業者に頼らざるをえない。ただし，輸出業者にもいろいろあり，自社の勘定で購買し在庫をかかえて流通業務を営むものを輸出商社（export house）というが，現在では受注後にメーカーから購入する場合がほとんどで，昔のように見込みで購入し外国市場へ販売するケースは実際には少ないようである。この他に駐在外国人買付業者（resident foreign buyer），輸出手数料商社（export commission house），輸出ブローカー（export broker）などが輸出業者に含まれる。いずれにせよ，これらの輸出業者に依存すると輸出の対象となる海外市場に関する情報が直接入手できないために，ブランド選好性の高い製品については次のステップへ移行するスピードが速くなる。

　第2ステップになると，メーカーが直接，海外の輸入業者である輸入商社（import house）や代理店（agent）に製品を渡すことになる。この場合，輸入商社なら自己の勘定で輸入し販売することになるが，代理店はメーカーとの契約により手数料ベースで販売活動をするだけである。ただし，この第2ステップの期間は実際には短かったりスキップされることが多い。

　第3ステップでは，メーカー自らが現地に販売支店（sales branch）または販売子会社（sales subsidiary）を設立し，現地の流通業者を利用できるような販売拠点を設置することになる。また，その段階になるとメーカーは初めて現地市場に直接アクセスでき，マーケティングに関する情報収集が非常にやりやすくなる。なお，販売支店はどちらかというと第2ステップの輸入商社や代理店の管理業務が中心になるのに対し，販売子会社になると輸入業務を行い主に現地の流通業者（distributor）と代理的契約を結んで販売活動をしていくことになる。ところが，この場合には流通業者が自己の勘定で製品を購入しマーケティング活動も行うため，長期的な販売計画を立ててブランドを確立しよう

とするメーカーにとっては，自らマーケティング活動に従事したいとの意欲が高まってくる。

　第4ステップでは，いよいよメーカーが現地市場における自社販売経路を開拓して販売促進活動に本格的に乗り出す。このために現地に設立された販売子会社は自社の販売員を養成するか，あるいは既存の卸売商を買収するかして，とくに百貨店やスーパーマーケットなどの大型小売店に対して直接的に販売活動を行えるようにしなければならない。こうすることによってメーカーは海外現地市場での販売力を一層強化でき，最終小売価格の管理やアフターサービスの改善が可能になるからである。しかし，その一方で外国市場の占有率（シェア）が伸びてくると，関税率が上昇したり輸入制限が行われたりして，輸出数量の増加には限界が見えてくる。こうして，現地生産へ移行せざるをえない状況が発生する。

　最後の第5ステップでは，メーカーの生産機能を現地に移転し，海外において生産活動から販売活動まで一貫して行う体制が整う。メーカーが生産機能を現地へ移転できる条件としては，第1に現地市場において新たな需要を喚起できるくらいに製品を差別化できる技術力を有すること，第2に設備投資を行い価格競争に耐えられるだけの資金調達力があること，第3に海外でも機能しうる経営管理システムをもっていること，などが挙げられる。

　しかしながら，何よりも重要な条件は，第4ステップの段階において輸出マーケティングが成功し，現地生産のメリットが得られるだけの十分な市場が確保されていなければならないことである。実際問題として，現地生産設備をフル稼働させて，なお不足する分は本国からの輸入によって補うくらいの販売高がなければ，第4ステップから第5ステップへ発展することは難しいと考えてもよいくらいである。この意味で海外へ進出するプロセスにおいて，マーケティングがまさに先行的な役割を果たすわけである[28]。

Ⅱ-6　国際マーケティング活動

Ⅱ-6-1　マーケティング活動の国際的展開

　図Ⅱ-2に示された海外市場への進出モデルは，主として先進国から他の先

進国へ向けて完成品輸出を行うケースを想定していると考えてよい。とりわけ第4ステップでは，現地に販売子会社を設立して流通業務も自社の管理下に入れてしまうため，成功すれば現地市場でのシェアが上昇する。これは1960年代に日本企業が米国市場への輸出を増やした段階に当たり，この時期に繊維・鉄鋼・テレビなどの分野で輸出規制やダンピングなどの日米通商問題が発生している[29]。次に第5ステップの現地に生産会社を設立する段階は，1970年代の初め頃から日本企業が米国市場に進出した時期に当たる。この現地生産段階に入ると，進出した海外市場でも第4ステップまでの輸出マーケティングとは異なる独自のマーケティング活動が展開されることになる。このマーケティング活動は現地で生産したものを現地で販売することを第1の使命とするが，プロダクト・ライフサイクル論が指摘するように，やがて他の先進国市場へ向けて第三国輸出が計画されるようになると，再び輸出マーケティングが必要になってくる。このようにして時間が経過するにつれ，次々と複数の先進国へ，さらには発展途上国へと海外進出が続けられ本国市場への逆輸入さえも行われるようになり，多国籍企業へと成長していくことになる。

　この間の成長プロセスにおけるマーケティング活動は，本国での国内マーケティング（domestic marketing）から出発して本国からの輸出マーケティング，さらに海外で現地生産が行われると進出先国での現地マーケティング（local marketing），その次は進出先国からの輸出マーケティングというように展開していく。そうすると最初の本国市場のみをターゲットにした国内マーケティング以外は，すべて本国の国境を越えて行われる国際的なマーケティング，すなわち国際マーケティング（international marketing）になるといえる。この国際マーケティングが多国籍企業への成長過程で常に先行的な役割を演じることを考えれば，国際マーケティングは多国籍企業のマーケティングを形成するといってもさしつかえないであろう。

　もっとも，経営のグローバル化が促進され，国境の存在を意識しないグローバルな世界市場が実現されるようなことにでもなれば，国際マーケティングを超越したグローバル・マーケティング（global marketing）が必要になってくる。しかし，国内マーケティング，輸出マーケティング，現地マーケティング，国際マーケティング，さらにグローバル・マーケティングといってもマーケ

ティングの基本的な手法は同じであり(30)，この点からもショーやホールの理論が非常に参考になることは前述した通りである。

Ⅱ-6-2 現地生産とマーケティング活動

　ところで，国際マーケティングには先行性があり，それゆえに国際マーケティング活動が多国籍企業にとっていかに重要なものであるかは，1990年頃における日本の製造業の国際化に関する調査結果によっても実証的に裏付けられる(31)。つまり，日本企業が海外に生産拠点を設置した動機を，先進国のアメリカとEC（現在のEU），発展途上国のアジアNIEsとASEAN諸国の4つの地域に分けて見た場合，上位の3項目はいずれも同じで「現地市場への販路拡大」「生産等のコストが低い」「輸入規制等への対応」の順番になっている。したがって，海外に生産拠点を設置した動機，別言すれば現地生産に踏み切った理由によって企業の海外進出パターンを大きく分類すると，「市場密着型」「生産コスト重視型」「貿易摩擦回避型」の3つになると考えられる。ところが，どの地域においても「現地市場への販路拡大」を目的とする市場密着型がもっとも多いことから，一般論として国際マーケティングの先行性が認められるわけである。

　ただし，アメリカの多国籍企業と日本の多国籍企業における海外生産子会社と仕向け地別（つまり販売先別）の売上構成を比較すると，アメリカの方が日本よりも本国向け（つまり逆輸入）と第三国向けを加えた分の割合が現地向けよりも多い点に注意する必要がある。このことは裏を返せば，アメリカの多国籍企業のほうが日本の多国籍企業よりもグローバル化が一層進んで，1990年頃にはグローバル・マーケティングの観点からすでに企業内貿易が活発に行われていることを示している。

　日本企業の海外現地生産に関しては，現地での販売を目指すケースがどの地域においても多い点に特徴がある。また，アメリカやECに比べてアジアNIEsやASEAN諸国では「生産等のコストが低い」という項目への回答割合が相対的に高くなっている。このことから，発展途上国に関しては労働コストなどの生産コストの安さを進出動機とする「生産コスト重視型」の海外進出も多いといってよいであろう。一方，「輸入規制等への対応」の項目を見ると，貿易摩

擦への懸念は日本企業にとって先進国への進出に限った問題ではないことがうかがえる。これは、先進国・発展途上国を問わず現地市場の販路拡大を目的にした海外進出であれば、その裏返しとして必ずといってよいほど現地市場において国策レベルの抵抗に遇うことを覚悟しなければならないことを物語っている。それゆえに、日本企業の国際マーケティングに関しては現地社会との調和という問題が新たなテーマとして浮かび上がってくる。つまり、国際マーケティングは先行性のみならず社会性をも兼ね備えていなければ、企業の海外進出を成功へ導くことができない時代になっているわけである。

このようにして国際事業展開をするうえで、マーケティング活動は21世紀に向けて今後ますます重要な役割を担うようになるであろう。

Ⅱ-7 国際マーケティング戦略

Ⅱ-7-1 市場の細分化と選択

企業が利益をあげるためには、まず第1に誰かに何かを売らなければならない。マーケティング活動の本質はこの販売（sales）を行うことにあるため、マーケティング戦略があらゆる戦略策定の出発点となる（図Ⅰ-2の意思決定サークルを参照）。この点は前述したマーケティングの先行的役割と軌を一にしているが、ここでは国際経営におけるマーケティング戦略（つまり国際マーケティング戦略）に特有な問題点をいくつか指摘しておきたい。

国内市場で成功したマーケティング戦略が、海外市場でも有効に働くと想定することは危険である。なぜなら、国内と海外では市場特性が相違して当然だからである。そこで、海外において標的市場を設定するためには、海外市場を戦略的に細分化するという作業から始めなければならない。市場の細分化（market segmentation）とは一定の基準に従って全体の市場を顧客ニーズなどが同質になるような最小単位に分割することであり、これによって分割された特定の標的市場に対してより適合した製品開発やマーケティング・ミックスを考察することが可能になる。市場細分化のための基準としては表Ⅱ-1に提示されたようなさまざまな変数（variables）が考えられるが、その中でも海外市場に関しては地理的変数によって最初に大きく分割されることが多い。そ

◆ 表Ⅱ-1　市場細分化の変数 ◆

(1) 地理的変数	地域，都市規模，人口密度，気候など
(2) 人口統計的変数	年齢，性別，家族数，家族ライフスタイル，所得，職業，教育，宗教，人種，国籍，社会階級など
(3) 心理的変数	ライフスタイル，性別など
(4) 行動的変数	購買機会，追求便益，使用者状態，使用頻度，ブランドロイヤルティ，購買準備段階，マーケティング刺激への反応など

資料：P. コトラー『マーケティングマネジメント』119ページ。
出典：車戸實編『国際経営論』八千代出版，1989年，72頁。

の次にはデータの入手と測定が容易なうえに，顧客のニーズや好みと関連が深い人口統計的変数が考慮されることになるであろう[32]。しかし，市場細分化を画一的に行うのは疑問であり，実際にどの変数を基準にするのかは企業や製品により異なっているはずである。したがって，理想的にはすでに経験済みの市場における自社製品の販売に関連して判明した特定の変数から始めるのが最適と考えられる[33]。

こうして市場の細分化が行われると，今度は細分化された市場の中からターゲットにする市場を選択することになる。この標的市場設定に関しては，いわゆる市場の魅力度というものを測定しなければならないが，その目安となるのが特定製品に対して需要増大が見込めるかどうかという点であろう。将来の需要動向を予測する際に非常に役立つものに，需要の所得弾力性（income elasticity of demand）という概念がある。これは消費量と所得水準（すなわち，経済発展のレベル）との関連を数値化したもので，所得の増大にともなう消費量の変化を時系列で表している。ただし，所得弾力性に基づく市場予測は所得の変化を図式化でき，しかも過去の関係が将来にも当てはまることを前提としている点に注意が必要である[34]。もっとも，どの国においても中流の所得階層（middle-income class）は同じような消費パターンを示す傾向が見られるけれども，実際のところ，標的市場において中流の所得階層が多数を占めているとは限らない[35]。

Ⅱ-7-2　標的市場への浸透

標的市場が設定されると，次はその市場に適したマーケティング・ミックス

◆ 表Ⅱ-2　マーケティング・ミックスの変数 ◆

製　　品	場　　所	プロモーション	価　　格
品　質 諸特徴および選択 スタイル ブランド・ネーム パッケージング 製品ライン 保　証 サービス水準 その他のサービス	流通チャネル 流通範囲 販路の位置 販売テリトリー 在庫水準と位置 輸送装置	広　告 人的販売 販売促進 パブリシティ	水　準 ディスカウントおよびアロウアンス 支払条件

資料：P. Kotler, *Marketing Management*, 3rd ed., 1976, p. 60.
出典：市川繁『フレキシブル・マーケティング』中央経済社, 1990年, 157頁。

（marketing mix）を構築しなければならない。このマーケティング・ミックスの開発はマーケティング戦略の中心をなす基本ステップであるが，マーケティング・ミックスとは企業が標的市場の購買者の反応に影響を与えてマーケティングの目標を達成するために用いるコントロール可能な変数の組み合わせ（セット）と考えればよいであろう。

　この変数には通例マーケティングの4Pと称される4つの基本的なもの，すなわち製品（product），場所（place），促進（promotion），価格（price）が挙げられる。これらの変数は表Ⅱ-2のようにさまざまな要素から構成されているが，この4つの変数の中でもっとも重要視されるのは「製品」である。海外の標的市場に参入した当初は，国内市場向けに設計された製品を標的市場へ輸出することが多く，これは製品設計のミスによるリスクを小さくするという限りでは意味がある。しかし，このままでは販売数量を伸ばし市場浸透をはかることが難しくなる。

　そこで表Ⅱ-3のように市場の環境要因をもとに製品設計を見直し，消費者のニーズに適合した製品を供給できる体制を整えることが必要になってこよう。また，場所に関しては標的市場の流通機構や輸送条件等を熟知しなければならないし，プロモーションでは文化とのかかわり合いが深いと推測される。価格については製品の差別化により非価格競争の時代になりつつあるとはいっても，海外市場の価格形成に関しては不公正に低い価格であるとしてダンピング

◆ 表Ⅱ-3 環境要因と製品設計への示唆 ◆

（環境要因）	（製品設計への示唆）
技術スキルのレベル →	製品の単純化
識字率 →	製品マークの付け直し
言語の相違 →	製品マークや使用説明書の変更
労働コストの水準 →	製造の自動化または手動化
所得水準 →	品質や価格の変更：販売単位の変更
利子率 →	品質や価格の変更
保全能力の水準 →	製品の耐久性と修理の容易さの変更
気候の相違 →	製品の修正
人口の過疎 →	製品の単純化と信頼性の向上
度量衡の相違 →	製品の測定とサイズ表示の見直し
補完製品の入手可能性 →	製品統合の度合い
原材料の入手可能性 →	製品構造や燃料の変更
電力の利用可能性 →	製品のサイズ変更と再設計（例：電力駆動から動物駆動あるいは人力駆動へ）
文化的タブー →	特定の色，言葉，および原材料の使用

出典：Robinson, R. D., *Internationalization of Business*, The Dryden Press, 1984, p. 28.

（dumping）の非難を受けないように配慮しなければならない。とはいうものの，より的確なマーケティング・ミックスを開発するためには，標的市場の諸環境に関する十分な情報収集力とその情報を上手に利用できる能力をもたなければならない。したがって，国際マーケティング戦略の観点からも，結局は現地生産への移行が促されることになる。

　ちなみに，最近のマーケティング・ミックスに関する見解のなかでは，とくに次の2つの指摘に注目しておきたい[36]。その第1は「最適なマーケティング・ミックスは企業ごとに，製品ごとに，対象セグメントごとに，あるいはその他の諸条件の微妙な差異によって変化するものであり，これは諸条件の変動に伴って特定のケースにおける最も望ましい構成要素の結合は常に変化するものであって，現在，適切なミックスも明日は不適当なものになり得るからである」という指摘である。第2は，グローバル・マーケティングがドメスティック（国内）・マーケティングと異なるのは，「それぞれの国または地域に固有にみられるバラエティに富んだ環境変数の差異を理解し，認識すべきコントロール不能な要因に対応して，次元の異なるマーケティング・ミックスを形成しなくてはならないということである。そしてその特殊性をみる視力も，ドメス

第Ⅱ章　マーケティングと国際化　47

ティックなときのそれにプラスして，新しいグローバルなセンスを求められ，発想やプランニングにも，これまでと異なったデリカシー（delicacy）が必要になってくる」という指摘である。

　ということは，変化の激しいグローバル時代においてマーケティングを成功へ導くキー・ファクターは，標的市場の環境変化に対する理解や認識に柔軟性と先見性を持たせることにあるといえるのではないだろうか[37]。

■ 注

(1) 参考までに，1990年に発表された日本マーケティング協会（JMA）の定義には「マーケティングとは，企業および他の組織がグローバルな視野に立ち，顧客との相互理解を得ながら，公正な競争を通じて行う市場創造のための総合的活動である」と記されている。

　なお，2005年に出版されたフィリップ・コトラーの著書（Philip Kotler, *ACCORDING TO KOTLER, AMACOM*, 2005, p.1）では，マーケティングが次のように定義されている。「マーケティングは利益を得て標的市場のニーズを満たすために，価値を開発，創出，伝達する科学であり技術である（Marketing is the science and art of exploring, creating, and delivering value to satisfy the needs of a target market at a profit）」と。

(2) 市川繁『フレキシブル・マーケティング』中央経済社，1990年，1～20頁。

　なお，2007年10月に北米で最大のマーケティング協会として有名なアメリカ・マーケティング協会（AMA）の理事会で承認されたマーケティングの定義については，以下の文献を参照されたい。

　丹下博文『企業経営の物流戦略研究』中央経済社，2014年，39頁。

(3) 梅津和郎・市川繁編『比較商業学入門』晃洋書房，1986年10～13頁。

(4) Shaw, A. W., *Some Problems in Market Distribution*, 1915, p.5.

　なお，同書の翻訳には次のものがある——A. W. ショー著，丹下博文訳・解説『市場流通に関する諸問題（新版）』白桃書房，2006年。

(5) *Ibid.*, pp.7-8. なお，経営学者と経済学者とでは専門用語が一致するとは限らない点に注意を要する。例えば，経済学者は生産要素というと土地，労働，資本などをあげ，経営学者のいう流通活動や補助活動をも包摂している。これに対して経営学者のいう生産活動とは，製品の生産に直接関係している活動を総称しているのが通例である。

(6) *Ibid.*, p.28.

⑺　*Ibid.*, pp. 11-13.
⑻　*Ibid.*, pp. 19-21.
⑼　*Ibid.*, pp. 51-59.
⑽　この場合，百貨店にとっては値引きされた必需品を買いにきた顧客が，利ざやの大きい他の商品もいっしょに購入していくというメリットが加わる。
⑾　イギリスの経済学者マーシャル（Marshall, Alfred）によれば，消費者余剰とは「消費者がそのものをなしにすますよりはむしろ支払うことを辞さぬ価格が，実際に彼が支払う価格を越える超過額」をいう（『経済学辞典（第2版）』岩波書店，686頁）。
⑿　この点については，ショーのところで述べた流通経路短縮化の動きを参照。
⒀　Hall, M., *Distributive Trading : An Economic Analysis*, 1950, p. 17.
⒁　*Ibid.*, p. 29.
⒂　*Ibid.*, p. 75.
⒃　*Ibid.*, pp. 80-83.
⒄　*Ibid.*, pp. 126-27.
⒅　*Ibid.*, p. 130.
⒆　北野利信編『経営学説入門』有斐閣，1977年，2～9頁。
⒇　荒川祐吉『マーケティング・サイエンスの系譜』千倉書房，1978年，57頁および213頁。
　　『新版・体系経営学辞典』ダイヤモンド社，1982年，809頁。
　　なお，ショーの前掲書（原典）の中にはマーケティング（marketing）という用語が数ヵ所使用されている。例えば，"our marketing system"（p. 16），"the general marketing scheme"（p. 20），"the right method of marketing"（p. 32），"the marketing of the product"（p. 41），"the marketing of hats"（p. 50），"the marketing of staple goods"（p. 54）などである。しかし，マーケティングという用語自体に関する明確な定義は見当たらない。
㉑　加藤勇夫・寳多國弘・尾碕眞編著『現代のマーケティング論』ナカニシヤ出版，2006年，はじめに（ⅰ）。ただし，『市場配給の若干問題』は前掲の『市場流通に関する諸問題』と訳出の違いだけで，原典は同一著書である。
　　丹下博文訳・解説，前掲書，126～127頁。
㉒　Shaw, A. W., *op. cit.*, p. 91 & p. 93.
　　Hall, M., *op. cit.*, p. 130 & p. 138.
㉓　加藤勇夫他編著，前掲書，はじめに。
　　岩田貴子『マーケティング・アーキテクチャー』税務経理協会，1998年，3～16頁。
㉔　日本ロジスティクスシステム協会監修『基本ロジスティクス用語辞典』白

桃書房，1997年。
⑳　車戸實編『国際経営論』八千代出版，1989年，70頁。
㉖　Tsurumi, Yoshi, *Global Management : Business Strategy and Government Policy*, Copley Publishing Group, 1990, pp. 130-131.
㉗　Robinson, R. D., *Internationalization of Business : An Introduction*, The Dryden Press, 1984, pp. 39-42.
㉘　山崎清・竹田志郎編『テキストブック国際経営』有斐閣，1982年，148頁。
㉙　通商産業省編『通商白書（1990年版）』大蔵省印刷局，1990年，110～11頁。
㉚　市川繁，前掲書，90～91頁。
　　参考までに，グローバル・マーケティングの他に最近ではインターネットに代表される情報技術の目覚しい進歩によって，データベース・マーケティング，リレーションシップ・マーケティング，ハイテク・マーケティング，インターネットにおけるマーケティング（marketing on the Internet）などの新しい分野が提唱されている。
㉛　通商産業省編，前掲書，189～92頁。
㉜　車戸實編，前掲書，71～74頁。
㉝　Robinson, R. D., *op. cit.*, p. 34.
　　この点に関して，ある製品を他の標的市場で販売する前に，テスト・マーケティング（test marketing）を行うべきであるとする見解がある。
　　Tsurumi, Yoshi, *op cit.*, p. 139.
㉞　*Ibid*, 34-35.
　　需要の所得弾力性とは所得の変化によって消費量にどれくらいの格差が引き起こされるかを表し，数式にすると，

$$\frac{\Delta C_A}{C_A} \bigg/ \frac{\Delta Y}{Y}$$

となる。ここでC_Aは商品Aの消費量，Yは個人所得の初期値をそれぞれ示し，ΔC_AとΔYは例えば1年といった一定期間における値の変化を示す。もしこの数値が1以上ならば，所得の上昇以上に商品Aの消費量が比率的に増大することを意味し，商品Aは優等財（superior goods）に当たる。反対に，この比率が1以下なら，所得が上昇するにつれて消費量が比率的に減少することを表し，商品Aは劣等財（inferior goods）ということになる。
㉟　Tsurumi, Yoshi, *op. cit.*, p. 141.
㊱　市川繁『マーケティング・アライアンス』中央経済社，1996年，93～94頁および190～191頁。
㊲　フィリップ・コトラーの著書（Philip Kotler, *KOTLER ON MARKETING*, The Free Press, 1999）によると，21世紀に向けて市場（marketplace）

の変化のスピードは加速化しており，そのような変化を企業自身が認識できないことがしばしば起こる。したがって，1年前に成功した戦略でも次の年には失敗するかもしれない。そこで，経済情勢に強い影響を及ぼす要因として次の4つの動向を考慮に入れなければならないと指摘されている。その第1はデジタル化のような技術（technology）にかかわる動向である。これは第2の動向であるグローバリゼーション（globalization）を推進する。これらに加えて第3の規制緩和（deregulation）は新たな競争を巻き起こし，第4の民営化（privatization）は経営の効率化をもたらす，と。

第Ⅲ章

グローバル化の事例研究

Ⅲ-1 事例研究のポイント

Ⅲ-1-1 グローバル経営と日本人的発想

　最近では経営学の分野で「国際化（Internationalization）」に加えて「グローバリゼーション（Globalization）」という言葉が実によく用いられるようになってきた。グローバリゼーションを敢えて邦訳すれば「世界化」とか「地球化」となるが，国際化というのは国境を残したまま経済的な交流を行うことであるのに対し，グローバリゼーションはあたかも国境を撤廃したかのように国境を意識せずに経済活動を営むことである。こうした国際化とグローバリゼーションの概念的な相違は "Longman Dictionary of Contemporary English" という英英辞典の定義にも示されている。すなわち，"international" という形容詞が "having to do with more than one nation"「1ヵ国以上に関係する」という意味になって国家という単位を前提としているのに対し，"global" という形容詞は "of or concerning the whole earth"「地球全体に関係する」という意味になって国家という枠組みがはめられていない。したがって，グローバル経営というのはボーダレス時代を背景に世界——すなわち地球全体——を1つの経済単位と捉えていることになる。

　このグローバル経営を本章ではとくに「内外一体経営」と称する。なぜなら，内（ウチ）と外（ソト）を使い分ける日本的思考のもとでは，その両者のギャップが行動のはしばしに出てきて海外との摩擦を生む要因にもなっていると考えられるからである。日本人の日頃の行動の裏にある思考パターンは，①身内と他人，②本音（ほんね）と建前（たてまえ），③国内と海外，④邦人と外人，などのように内と外を区別することから始まるのが一般的である。とりわけ身内と他人の間に一線を引く発想では，身内というのが自分とその一族である集団を指し，組織対組織の関係になっていることに注意が必要である。したがって，自分自身である個人とそれを取り巻く身内である組織との間のジレンマや軋轢（あつれき）で悩むことが多くなる。その点で身内という集団ではなく，自分という個人と他人との間を区別し，あくまでも個人対個人の関係を基本に据える米欧人の個人主義的な発想とは大きく異なる。

本音と建前の区別では，本音が人間の内側（または内心）を示すのに対して，建前は表向きな姿勢や態度を指している。歴史的に見ても日本は農耕文化が基盤になっており，皆と一緒にやらないと村八分になる掟があった。そこで皆がやることをやらずに，ちょっとでもはみ出ると怖い目にあうから，結局「長い物には巻かれろ」的な考え方が染み付いてしまう。その結果，建前の社会で生きていると自分の本当にやりたいことが本音として蓄積し，建前と本音の違いが非常にはっきりしてくるようになる。日本を異質な国と考えるリビジョニズム（revisionism）が，かつて「みなで渡れば怖くない」という言い習わしを使って日本的倫理を説明したのは，まさにこうした建前社会の矛盾を的確に捉えていたといえるだろう。

　こうした日本人社会に特有な集団主義志向が，結局は日本の社会システムの根源となっている伝統とか慣習が国際的に見て不透明であることの原因になっているのではないかと思われる。さらに国内と海外，邦人と外人といった使い分けでは混乱の生じている嫌いがあり，米国にいる日本人が本当は自分達の方が「外(国)人」であるにもかかわらず，現地の米国人を思わず「外人」と呼んだりすることがしばしばあるのも，その好例といえるだろう。

　このように，現在の日本企業を対象に考察する場合には「グローバル経営」というよりも「内外一体経営」と呼んだ方が実態に沿っており，理解しやすいと考えられる。

Ⅲ－1－2　戦略的結合とMUTEC

　次に本章で用いる「戦略的結合」という概念についてであるが，これは日本企業が進出先国の企業と合弁で現地法人を設立する際に生じる現象と考えればよい。簡単に言えば，合弁相手の企業の強みを活かすという意味で，人・物・金・技術・情報といった経営資源を戦略的に結合して一種の相乗効果（synergy）を期待するわけである。この戦略的結合を考察するにあたってはMUTEC（Matsushita-Ultra Tech. Battery Corporation）という，松下グループが米イーストマン・コダック社と合弁で米国のジョージア州に1987年に設立した現地法人の事例が非常に参考になる。MUTEC設立の合弁事業プロジェクトに携わった米山不器氏の次の記述からも推測できるように，MUTECは少しおおげ

さに言えば，日本企業のグローバル化のあり方を探るモデルケースともいうべき合弁会社であると確信できるからである(1)。

いわく「単独進出でなく米企業コダック社との合弁という形態をとった点は，アメリカ国内で強力なブランド力と販売力を持つコダックと，生産技術に優れた松下が手を組むことによる相乗補完効果が期待された。また，アメリカの代表的優良企業であるコダック社からは経営管理手法の点で優れたノウハウを人員の派遣を通じて提供してもらえるというメリットも期待された。……日本企業の良いところ，米企業の優れたところをあわせて地域社会に密着した理想的会社を作ろうという希望に私たちは溢れていた。このことは日本人だけでなく，コダックから出向してきているスタッフも同様の心意気であり，私はあの素晴らしいチームワークと友情を一生忘れることはないだろう」と。事実，MUTECは松下グループが北米地域に合弁会社を作る初めてのケースであり，そうした点からも注目されて当然であったろう。

また，1980年代初めより米国におけるM&Aブームとともに合弁企業，生産・販売協力，OEM供給，共同製品開発などを通じた国際的な企業間提携が急増した。これらの企業間提携については「世界の3大市場である日・米・欧の市場において摩擦を引き起こすことなく企業が迅速にインサイダー化する方法として，巨額化する製品開発投資を節約する手段として，また弱体化した事業部門を，成功している企業のノウハウを導入することで再活性化させるなど，いわば積極的に企業戦略を展開する戦略的提携と呼ばれている」と説明されている。さらに，こうした背景として市場のグローバル化にともなう生産のスケール・メリット追求，製品開発への巨額な投資，貿易摩擦，為替の乱高下などのような80年代における世界経済のグローバル化の進展が指摘されている(2)。そうすると，MUTECにおける戦略的結合も戦略的提携とほぼ同義であって，こうしたグローバル化の潮流の中で生まれたものと位置づけてよいであろう。

以上に述べた現状と問題意識をたたき台にして，本章では日本の電池メーカーがアルカリ乾電池生産に関して対米企業進出を果たすまでのプロセスを，実際にあった事例に基づいて考察していきたい。こうした事例研究こそが，国際経営やグローバル経営の分野で発生している諸問題にアクセスする最良の方法と考えられるからである。

Ⅲ - 2　米国進出の背景とプロセス

Ⅲ - 2 - 1　米国市場とアルカリ乾電池

　ここでは日本の松下グループが米国のイーストマン・コダック社（Eastman Kodak Company）と合弁で米国のジョージア州コロンバスに設立したMUTECというアルカリ乾電池の生産工場の事例を具体的に研究していきたい。

　アルカリ乾電池については，それまで日本の輸出に占める対米輸出の割合が高く，しかも単独進出ではなく有力米企業との合弁という形態をとったという点で，日本企業の米国進出にとって多くの示唆を与えてくれるケースと考えられる。さらに，この事業は日本の乾電池メーカーが米国に生産拠点を設立する初めてのケースであったばかりでなく，松下グループ自体が北米地域において合弁会社を創設するのが初めてであったこともあり，二重の意味で興味をひく事例であるといえよう。

　まず米国進出の背景（表Ⅲ-1参照）としてもっとも重要なことは，米国が世界最大のアルカリ乾電池消費国なので事業機会が大きいという点である。それゆえに，大消費市場である米国にアルカリ乾電池の生産拠点を設置するという現地生産計画が，日本メーカーの内部ではかなり以前から検討されていた模様である。したがって，このケースは製品がもっともよく売れる市場をもつ国をターゲットとする市場指向型の海外進出の典型例といえる。参考までに，当時の米国は乾電池の消費市場としては世界一で，日本とは異なりマンガン乾電

◆　表Ⅲ-1　米国進出の背景　◆

- ●**事業機会**➡米国は世界最大のアルカリ乾電池消費国
- ●**外的要因**➡経済環境の変化
  - 円高による輸出コストの増大
  - 日米貿易摩擦の激化
- ●**内的要因**➡消費市場立地のメリット
  - コストの低減
  - リードタイムの短縮
  - 情報収集の容易さ

池よりもアルカリ乾電池のシェアの方が高い点が特徴的であった。

　また，アルカリ乾電池の方が性能面ではマンガン乾電池よりも優れているが，米国でアルカリ乾電池がよく売れている理由には主として次の3つのことが想定される。

　その第1の理由は，米国ではマンガン乾電池が1種類しかなく，しかも日本ほど品質がよくないことである。日本製のマンガン乾電池の品質は世界一を誇り，1964年には高性能乾電池，69年には超高性能乾電池の生産が開始され種類が豊富であった[3]。さらに超々高性能乾電池も生産されているが，品種が多くなりすぎると逆にユーザーに性能の違いが分かりづらくなることから品種の絞り込みを始めたメーカーすらあった。

　第2の理由に挙げられるのは，米国ではアルカリ乾電池とマンガン乾電池との価格差がそれほど大きくない点であり，これが米国の消費者をアルカリ乾電池へと向けさせる強い要因になったと考えられる。当時，日本ではアルカリ乾電池はマンガン乾電池の2倍以上の値段になるのに対し，米国では大体1.5倍になっている。このため米国の消費者には結局「アルカリ乾電池の方が長持ちして買い得である」という意識が定着しやすかった。さらに，単位面積当たりの販売を増やすためにはアルカリ乾電池の販売促進に力を入れた方が有利との小売店側の事情も手伝った。

　第3の理由として忘れてはならないことは，米国におけるアルカリ乾電池の普及に最大の貢献をしたといわれるメーカー側のマーケティング活動の成功である。米国市場においてアルカリ乾電池が登場したのは1950年であるが，1960年代まではマンガン乾電池が主流であり，乾電池の用途もラジオや懐中電灯くらいのもので，現在のように高度化したポータブルな機器が存在しなかったために，アルカリ乾電池が注目されることはなかった。しかし，1960年代後半に入るとIC（集積回路）の登場などによってアルカリ乾電池に適した使用機器が増大してきたために，アルカリ乾電池へのニーズが少しずつ高まってきた。74年になるとデュラセル（DURACELL）社が当時軍隊にアルカリ乾電池を納入していたマロリー社を買収し，それを契機にデュラセル社は"Longest Lasting"を売り物に包装のブリスター化を行ってアルカリ乾電池のマーケティング活動を開始し，エバレディ社が従来ほとんど占有していたマンガン乾

電池市場に切り込んでいった。

　その結果，消費者にとって乾電池の生命はやはり「長持ち」することであり，乾電池を使用するポータブル機器が生活の中により多く登場するにつれて，アルカリ乾電池は次第にマンガン乾電池の市場に食い込んでいくことになる。他方，エバレディ社としては従来からマンガン乾電池で圧倒的なシェアがあったためにアルカリ乾電池へ急速にシフトすることは自社の従来の事業と共食いする危険があったことから，デュラセル社に付け入るチャンスを与えてしまったわけである。

Ⅲ－2－2　米国進出の諸要因

　次に米国進出の外的な要因として挙げられるのが，円高および貿易摩擦という日米間の経済環境の変化である。従来からアルカリ乾電池は対米輸出されていたが，1980年中頃からの急速な円高によって輸出コストが増大し採算があわなくなってきた。つまり，1ドル240円くらいだったものが最高1ドル120円近くまで跳ね上がってしまい，これによるコストの上昇はとてもメーカーの合理化努力のみで吸収することが不可能となった。かといって，価格に転嫁しようとしても，現地メーカーが巨大で値上げが通るような情勢にはない。

　その反面，日米貿易摩擦が激化している折，円高にもかかわらず米国市場での日本製乾電池の単価を引き上げないと，逆にダンピング問題が発生する恐れすら生じた。こうしたジレンマ（dilemma）的な状況を根本的に克服するには，米国へ進出して現地生産を行うのが最善の策ということになる。また，米国の対日貿易赤字が累積して日本からの集中豪雨的な輸出に対する批判が高まり，米国議会では東芝のラジカセを議員が叩き壊したように保護主義（protectionism）が台頭し，日本からの輸出に対しては強い逆風が吹いていた。これらの諸状況を勘案すると，現地生産は避けて通れない日本企業の長期的視野に立った国際経営戦略の一環という必然性を持っていた。

　他方，米国進出の内的な要因としては，消費市場立地のメリットを追求できるという経営戦略上の積極的な理由がある。例えば，円高下では輸出するよりもコストを低減できるし，リードタイム（lead time）といって注文をもらってから品物を届けるまでの納期を短縮できるし，さらに製品開発のためのマー

ケット情報などの収集もしやすくなる。実際にはこうした内的な要因が本来あって，その動きを上述した外的要因が一層促進したと見るべきであろう。

　以上のようなさまざまな理由から，1987年12月に松下とコダックは米国にアルカリ乾電池の工場を合弁で設立することに合意し，翌年の1988年4月にはジョージア州のコロンバス市（Columbus, Georgia）に工場を建設することに最終決定した。

　ところで，現地生産を計画する場合，進出先国のどの地域に工場を建設するかは非常に重要で最優先の問題となる。とくに米国のように国土が広大なところでは地域によってかなり諸環境が相違することから，立地条件に関する綿密な調査が必要となる。そこで以下には，立地調査のプロセスに順次検討を加えていきたい。

Ⅲ-2-3　立地調査の経緯

　立地調査の主な対象項目としては，①消費地への輸送条件，②インフラの整備，③経営のしやすさ，④生活のしやすさ，の4つが挙げられる（表Ⅲ-2参照）。最初の消費地への輸送条件としては，米国ではトラック輸送が多いために，乾電池が良く売れる大都市——例えばニューヨーク，ロサンゼルス，シカゴ，サンフランシスコなど——へトラックで何日で運べるか，という輸送日数が基準になる。

　次にインフラの整備というのは，経済活動の基盤となる条件が整っているか

◆　表Ⅲ-2　立地調査の主な対象項目　◆

①　消費地への輸送条件
②　インフラの整備
例：排水処理，産業団地，電気，企業誘致，労働力など
③　経営のしやすさ
労働組合の有無
地元の歓迎度
浪花節は通じるか
④　生活のしやすさ
気　　候
生活環境

どうかという問題である。一般にインフラには道路，港湾，下水道，河川，病院，学校，公園などの諸施設が含まれるが，今回の合弁事業プロジェクトでとくに考慮された事項は，㋑排水処理施設はあるか，㋺産業団地はあるか，㋩電気は安いか，㋥企業誘致に関して地元の助成策はあるか，㋭労働力の確保は容易か，等々であった。

　3番目の経営のしやすさには，労働組合の有無，地元の歓迎度，そして浪花節は通じるか⑷といった問題が含まれる。労働組合の有無に関しては経営管理へのマイナス要因となることが懸念される。地元の歓迎度で心配されるのは日本人に対する意識や感情であり，例えば戦争時代の反発から日本人に対して「ジャップ（Jap）」などという侮蔑的な呼び方をしないかどうかという点である。「浪花節は通じるか」という問題は少し抽象的で理解しづらいかもしれないが，要するに演歌の心――つまり義理とか人情といったもの――を持っているかどうかという点である。角度を変えていえば冷淡な都会的人間がたくさんいて，よそよそしい雰囲気がありはしないかという問題になる。これは工場を管理・運営していくうえでは極めて重要なことで，どんなに近代的な経営手法を用いても製造現場ではチームワーク（teamwork）が絶対に必要であり，例えば日本的経営の強みであるQC（Quality Control）等の小集団活動を推進しようとしても，いわゆる浪花節が通じないようでは生産性を上げることは難しいといってよい。

　最後の生活のしやすさには気候とか生活環境がある。気候としては，地震や洪水や竜巻などが発生するか，暑すぎないか，寒すぎないか，雪はたくさん降るか，といった風土的な問題がある。生活環境としては，日本食は手に入れやすいか，日本へ帰国する飛行機の便はよいか，などのような日本人特有の身近な生活上の問題が含まれる。

　以上のように立地調査の項目を列挙した後，今度はそれぞれの項目について全米の主要な州をA，B，C…とランク付けし，100点満点中，総合点で何点というように各州を評点化していく作業を行うことになる。この結果，ベスト3はすべて南部の州になったが，机上の調査はここまでが限界であり，これから先は実際に現地へ出かけていって実地調査をしなければならない。こうしてアラバマ，サウス・キャロライナ，ノース・キャロライナ，テネシー，ジョージ

アなどにある11都市が実際に調査され，最終的にジョージア州のコロンバス市に決定されたわけである。ただし，現地へ視察に出かけて行くと，日本企業は仕事を創ってくれて地元の経済に貢献してくれるという期待感からか，どこへ行っても空港へ到着するやいなや大歓迎をうけ，ブラスバンドに出迎えられたり市長（Mayor）のスピーチがあったり，夜は毎晩のようにパーティーへ招待されたりして名士並みの扱いをされたそうである。

Ⅲ-3 合弁による戦略的結合

Ⅲ-3-1 合弁事業形態の戦略性

　国際経営戦略の観点からすると，所有戦略（ownership strategy）の一環としての合弁事業戦略（joint venture strategy）は企業の海外進出における初期の段階において採られる傾向がある。なぜなら，進出企業は参入しようとしている市場に関する専門知識に乏しく，国際的に統合された生産・販売システムを構築するだけの能力や資源が足りないからである。したがって，合弁事業は戦略的には輸出指向の強い企業か，さもなければ国際事業部があって二元的な意思決定とコントロール・システムを採用する国際的な企業を特徴づける海外進出形態と指摘されている[5]。一方，海外での売上高が伸びるにともない，企業の経営構造は表Ⅲ-3のようにA型からE型へと5段階で発展していくといわれている。そうすると，とくにメーカーが現地生産を行うために海外進出戦略

◆ 表Ⅲ-3　経営構造の発展 ◆

	企業タイプ	特徴
A	国内企業	輸出活動を専門的には行っていない
B	輸出企業	輸出活動を専門的に行っている
C	国際企業	輸出偏重は取り除かれ，様々な戦略による海外市場への参入に重点が置かれる
D	多国籍企業	国内と海外の意思決定の間にある不一致が最小限になる
E	超国籍企業	法的な制約以外に，意思決定をする際にはどの国への偏重も生じない

出典：Robinson, R. D., *Internationalization of Business*, The Dryden Press, 1984, p.279より作成。

◆ **図Ⅲ-1 所有戦略の理論的決定要因** ◆

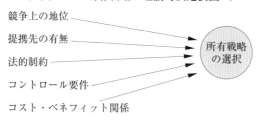

出典：Robinson, R. D., *op. cit.*, p.165.

として合弁事業を企図するのは，主にB型の輸出企業かC型の国際企業の段階に位置づけられる場合といってよいであろう。

　また，前述したいわゆる内外一体経営は明らかに特徴面からD型に入ると考えられ，合弁事業はその前段階という見方も成り立つ。したがって，日本企業が米欧企業に比べて合弁事業戦略を選択する傾向が強いという説(6)があることを考えれば，日本企業の国際化にとって合弁事業は重要な海外進出形態の1つといえよう。しかし，その一方で日本企業が合弁事業形態を指向したのは海外直接投資の初期段階に固有なものであって，1970年代末から80年代初めにかけて日本企業が多国籍化戦略を本格的に展開するようになると，グローバルな視点から海外事業の効率性を高めるために海外子会社のコントロールを確保する必要が生じて合弁事業形態よりも完成所有形態を指向する傾向が強くなってきたとも指摘されている。ただし，海外子会社のコントロールを強めていけば，投資先国の経済ナショナリズム（economic nationalism）を刺激して現地社会との間にさまざまなコンフリクト（conflict）を発生させる可能性が強くなる点に注意を払わなければならない。

　なお，所有戦略の理論的決定要因としては，意思決定者の個人的な嗜好と企業の諸資源の大きさを度外視した場合，**図Ⅲ-1**のように①競争上の地位，②提携できるような相手企業があるかどうか，③法的制約，④コントロール要件，⑤コスト・ベネフィット関係，という5項目が挙げられている。

　合弁事業とは一般的には共同で資金を出し合って行う事業を指すが，株式所有状況から2種類に分けられる（**図Ⅲ-2**参照）。もし株式――この場合は議決権付きのものを指す――の10％以上，50％未満を所有するならマイノリティー

◆ 図Ⅲ-2　株式所有状況から見た合弁事業 ◆

出典：Robinson, R. D., *op. cit.*, p.155より作成。

所有型の合弁事業（minority-owned joint venture），すなわち関連会社（affiliate）になる。他方，50％を超えて90％くらいまでを所有する場合が一般に合弁事業（joint venture）と呼ばれるもので，単なる関連会社と対照させて子会社（subsidiary）ともいう。これ以外に10％未満で経営責任をともなわないものはポートフォリオ投資（portfolio investment）であり，反対に90％以上を所有していれば完全所有（wholly owned）ということになる(7)。

　以上のことをMUTECに当てはめると，払込資本金3,000万ドルのうち松下グループが70％（松下電器産業25％，松下電池工業45％）を所有しコダック社が残りの30％を所有しているので，松下グループから見れば子会社に相当しコダック社にとっては関連会社ということになる。しかし，こうした画一的な区別はあくまでも形式的なものにすぎず，実質的に合弁事業をどのようにコントロールしていくのかは親会社（parent companies）にあたる松下グループ（この場合は松下電器産業と松下電池工業）とコダック社との経営戦略に深くかかわっている。そこで，以下に考察する戦略的結合もそうした親会社の経営戦略が大きく反映していると考えてよいであろう。

Ⅲ-3-2　戦略的結合と販売経路

　MUTECの事例における戦略的結合とは，極端に言えば有力な大企業である松下とコダックの相互の経営資源の強みを生かすということにつきる。つまり，松下側においては松下電池工業で乾電池を何十年も造っているので，乾電池の製造技術の点で優れた経営資源をもっている。他方，コダックは電池を作った経験はあまりないが，米国市場では抜群の知名度と販売力を備えている。もちろん松下には米国市場でPanasonicとかTechniquesというブランド名はあるものの，知名度の点ではコダックの方がずっと上である。

第Ⅲ章　グローバル化の事例研究　63

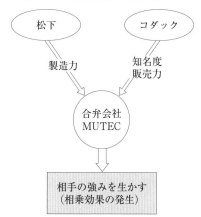

◆　図Ⅲ-3　経営資源の戦略的結合　◆

また，コダックには電池製造部門にウルトラ・テクノロジーズ社という子会社があるけれども，この会社ではカメラ用のリチウム電池を主に製造しており，とくに米国市場で現在もっともよく売れているアルカリ乾電池の製造技術に関してはノウハウの蓄積がほとんどなかった。事実，コダックは松下から1980年から1984年にかけてカメラ用リチウム電池を，さらに1985年以降はアルカリ乾電池のOEM供給をうけてきた。

このようにしてMUTECという合弁会社に見られる戦略的結合とは，松下の乾電池製造力とコダックの米国市場における知名度および販売力とを合体することにあった。こうした相互の経営資源の強みを活かして相乗効果を狙った戦略的結合は，まさに画期的な試みであった（図Ⅲ-3参照）。

ところで，松下グループの松下電池工業は、1980年以来コダック・グループのウルトラ・テクノロジーズ社に対してカメラ用リチウム電池やアルカリ乾電池をOEM（original equipment manufacturing：相手先商標製造）で供給しており，その分を含めて北米地域へは年間１億7,000～8,000個くらいを輸出していたが，こうした輸出企業から国際企業への脱皮の戦略として合弁事業による現地生産に踏み切ったといえる(8)。したがって，やがて現地生産が軌道に乗ってくれば，日本からの輸出は打ち切られ，今度は企業内貿易という観点から米国で現地生産された乾電池が日本市場に向けて逆輸出されることになる。なお，MUTECで生産されたアルカリ乾電池は図Ⅲ-4のように北米市場（米国およびカナダ）に対しては２つの販売経路を通して売られることになる。

以上のようにして生産と販売に関する松下とコダックとの合弁による戦略的結合が成功すれば，今度は恐らく国際企業から多国籍企業へ向けて経営構造の変容が図られる段階に入ってくる。そうすると，内と外を区別しない内外一体経営を導入して現地化を推進することが必要になってくる。この経営姿勢は

◆ 図Ⅲ-4　販売経路 ◆

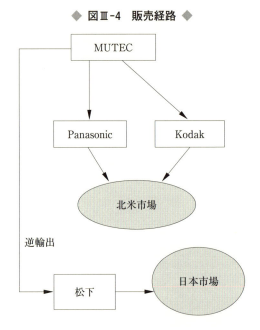

「徹底的に内部の人になる」ということを真髄としており，松下の経営方針の1つでもあるといわれている。

Ⅲ-4　内外一体経営の導入

Ⅲ-4-1　グローバル化と内外一体経営

　「グローバル化」とは国境を意識しないという意味で「ボーダレス化」と同じ現象を指している。これを日本人を対象とした場合には「内と外の一体化」という表現がぴったり合う。つまり，21世紀というグローバリゼーションの時代に向けて，伝統的ともいえる日本人の内と外とを峻別する発想はもはや時代遅れといってよく，かえって諸外国との間にさまざまな摩擦を生じさせる原因になっているとさえ考えられる。そこで内外一体経営の導入が，日本企業のグローバル化を推進するうえで注目される。

　もちろん，この背景としては従来国家間に横たわっていたギャップが縮小し，いろいろなことが世界各地で同時進行するようになったという現象が指摘され

◆ 表Ⅲ-4　内外一体経営のポイント ◆

- 生産拠点のシフト➡生産機能の現地化
- 現地材料部品の使用➡製品の現地化
- 現地従業員の育成・登用➡経営の現地化
- 地域社会に根付く➡企業市民としての現地化

なければならない。例えば第1に，交通手段の発達によって距離的なギャップが縮小したことである。第2に，通信手段やマス・メディアが発達して情報ギャップの縮小をもたらし，内と外を使い分ける二枚舌が国際舞台で通用しなくなってきたことである。第3に，日本が経済的に発展し企業の海外進出が盛んになってきたため，経済面のギャップが縮小したことである。第4に，東西ドイツの統合，東欧諸国の民主化，米ソ冷戦の終えん等に見られる政治的ギャップの縮小がある。以上のような客観情勢の激変が日本人や日本企業の「内と外の一体化」という内面的な変革を促し，グローバルな観点から内外一体経営を推進する意義が生まれてくるわけである。

内外一体経営のポイントには，海外に進出した日本企業が国際企業からさらに多国籍企業へのステップ・アップとして現地化をはかるプロセスに照らして，表Ⅲ-4のように4つの項目が掲げられている。そこで，これらのポイントに沿って以下に考察をすすめていきたい。

Ⅲ-4-2　生産拠点のシフト

これは外国に工場を建設して生産機能を現地に移転することを指している。企業の経営構造が国内企業型から輸出企業型へシフトすると，日本国内で研究開発し生産された製品が輸出されて外国市場で販売されるようになる。しかし，円高によるコストの増大とか貿易摩擦問題の発生などによる輸出環境の悪化によって生産拠点を海外に移転し，いわゆる現地生産をしなければならなくなる。この段階になると研究開発機能のみを国内に残し，生産と販売の機能を現地に委ねることになる。

現地生産のメリットには第1に，輸送費がかからなくなるとか，円高による相対的コスト低減が実現するということがある。第2に，注文をもらってから

商品を届けるまでの期間，すなわち納期の短縮がはかれる点である。第3に，アフターケアとか不良品の取り替えなどのサービスが向上する点が挙げられる。もっとも，こうした現地生産のメリットに対して，日本国内においては工場閉鎖などによって，それまで生産活動に従事してきた人員をどうするかという経営上の重大な問題が発生する。つまり，国内では余剰人員の配置転換などの対策を講じる必要が生じてくる。そして，このことが日本産業の空洞化を引き起こす要因ともなっている。

　現地化が首尾よく達成されると，国内にあった研究開発機能も海外へ移し現地において完全な自給自足体制をとる方向へ進んでいく。国際企業からいよいよ多国籍企業へ発展を遂げるわけである。こうなると国内へは現地生産された製品が逆輸出されるようになり，次から次へとよく売れる新商品を造っていくために国内では一層高度な研究開発を行い，より高付加価値な商品生産を志向していくことになる。これは比較優位による国際分業の確立を日本企業の内部において推し進めることになり，企業内貿易を行ってグローバリゼーションを達成する基盤となるべき経営構造の変化につながるといえよう[9]。

Ⅲ-4-3　現地材料部品の使用

　これは生産に必要な材料や部品の現地調達率を引き上げて，製品自体の現地化を推進することを意味している。MUTECを例にとれば，乾電池生産に必要な亜鉛の粉はベルギーから輸入し，電解マンガンはアイルランドから輸入し，そして黒鉛は日本から輸入している。こうした欧州や日本からの原材料輸入に代えて，できるだけ米国産のものをたくさん用いて純粋な米国製乾電池を造ることが製品の現地化をもたらす。

　その狙いの第1は，原材料を関税や運賃を払って海外から輸入するよりも現地で買った方が安い場合が多く，コストを低減できるというメリットがある。第2は，原材料部品の供給者（サプライヤー：supplier）と協業体制を確立しやすいことがある。これは極めて日本的な発想で，カンバン方式についても同じことが当てはまるが，実は米国ではメーカーとサプライヤーが一体化し，手に手をとって良いものを作るという発想があまり見られない。要するに，米国ではサプライヤーに見積りを出させ，メーカーが品質よりむしろ値段だけを見

て決める場合が多く，後で粗悪品ができる可能性が高い。

　確かに地元から原材料部品を買えばリードタイムの短縮とか地域経済との調和につながるのでメリットは大きいであろう。しかしながら，品質の確保には十分注意を払わなければならないし，場合によっては製法の見直しが必要となることがあるかもしれない。したがって，どの程度現地の原材料部品を使用するかは，慎重に決めなければならない問題といえる。

Ⅲ-4-4　現地従業員の育成・登用

　この項目は経営の現地化を指し，これまでは経営のハード面に関することであったが，ここからは主としてソフト面について考察することになる。日本企業が現地で会社を創設した当初は，生産体制を確立したり，会計システムやそれを支えるコンピュータ・システムを日本から導入するなどして経営管理システムを構築しなければならない。そのために日本から多数の応援者——つまり派遣社員や出向社員——がやってくる。その際に現地事情に十分配慮してシステムを運営しなければならず，とくに人事制度に関しては人種差別や男女差別をしてはいけないという問題があって，日本とは同じように物事が運ばない点に注意すべきである。

　これらの応援者は，工場がフル稼働して生産活動が軌道に乗った後は最低限に抑えることが望ましい。なぜなら，現地人のヤル気と能力を引き出すためには権限とポストを委譲することが必要だからである。また、その方が後継者の育成という観点からも「自分達の会社」という意識作りに役立つはずである。ただし，現地人に権限やポストを委譲して後継者を育成するといっても，勝手に経営されては現地化したとはいえない。そこで，企業の方向性を見失わないように，企業目的を明確にした経営理念を共有することが大切になってくる。そのためにMUTECでは表Ⅲ-5に掲載した松下の経営方針の英語版[10]を入社当時のオリエンテーションと毎週月曜日の朝に皆で斉唱(せいしょう)するが，その時に米国人の従業員達は目を輝かせて聞いているそうである。とはいっても，これは彼等を洗脳するためではなく，経営の現地化プロセスにおいて企業求心力を維持し高揚させるために必要なコミュニケーションの手段と見なすべきである。

　米国社会では必要な人材はその都度(つど)採用し，不要になればレイオフ（layoff）

◆ 表Ⅲ-5 松下の経営方針（英文版より抜粋）◆

Basic Business Principle of Matsushita

To recognize our responsibilities as industrialists, to foster progress, to promote the general welfare of society, and to devote ourselves to the further development of world culture.

Basic Creed

Progress and development can be realized only through the combined efforts and cooperation of each member of our company. Each of us, therefore, shall keep this idea constantly in mind as we devote ourselves to the continuous improvement of our company.

Seven Objectives

1. National Service through Industry
2. Fairness
3. Harmony and Cooperation
4. Struggle for Betterment
5. Courtesy and Humility
6. Adjustment and Assimilation
7. Gratitude

するという雇用慣行がある。一方，日本ではこれまで終身雇用制のもとで長い目で人材を育成することができた。たとえ現地の従業員を育成し経営幹部に登用したとしても，引き抜きなどによって退社されては何にもならない。そこで昇進制度や昇給制度などにどの程度日本的経営の長所を取り入れ，「人は最大の資産」という方針を打ち出していけるかが今後の大きなテーマとして残されているといえよう。

Ⅲ - 4 - 5　地域社会に根付く

これは企業市民としての現地化を指し，現地企業が地元の一員として仲間入りできるかどうかという問題のことである。良き企業市民（Good Corporate

Citizenship) として現地社会に溶け込むことの必要性は海外派遣社員が身をもって感じることであり，この問題が経済的な成功とは別に海外進出する日本企業にとってますます重要になってくると思われる。そのためにはコミュニティ活動を積極的に行う必要があるが，日米両国においてコミュニティ活動に対する考え方が相違しており，それが在米日本人派遣社員に少なからぬ戸惑いをもたらすことがある。ボランティア活動の手引き書"Joining In!"の中にある以下の記述は，米国における企業と地域社会とのかかわりあい方を端的に示している。

「アメリカと日本では，コミュニティ活動に対する考え方が違っています。日本では，企業はその存在そのものが，雇用や経済といった面で地域社会に貢献すると考えるのが一般的で，企業の利益と地域社会が受ける利益はまさに1つのものと言って良いでしょう。アメリカでは，企業には2つの異なった役割が要求されています。1つは，製品やサービスの提供で企業自体が利益を生むこと，もう1つは，その利益をもたらしたコミュニティに対し，寄付行為やボランティア活動でその利益を還元することです。外資系企業がアメリカのビジネス社会に溶け込んでいくためには，単に利潤を追求していくだけでなく，このコミュニティへの還元活動をしていかなければなりません。アメリカでは，企業がこの2つ目の役割を実現することにより，はじめてコミュニティおよびビジネス社会への仲間入りができたと言えるのです」と[11]。

ところで，以前に比べて国際経営の分野でボランティア活動とかフィランソロピー (philanthropy)[12]，さらには企業メセナ[13]，という言葉がよく使われるようになった。これらはかつて日本人に馴染みのなかった事柄であるが，企業活動が国際化するにつれてもはや避けて通ることは許されなくなったといえる。例えば，従来は在米日本人駐在員の行動特性として，①徒党を組み地域に溶け込もうとしない，②休日はいつも固まってゴルフをしている，③ボランティア活動に無関心，などが米国社会で時折り批判の的になり，日本人を異質な人間と見なす風潮を醸成してきた観があった。

もちろん，日本人駐在員がすべて上述のような行動をとったはずはないけれども，日本人サラリーマンの働き過ぎや転勤の多さがボーイスカウトやガールスカウトなどに代表されるボランティア活動への無関心を生みやすい環境を形

◆ **表Ⅲ-6　地域社会に融和する方策** ◆

- 売上の 0.1％を地域活動参加費用にあてる
- 地域行事や慈善運動への積極参加
- 商工会議所などとの協力
- スピーチや講演の実施
- 文化国際交流への貢献
- 会社では日本語を使わない
- 工場見学の積極的な受け入れ

成していることは否定できない。それだからこそ，外国では経済的な成功が必ずしも敬愛や同胞感につながらず，いくら経済的に成功していてもそれだけでは地域社会において身内とは認めてもらえないという意識をしっかりと持たなければならない。

そこで，MUTECのように対米進出をした日系企業では表Ⅲ-6に示すような地域社会に融和する方策を講じることが必要になってくる。こうした草の根的（grass-roots）な日常の地道な活動の積み重ねによって「良い会社が来てくれた」という意識が地元のコミュニティに定着し，地元の一員として認められていくことになる。なお，表Ⅲ-6に「会社では日本語を使わない」という項目があるが，これは米国人従業員の前で日本語で話したりすると自分達の悪口を言っていると誤解されやすいからである。それゆえ，どうしても日本語で話したいときは別室へ行って話すようにすることが望ましい。

Ⅲ-4-6　内外一体経営の阻害要因

本来，米国社会には麻薬，犯罪，人種差別といった悪い面もあるが，弱者救済とか隣人を愛する精神が根強く存在している。これは何もない未開なところへやってきた者同士がお互いに手を取りあって助け合うフロンティア精神の表れであり，ゆとりある者は困っている者を助ける義務があるという"Fair Share"の精神が厳然と横たわっているからであろう。したがって，社会の一員として困っている人を分相応に負担して助けてやらないと敬愛とか同胞感につながらないのは当然であり，こうした点から米国社会は民間主体や地域主体の構造になっている。つまり「税金を払っていれば政府がやってくれる」とか

◆ 表Ⅲ-7　経営資源の現地化 ◆

人 ：製品を造る前に人を育てる
物 ：現地調達率を引き上げる
金 ：現地で調達し現地に残す（再投資）
技術：研究開発力の現地移転
情報：市場の声を至近距離で聞く

「寄付はうさん臭い」と考えがちな日本社会とは大きく異なり，企業市民としての現地化は米国に進出する日本企業にとって極めて重要な課題の1つに数えられるわけである。

　以上のように，内外一体経営のポイントごとに考察を加えてきたが，これを経営資源の現地化という視点から捉えなおすと表Ⅲ-7のようになる。また，内外一体経営の導入を阻むものとして一般的に取り上げられる事柄は，言語の相違，文化の相違，社会制度の相違などである。しかし，言葉はきついかもしれないけれども「（日本人の）偏狭な心」という問題も真剣に論じられてしかるべきではないかと考えられる。もっとも，誰しも自分のことを偏狭だとは思わないであろうが，あえて言えば帰国子女などに対する態度などのはしばしに日本人の異質なものを排除しようとする偏狭さを垣間見ることができる。

　そこで，米国進出した日本企業はコミュニティ・リレーションズ（Community relations）を真剣に考えて社会貢献活動を実践し，良き企業市民として地元の米国社会に根付くことが必要となる。要するに，一致協力して共存共栄を目指す真のパートナーとなり得ることを行動で示すことが基本的に求められているわけである。

　近年になり，企業の社会貢献に関心が高まっている背景の1つとして「グローバル時代をむかえて，価値観や理念を異にする国，企業，人との交流が多くなり，在来の行動規範や固定観念のままで付き合っていくことが難しくなった」という現象が指摘されている。それゆえ，「集団主義から個人主義，企業戦士から社会市民，同質から多様性，中央集権から地方分権，といったパラダイムの転換が必要だ」[14]という日本への警鐘は，きわめて説得力があり時宜を得ているといえよう。

III-5　グローバル化への挑戦

　表III-3の経営構造の発展に照らすとMUTECの事例研究に見られる戦略的結合は主に国際企業の段階を，さらに内外一体経営は多国籍企業の段階をそれぞれ特徴づけるものであることはすでに指摘した。海外進出を果たし国際企業となった日本企業は内外一体経営を推進して多国籍企業へと発展していくことになる。これは日本企業およびそこで働いている日本人ビジネスマンの努力と意識改革によって達成可能である。しかし，21世紀という本格的なグローバリゼーションの時代において多国籍企業から超国籍企業への経営構造の転換がスムーズに行われるかという問題については，不可能ではないにしろ日本の社会システムと日本人の精神構造に革命に近いほどの変化が求められるのではないだろうか。

　実際にも超国籍企業に関して「ヨーロッパとアメリカのモデルが日本のモデルと分岐するのはここからである」という指摘があり，それに続いて次のようなコメントが掲載されている。「ヨーロッパ社会は以前から，輸出先国や現地生産を行なっている国の国籍を持つ者を役員に迎えることの重要性と効率の良さを理解していた。アメリカ企業は数年前までアメリカ人以外の者を役員会から完全に締め出していたが，現在では開放している。しかしながら，日本企業はその発展〔に加担すること〕を非常にいやがっているように見える」と[15]。そうだとすれば超国際化への成否のカギを握る人事面で，日本企業はまだオープンになっていないといえる。この点で，やはり米欧の企業に比べ遅れているといわざるをえない[16]。なお，**表III-8**には国際経営者の目から見た企業を世界志向化（つまりグローバル化）する推進力と障害が，環境要因と組織内要因に分けて整理されているので参考になる。

　現在，米国に進出している日系企業の米国経済に与える影響力は，雇用面だけを見ても無視できない存在になっている。そういう意味では成功しているといえるかもしれないが，いわゆる日本的経営なるものが本来グローバルなレベルで普遍性をもつものであったかというと，その答えは否定的にならざるをえないだろう。

◆ 表Ⅲ-8　国際経営者の見た企業を世界志向化する推進力と障害 ◆

世界志向化への推進力		世界志向化への障害	
環境要因	組織内要因	環境要因	組織内要因
1．技術的、あるいは経営上のノウハウの可能性が国際的に増大する場合	1．物理的資源と人的資源を最適に利用しようとする欲求	1．受入国、本国における経済ナショナリズム	1．外国市場での経営経験の不足
2．国際的な顧客層	2．本国志向企業の子会社でモラルの低下が観察された場合	2．受入国、本国における政治的ナショナリズム	2．一国中心的な報酬・懲罰制度
3．現地消費者が高品質商品の公正な価格での販売を需要する場合	3．現地志向的経営に無駄と重複が認められる場合	3．本国での研究が軍事機密と関連	3．本社のスタッフと外国の経営幹部の間の相互不信
4．受入国が貿易収支を改善しようと欲する場合	4．自国籍以外の従業員に対する認識と尊敬の念が増大した場合	4．受入国の政治指導者による巨大国際企業に対する不信感	4．外国人を権力構造の中に参入させることに対する抵抗
5．世界市場の成長	5．世界的な生産・流通システムの保有によるリスクの分散化	5．国際的金融制度の欠如	5．世界志向化に伴うコストとリスクが予想される場合
6．希少な人的・物的資源に対する国際企業でのグローバル競争	6．世界規模で優秀な人材を確保することの必要性	6．国家間における貧富の差の拡大	6．スタッフにみられるナショナリスティックな傾向
7．国際輸送とテレコミュニケーションの統合における飛躍的進歩	7．世界的情報システム確立の必要性	7．国際事業の収益の分配において、本国側が適正以上に恩恵を被っているとの確信を受入国が抱いている場合	7．スタッフの移動の減少
8．地域的、超国家的な政治・経済共同体	8．製品に世界的知名度がある場合	8．自国の政治指導者による企業政策への介入の試み	8．言葉の問題と文化的背景の相違
	9．企業の生存と成長に関連して上級管理者が長期にわたって世界志向にコミットする場合		9．本社における中央集権的傾向

出典：J.C.ベーカー他編、中島・首藤・安室・鈴木・江夏監訳『国際ビジネス・クラシックス』文眞堂, 1990年, 590頁。

だからこそ，日本の産業構造とか日本企業の経営システムの是非を問う前に，日本社会のいわゆる「内なる国際化」が前提条件として絶対必要となる。つまり，グローバル化への挑戦として，今こそ日本人の1人1人が真の国際化の意義を理解し，グローバル社会に通用するような個性を確立すべき時にきているのではないだろうか。見方を変えれば，こうした点が国際経営や国際マーケティングを成功へ導く要件となるべき新しい時代が到来しつつあるといえるわけである。

■ 注
(1) 米山氏が書いた次の手記も参考までに掲載しておきたい――
　　1986年夏にコロンビア大学ビジネススクールを卒業し，大阪に帰り松下電池工業に転勤になった。商品単価はエアコンの1台10数万円から電池の1個何円何銭何厘に変わった。担当は海外企画で，当時始まっていたコダック社（アメリカのフィルムメーカー）との合弁事業プロジェクトに参加した。松下とコダックで資本と人員を出しあってアメリカに会社を設立してアルカリ乾電池を生産しようというプロジェクトで，1987年暮れに契約に調印し，私は新会社設立，工場建設，事業立ち上げ部隊の一員としてアメリカに勤務することになった。
　　立地を決定し，州政府や地元自治体と交渉するために何度もアメリカ南部に出張し，日本人経営責任者と私の2人で最終決定地のジョージア州コロンバス市に事業拠点を作るために赴任したのは1988年8月だった。文字通り机や文房具の購入からスタートして，仮事務所の開設，人の募集採用，工場の建設など，一から事業を起こしていくプロセスは素晴らしかった。幸い責任者の方が海外事業のベテランであり，また，合弁相手のコダック社からは優秀なスタッフが数名派遣され，日本からもしだいに応援と出向者が赴任してきたので，プロジェクトはめざましい勢いで進み，建設開始の8ヵ月後には生産に入ることができた。これは記録的スピードであった。
(2) 日本貿易振興会（ジェトロ）『1991年ジェトロ白書・世界と日本の海外直接投資』1991年，17〜19頁。
(3) 『現代社会をパワーアップする小さなエネルギー源「乾電池」』日本乾電池工業会，7〜15頁。なお，乾電池の用途は次の4つの方向に広がっており，ABCD化現象と称されている――
　　● Apart　　　（本体と離れたリモコン化）

- Backup　　　（バックアップを必要とするメモリー機能化）
- Carriable　　（コンパクト，ポータブル化）
- Digital　　　（デジタル・コンピュータ化）

　こうしたABCD化がすすめられたのは，低電流で機能する，より小さな半導体の開発によって，これに対応する乾電池そのものが小型化，高寿命化，高性能化されたからである。

(4)　「米国だって浪花節」日本経済新聞，1991年7月23日。
　　この記事の中に次のような興味をひく記述がある——「日本人は，米国人というとすぐドライで合理的と考えがちだが，米国人もまた義理人情を大切にすることを忘れてはいけない。相手の立場を尊重し，思いやりを示すことを浪花（なにわ）節というなら，浪花節は世界中どこでも通用すると知るべきだ。」

(5)　Robinson, R. D., *Internationalization of Business*, The Dryden Press, 1984, pp. 154-155.

(6)　*Ibid.*, p. 154.

(7)　*Ibid.*, p. 155.

(8)　「民生2次電池を強化・松下電池が中期計画策定」日刊工業新聞，1991年3月9日。この記事によると，松下電池工業が策定した93年度を最終年度とする中期計画の骨子には，①家電製品のコードレス化に対応，民生用二次電池の強化，②環境問題対策を推進する上で必要な電池の開発，③海外生産体制の拡充，④製品ごとの市場占有率のアップ，などが含まれており，海外現地生産を強化することが会社の方針として明確に打ち出されていることが分かる。

(9)　この点に関しては，通商白書に掲載された次の記述が非常に参考になる——
　　企業のグローバリゼーションは，すなわち経営資源の移転の過程である。こうした過程では，企業の親企業・子企業間の取引が主要な役割を果たすことから，グローバリゼーションが進展すればその段階によっては，企業内貿易の貿易全体に占めるウェイトが高まると思われる。実際，企業の多国籍化では我が国よりはるかに先進国であるアメリカでは以前から企業内貿易が貿易全体の大きな部分を占めている……。企業内貿易は企業が経営資源を世界各地域にその企業それぞれに最適なものとなるように配分する目的のもとに行われている。したがって，貿易全体が占めるウェイトが大きなものとなっていけば，貿易の流れと経営資源の帰属先としての国家単位の比較優位関係のあり方が必ずしも対応しなくなっていくのである。こうしたことから，企業のグローバリゼーションが進展しつつある状況下で世界貿易構造を価格，需要といった伝統的な比較優位関係のみで理解することは困難なものとなっ

てきている。

(10) 通商産業省『通商白書（1990年版）』大蔵省印刷局，197〜198頁より抜粋。なお，海外との工程間分業に関する最新動向は，本書の第Ⅰ章第3節（Ⅰ-3）の最後の記述を参照されたい。

(10) オリジナルの日本語版は，以下の通りである。

　　綱領──産業人タルノ本分ニ徹シ　社会生活ノ改善ト向上ヲ図リ　世界文化ノ進展ニ寄与センコトヲ期ス

　　信条──向上発展ハ各員ノ和親協力ヲ得ルニ非ザレバ得難シ　各員至誠ヲ旨トシ一致団結社務ニ服スルコト

　松下電器の遵奉すべき精神──産業報國の精神
　　　　　　　　　　　　　　　公明正大の精神
　　　　　　　　　　　　　　　和親一致の精神
　　　　　　　　　　　　　　　力闘向上の精神
　　　　　　　　　　　　　　　禮節謙讓の精神
　　　　　　　　　　　　　　　順應同化の精神
　　　　　　　　　　　　　　　感謝報恩の精神

なお，経営理念や企業ビジョンの動向に関する詳細な具体的解説は以下の文献を参照されたい。

　丹下博文『検証・新時代の企業像』同文舘，1993年。

　ただし，松下電器産業株式会社は2008年（平成20年）10月1日に社名を「パナソニック株式会社」（英文表記：Panasonic Corporation）に変更された。この親会社の社名変更にともない松下電池工業株式会社はパナソニック株式会社に吸収合併され，社内カンパニーの「エナジー社」に移管されたことを付言しておきたい。

(11) "*Joining In! A HAND BOOK FOR BETTER CORPORATE CITIZENSHIP IN THE UNITED STATES*" The Japanese Chamber of Commerce and Industry of NEW York, 1990, p.2．

(12) フィランソロピーはいわゆる博愛事業を指し，事業計画の枠内における製造や販売とは関わらない活動，または法律上要請されていない活動に会社の資源を利用することに関係している。これに要する支出は，計画期間内においてコスト，販売，利益などを左右しないという意味で任意のものである。

　Robinson, R. D., *op. cit.*, pp. 313〜14.

なお，米国におけるフィランソロピー（社会貢献）活動の詳細については以下の文献を参照されたい。

　丹下博文『検証・社会貢献志向の潮流』同文舘，1994年。

(13) メセナは，ローマ帝国の大臣で，文芸保護に尽くしたメセナス（BC67-同

8年）という人名に由来するフランス語で，本来「芸術，文化，科学に対する手厚い保護・援助」を意味する。現代ではより広義に解釈され，スポーツ援助，社会的・人道的立場からの公益事業支援等もメセナと呼ばれることがある。
　『メセナ白書'91』企業メセナ協議会，1991年13頁。
(14)　霍見芳浩『「国家戦略不在」ゆえに愚弄されるわが日本』プレジデント（プレジデント社）1991年6月号，199頁。
(15)　Robinson, R. D., *op. cit.*, pp. 285-86.
(16)　「やる気くむ人事を」日本経済新聞，1991年7月22日。この記事の中には現地人スタッフの登用に関する次のような興味深い記述がある――「現地人スタッフを増やしてどんどんポストに就ければ現地化が進むといった単純なものではない。企業文化を変えることが先決だ。これまでアグレッシブな現地人スタッフほど『決定権を与えられない』『昇進が遅い』『米国の会社なのに皆，日本語ばかりしゃべっている』『人間関係が複雑で息がつまる』といって会社を辞めていった。そうした若くてやる気のある米国人に魅力的な会社にしなくてはだめだ。」

第Ⅳ章

中小企業の国際化プロセス

Ⅳ-1　新しい中小企業像

Ⅳ-1-1　中小企業の進取性

　国際経営は従来，多国籍企業を軸に主として大企業の海外事業展開を研究対象にし，前章でも大企業に関する事例を考察した。しかし，1990年代のバブル経済崩壊後は景気が低迷し続け，産業構造の転換が声高に叫ばれるとともに，円高に伴う産業の空洞化が大きな問題として浮上してきた。このような時代のうねりのなかで，これまで日本経済の発展を支えてきた中小企業はかつての下請け的存在から脱皮する必要に迫られ，そのために21世紀は海外進出をも考えなければならない時代になってきた。

　従来「中小企業」というとすぐに「下請企業」をイメージするのが通例であったけれども，1990年代は進取性に富んだ中小企業が数多く出現した。例えば1995年7月から1996年7月にかけて中日新聞の経済面に「チエの経営」と題する連載記事が掲載され，その中にはユニークな発想や経営手法で景気の浮き沈みをものともせず，日本国内だけでなく海外においても業績を伸ばしている中部圏の中小企業（中堅企業も一部含む）が数多く紹介されている。もちろん，この陰には必ずといってよいほど，景気の波にもまれながら「いかに事業の芽を伸ばし花を咲かせるか」を考え続ける中小企業経営者の挑戦的に努力する姿が存在することを忘れてはならないだろう。

　そもそも中部は俗に「日本の工場」とか「製造業のメッカ」と称されるように，戦後において日本経済発展の一翼を担ってきたといっても言い過ぎではない。それだけに，中部における中小企業の進取性には非常に関心が持たれる。とりわけ，産業空洞化などを背景に時代の変革が急速に進む中で多くの中小企業は下請けからの脱皮を余儀なくされ，自ら新しい活路を切り開かなければならなくなった。しかし，そのために必要な中小企業経営者の知恵（チエ）とは実践的な知識でなければならず，単に「良い商品を造る」というだけの自己満足的なものであってはならない。つまり，「良い商品」であると同時に市場のニーズをとらえた「売れる商品」でなければならない。

　一例を挙げると，技術は単に高度化すれば良いというものではなく，消費者

のニーズに適合しなければ結局は需要を喚起し購買行動まで結び付いていかないことを銘記すべきである。この点で大企業から注文を受け，その指示通りに製品を造っていればよかった下請け時代とは様相を異にする。したがって，21世紀の中小企業に要求される経営の知恵とは，「モノ造り」に加えて最終消費者のニーズを的確に把握し市場の反応を鋭敏に予見できる要素を含んだものでなければならない。実際，成功した中小企業に共通する事柄に言及した以下の指摘は，このことを示唆してはいないだろうか(1)。

いわく「そこに市場があることが始まりだ。成熟産業社会でどういう方面が求められるかという視点からいくと，大企業は縮小化することで生き延びる。中小企業は環境保全，新素材，バイオとかで大きなシステムがなくても出来るものをとらえるべきだ。販売面は苦しいが，その場合も末端社会との関係を考えれば成功する。リサイクル，高齢化とかのニーズをとらえれば，いくらでもやることはある」と。

Ⅳ-1-2 「知恵（チエ）」の戦略化

中小企業庁の経営戦略実態調査（1994年12月）によると，中小企業が将来取り組んでいきたいと考えている分野の中で「医療・福祉関連」と「環境関連」の2つが最も多い。ただし，これらの分野に関しては1990年代以降の高齢化の急速な進展と環境問題への関心の高まりを契機に，大企業においてもほぼ同様の傾向が見られる(2)。そうであれば，中小企業は大企業のような大規模なシステムがなくても商品化できるものに的をしぼって特化する方向で高齢化やリサイクルなどのニーズを探究する限り，起業のシーズ（種）となる新しい分野はいくらでも開拓できるはずだ。

その際，いかに高い付加価値を付けることができるかが成否を分ける知恵のポイントとなるが，こうした知恵を生む源泉となるのは経営者の創造的な発想か，さもなければチームワークの力ということになるだろう。もっとも，一部の情報・通信などのハイテク関連のように天才的な経営者がリーダーシップを発揮しなければ成功できないような分野があることも否定はできない。しかしながら，このようなケースはむしろ例外で，とくに高齢化と環境関連の分野においては日常的な衣食住や文化，あるいは自然の恵みを活かすことが重要にな

◆ 表Ⅳ-1　中小企業の成功事例 ◆

業種	分野	成功例	成功の源泉や要点	その背景にある状況等
製造	編物	ヒット商品が次々と生まれる（アイデア捻出型）	売れる商品の提案を社員から募る「アイデア百選」を実施	小売店から商品について直接話を聞いていたところを、従業員が目を輝かせて聞いているのを見た
	金属加工	新鋭機の導入が容易になり、組み立て製造能力がアップ（職場改善型）	大企業と異なり、中小企業では一人の従業員が全てをせざるを得ないところに意義がある、とする考え方	5S（整理、整頓、清掃、清潔、しつけ）の徹底によって3K（きつい、汚い、危険）のイメージを払拭できた
	食品メーカー	国内シェアが100％（独自商品型）	全国に1社しかない業種を探して事業化	独立前の営業時代にためた膨大な名刺が、取引先拡大の財産となった
	家電部品	営業力の強化による親会社依存体質からの脱出（下請け脱出型）	社員に自主性を持たせるために経営理念を新たに打ち出し、各種委員会の発足や経営情報の開示を行う	親会社の業績不振をもろに被り、売り上げが激減したことによって営業力の大切さを痛感させられた
	部品塗装	商品の素材に独自性を持たせ、短期間で国内メーカーに供給するまでになった（趣味発展型）	釣りの楽しさが忘れられず趣味にまでなったルアーの生産を思い立ち、商品開発に取り組む	円高によって本業の先行きに陰りが見えたために危機感を強め、その活路をアウトドアブームに求めて培った技術を活かそうとした
サービス	廃棄物処理	廃油処理で急成長（需要先取り型）	外国人が「このままでは日本人は窒息する」と警告した新聞記事を読む	むやみに捨てられなくなった廃油の処理依頼が増加
	企画・演出	二次会ビジネスがニッチ産業として成立（ニッチ産業型）	結婚式や披露宴よりも、くつろいだ二次会を好む最近の若者の傾向に着目	二次会は金額が少ないので、それまでビジネスとして成立していなかった
	ゴルフ場	客離れに悩む中で「逆転の発想」によって業績が伸びる（発想転換型）	「ゴルフはスポーツでなくレジャー」という信念のもとに、高齢者や女性に利用しやすくする	長年の経験からゴルフ場に来る大多数はやさしいコースを求めているが、従来は難しいコースが名門というのが常識だった
販売	カメラ量販店	奇抜なメディア戦略で売上高が飛躍的に伸びる（奇抜アイデア型）	大手と同じようなCMでは広告費が無駄になるという発想	バブルの時も浮かれず、ローコスト分を消費者に安い商品で提供するという消費者本位の姿勢を徹底
	コメの小売	業販主体から小売りへ方向転換し売り上げを伸ばす（規制緩和対応型）	新食糧法の下では誰でも小売りが出来るため競争が激化するが、ノウハウのある小売店なら生き残れると考えた	鮮度を売り物に米屋のイメージをくつがえし、客の目の前で精米する売り方を採った
	自動車販売	外回りの有効活用によって高収益を持続（社員活用型）	お客に顔を見せることで、こちらの誠意や熱意が伝わり販売増につながるという読み	顧客へのダイレクトメール（DM）をやめ、全社員が自ら配るようにした
金融	信用金庫	多くの銀行と違い、効率経営で信金の業績がすこぶる順調（効率経営型）	融資に見合った資金量さえあれば、それが最も効率的、という「量より質」追究の確かな信念	ノルマに追われる得意先回りの渉外部門を廃止し、思い切って店内営業だけに切り換えた

注　：「チエの経営」中日新聞（1995年11月1日〜1996年6月5日）を基に筆者が作成。
出典：「ザ・ビジネスサポート」（1996年10月号），東京商工リサーチ。

第Ⅳ章　中小企業の国際化プロセス　83

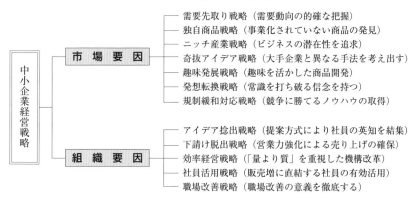

◆　図Ⅳ-1　中小企業経営の戦略例　◆

注：表Ⅳ-1を基に筆者が作成。

ると考えられる。例えば表Ⅳ-1のように中部圏の中小企業で成功した代表的事例のいくつかを抽出してみると，製造業のみでなく非製造業においても幅広く成功例が見られる。しかも，そこで成功へ導くために使われた知恵とは，天才しか考え出せないような特殊なものではない。

さらに図Ⅳ-1には表Ⅳ-1の成功例に基づいて中小企業経営の戦略を例示したが，戦略的な観点からは市場的な要因に向けられるものと企業組織の内部的な要因に向けられるものとに大きく分けることができる。その結果，これらの多様な戦略を組み合わせて相乗効果を発揮できるようなものが，中小企業経営における最適な戦略になると考えられる。

一方，中小企業経営は知恵を戦略化し，それを最適化して実践するだけでは成功せず，その根底にある企業経営の理念ないしは哲学というものが重要になってくる。例えば，この点に関する次の言質には傾聴に値するものがあるといえよう(3)。「戦後の教育は偏差値ばかりを重視し，哲学の精神を学ぶことを怠った。今は，哲学を語れる人がいない。日本の歴史上恐るべき時代になってしまった。バブルでもうけようという人がはびこっていてはだめ。まじめできちんとした人が貴い，という精神をつくらないといけない」と。そうなると，中小企業経営に必要な知恵とは単なる金もうけのための知恵であってはならないということになる。

さらに，ベンチャー企業を含めた中小企業の間で，最近「異業種交流」の必要性が叫ばれているが，これについては次のような指摘が見られる(4)。すなわち，「異業種交流でも企業間だけでなく地域と密着した交流をすると，いろんな知恵が出てくる」と。そうだとすれば，地元にとって良いこと，役に立つこと，受け入れられることなら人が集まり皆が手を結び，結果的に利益が生じることになる，という基本認識に立つことが新しい時代の中小企業経営の原点になるのではないだろうか。そして，このような認識こそが中小企業の国際化においても極めて重要な理念的側面を形成することになる。

IV - 2　中小企業の海外進出

IV - 2 - 1　産業空洞化への対応

一般に企業の海外進出を成功させるためには確固たる経営の理念が存在しなければならないが，次の見解の中にもそのことは明確に表われている(5)。「企業経営には哲学がいる。1つの目標を持ち，得意先，仕入れ先，ユーザーの立場に立って事業を進めるとうまく調和する。うちは韓国で成功しているが，『人を雇っている』とは言わず，あくまで『対等でいこう』と話している。現地の文化向上のためにやるんだと伝えれば，彼らも一生懸命やってくれる。他民族と接するには，心と心のハーモナイズ（調和）が大切だ」と。

さて，日本では円高を背景とする産業の空洞化が大きな問題になっている。これは主要産業の海外進出にともない国内の産業活動（とくに製造業）が衰退に向かう現象を指しており，国内の経済発展に支障をきたすと否定的に考えられる傾向が強い。例えば，米国では1960年代から1970年代にかけて，海外直接投資の増大を背景に米国企業の多国籍化が推し進められた。国内に工場を創設するよりも海外の豊富な原材料と低賃金を利用する方が利益があがる，という認識が経営者の間に広まっていったからである。それにともない製造業の海外へのシフトが促進されたために現場離れが進み，米国内では産業の空洞化現象の影響をうけて1970年代後半にはついに産業の競争力が相対的に低下し始めることになるのであった。

さらに日本国内では近年にいたっても，加速する経済のグローバル化や金融

ビッグバンによる外国為替法改正（1998年4月1日施行）にともなう国際的な資本移動の自由化促進などの動向を背景に，依然として産業の空洞化に対する懸念があることが次のように表明されている。「特に多国籍企業や貿易財産業については自由に最適な立地の選択が可能であることから，海外直接投資ならびに海外現地生産の拡大といった動きが加速しており，他国よりも資本コストが高い場合には従来以上に生産活動の海外への移転が促され，産業の空洞化がもたらされることが懸念されている」と[6]。

しかしながら，産業の空洞化は生産機能を海外へ移転することによって国際分業を推進し，国内産業の高度化を促して経済のグローバリゼーションを進展させる肯定的な側面をも備えていることを見落としてはならない。事実，上述した米国の場合においても，企業の多国籍化の時期と産業の空洞化の時期とは重なっている。それゆえに，中小企業の国際化においても産業空洞化をマイナス要因に悲観的に受けとめるか，それともプラス要因として積極的にとらえるかは，ひとえに経営の知恵と哲学を海外において実践できるかどうかにかかっているといえよう。

Ⅳ-2-2 海外進出の成功事例

表Ⅳ-2 は中部地方の中小企業の海外進出における成功例を抽出したものである。これに基づいて海外進出する際の知恵の要点を例示すると，まず最初に市場面に関しては以下の6項目が挙げられる（カッコ内は進出先国）。

- 新しい技術の創造（フランス）
- 現地に適した商品開発（アメリカ）
- 商品イメージの改善（アメリカ）
- 市場に近いという競争上の優位性（シンガポール）
- サービスの重視（台湾）
- 現地市場の需要予測（アメリカ）

これらをもう少し具体的に説明すると，例えば第2項の「現地に適した商品開発」では米国における「みそ」や「豆腐」などの自然食ブームをきっかけに「たまり」の輸出を始めたが，そのままでは味がきついとの注文があったので，コクをやや抑えて米国人の舌に合わせた。その後，たまりと何がマッチするの

かに知恵を絞り，たまりにマスタードを加えた「たまりマスタード」やピーナッツ味を活かした「タイピーナツ」など，米国ではごくありふれた食べ物をドッキングさせて売上高を伸ばした，というのである(7)。

次に，海外進出の経営面における知恵の要点としては次の7項目を指摘することができる。

◆ 表Ⅳ-2　中小企業の海外進出成功事例 ◆

分　　野	進出先国	海外進出の知恵	その背景にある状況等
和食器販売	アメリカ	大量買い付けで値段を下げ，和食器の高価格イメージを変えた	大量生産品にない繊細で美しい絵柄を持つ和食器に対する需要が予想以上に多かった
たまり製造	アメリカ	たまりとマッチする米国のごくありふれた食べ物を組み合わせて新商品を開発	20年ほど前に米国で始まった自然食ブームで輸出を始めたのが米国進出の発端
刺しゅう機製造	フランス	世界初のコンピュータによる自動制御の自社開発に成功したパイオニア的精神	ハイテクを駆使して，近代化しにくい欧州のミシン刺しゅうの伝統技術を自動化・量産化した
機械メーカー	シンガポール	製品のほとんどがアジア向けであり，部品修理のためにも市場により近い所で生産する方が競争上優位	日本で生産すると輸出用に生産しても日本国内で使う場合と同じ安全基準に従わなければならず，世界一厳しい様々な規制をうける
家具製造	インドネシア	3K業種のため，人件費の安さより人手の確保のしやすさが最大のメリット	円高などで東南アジアからの輸入家具急増に対抗するため工場を移転
作業用手袋メーカー	フィリピン	日本の経営を現地にすんなり溶け込ませるため，就業経験のない若い女性を中心に雇用した	メーカーが小売りに直接売る時代には原価を下げないと競争に負けるという危機感から，安価で質の高い労働力を求めて海外生産を決めた
ゴミ袋メーカー	マレーシア	人件費がコストに占める割合は低いので，日本へ輸出する際の税制面の優遇が大きなメリット	ゴミ袋のような軽工業品は価格競争が激しく，コストを削減するために海外進出
配管工事機器の製造・販売	台湾	「サービス第一，商売は二の次」というアフターサービスを重視する経営方針	日本国内よりも，むしろ台湾の方がアフターサービスの必要性が高い点に注目
特殊鋼管メーカー	タイ	浪花節の団結をするために社長も社員と一緒に机を並べて仕事をし，食事も工場の食堂で全員が食べる	急激な円高が海外進出の引き金になったが，海外を見て回ってタイとタイ人が一番好きになった
乾燥ノリの製造	中国	現場重視で，現地政府や合併相手と徹底的に話し合い太い人脈を作る	ノリの生産に適しているうえに，ノリ養殖で出稼ぎが激減し地元は大歓迎

注：「チエの経営（海外編）」中日新聞（1996年6月11日〜7月4日）を基に筆者が作成。

- 安価で質の高い労働力（フィリピン）
- 人材確保の容易さ（インドネシア）
- 日本の経営を溶け込ませる雇用方式（フィリピン）
- 浪花節の団結（タイ）
- 徹底的な話し合いによる人脈づくり（中国）
- 地元の歓迎度（中国）
- 税制上のメリット（マレーシア）

　この中で第4項の「浪花節」というのは少し抽象的すぎるかもしれないが，要するに日本的な義理とか人情を指しており，裏を返していえば冷淡でよそよそしい雰囲気が感じられないということである。これは実際に工場などを管理・運営していくうえで極めて重要なことといえる。なぜなら，どんなに近代的な経営手法を用いても製造現場ではチームワークが絶対に必要となり，日本的経営の強みであるQC等の小集団活動を推進しようとしても，いわゆる浪花節が通じないようでは生産性を上げることが難しいからである[8]。

　次に第2項の「人材確保の容易さ」では，省力化が進んでいるような場合，人件費が安いこと自体はあまり海外進出のメリットにならないという。しかし，日本では3K（きつい，汚い，危険）業種には人手が集まりにくいことから，こうした業種に属する企業では人材確保のしやすさが海外進出の最大のメリットになることがある。同様に，人件費がコストに占める割合が低い場合にも，賃金の安さは海外進出の大きなメリットにならない。ところが，日本で生産すると原料に関税がかかるけれども，海外で生産すると輸出用ならば免税，さらに日本に持ち込むと特恵関税の対象になり日本でも税金が優遇される。このことが海外進出において，人件費の面よりもむしろ「税制上のメリット」を大きくする[9]。

　他方，日本の人件費は国際的に非常に高い水準になってしまった。こうなると人件費が最大のコストとなる労働集約型の産業は，例えば人件費が日本の5分の1くらいですむ中国などへ生産拠点を移さざるを得なくなる。実際にも労働集約型の産業には中小企業が多く，中国進出も行われている。ところが，進出企業が増加し経済が成長していけば，いずれ中国でも労賃は間違いなく上昇するから，労働集約型である限りは再び安い労賃を求めて移転を繰り返すこと

にならざるをえない。そこで必要になるのが，単に安い労働力だけを求めていくのではなく，お互いにメリットが生じるような形の海外進出をはかることである。このようにして，中小企業の国際化にも卓越した知恵と理念が成功への必須条件となる。

Ⅳ－2－3　海外進出における留意点

　中小企業の国際化については，経営資源の面だけ見ても大企業の場合とは異なる様々な困難がつきまとう。そのなかでも中小企業の海外進出における具体的な留意点としては，中小企業総合事業団（2004年7月から中小企業基盤整備機構）の資料によると**表Ⅳ-3**のように指摘されている[10]。なお，9番目にある「二重構造」とは，発展途上国では所得格差が大きく，少数の高所得者と多数の低所得者によって構成されている状況を指している。また，東南アジアなどでは軍の存在が経済に大きな影響力を持っていることも重要な点といえる。

　他方，**表Ⅳ-4**には中小企業の海外投資に関する格言がいくつか掲げられている。このなかで2番目の「ロジ」とは原材料の輸送を意味する。6番目の情報収集に関しては，海外投資環境調査のなかで中小企業がおかしやすいミスとして次の7項目が列記されている。その第1は，調査項目が分からず網羅的でないこと。第2は，調査の期間が例えば1週間と短く，大雑把に済ましてしまうこと。第3は，日本あるいは自社の条件が当然普遍的なものと錯覚して調査を省略してしまう傾向が強いこと。第4は，計画を聞いて明日にも実現すると思い込み，とんでもない地方に進出したり，できそうもない条件を事業計画に盛り込んでしまうこと。第5は，調査した結果のすべてを事業計画に取り入れないこと。とくに直接費関連は細かく取り入れて，物流等の間接費は適当に済ましてしまう傾向が見られること。第6は，相手の官公庁等がリップ・サービスで言ったことを，まともに受け取ってしまうこと。最後の第7は，投資前に調べた条件が年月の推移とともに変化することを考慮せず，未来永劫続く絶対条件と錯覚してしまうこと，などである。

　さらに8番目の「タイミング」とは，「儲かった」という話が出始めたらもう遅いという点である。最後に記されている10番目の「不純な動機」には「バクチ型」をはじめとして様々な類型を想定することが可能であるが，必ずしも

第Ⅳ章　中小企業の国際化プロセス　89

◆　表Ⅳ-3　中小企業の海外進出留意点　◆

① 異文化，異人種と共に生きる：常識の差
② 環境が異なる：何がないのか，距離感とアクセス，時間の感覚
③ 言葉の違いは文化の違い
④ 通貨の違い：為替管理の問題，為替リスクの問題，金融コスト（利子）の問題
⑤ 規則は変わる，良くも悪くも
⑥ 計画は常に存在する（エリートがつくる）：道路，電線，地下鉄，都市計画……
⑦ 体制の違い：社会主義はあくまで社会主義
⑧ 『係累』『知己』は『本人』とは別の人格
⑨ 『二重構造』を理解する
⑩ されど人のつながりは重要：人脈作りはハイ・レベルで

資料：中小企業総合事業団（2004年7月から中小企業基盤整備機構）

◆　表Ⅳ-4　中小企業の海外投資格言　◆

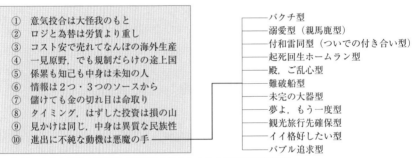

資料：中小企業総合事業団（2004年7月から中小企業基盤整備機構）

オーバーとはいえない実態を示せば次のようになるという。最初に「溺愛型」
は息子に後を継いでもらいたいがために，海外は息子に経営経験を積ませる場
と考えているケースである。「付和雷同型」とは，親会社との付き合いから海
外進出する場合である。「起死回生ホームラン型」は赤字会社に多い。続いて
「殿，ご乱心型」は，社長が「進出する」といってきかないケースであり，こ
のような場合にはイエスマンばかりで「ノー」といえる部下がいないことが多
く，視察旅行後などに発生しやすい。「難破船型」は何とかしようとして逆に
失敗する場合であり，情報が後追いしてフラフラしてしまう。「未完の大器型」
とは，いろいろ調査しているが，結局は何もしないケースである。一般的には
7～8割の成功確率があれば実行すべきであろう。次に「夢よ，もう一度型」

とは，繊維産業のように昔の良い時代が再来すると期待してしまうケースである。「観光旅行先確保型」は，海外旅行の際に事務所があれば便利と思い込む場合である。「イイ格好したい型」とは，名刺に海外支店があると良いと考えるケースで，これが意外に多いそうである。最後の「バブル追求型」では，やればやるほど「儲かる」という話に乗っていくケースであるが，一般的にいって良い話ばかりが先行する場合には注意しなければならない。

ところで，日本国内では知識集約型の産業を育成して経済を活性化し，これによって雇用を創出することが政策的にも急務となっている。現に1990年代の米国で経済がよみがえったのは，知識集約型の中小企業といえるベンチャー企業の勃興に負うところが大きいといわれている。実際のところグローバル化や経済構造変化の進展を背景に，中小企業は企業家精神の発揮によって変革を迫られている(11)。そこで，次節では中小ベンチャー企業の動向にも少し触れておきたい。

Ⅳ-3　中小ベンチャー企業の勃興

今日では「ベンチャー企業」とか「ベンチャー・ビジネス（venture business）」という用語が頻繁に使われるようになってきた。そこで，まず最初にこの用語の定義を以下に列記してみよう。

■（新しい技術開発などが多少の冒険をともなうことから）高度の知識集約的なタイプの中小企業。コンピュータのソフト部門，バイオ関係に多い。〔『日本語大辞典（第2版）』講談社〕

■　創造力・開発力をもとに，新製品・新技術や新しい業態などの新機軸を実施するために創設される中小企業。〔『広辞苑（第5版）』岩波書店〕

■　独創的な技術，製品，サービスの開発や経営システムの導入により急成長している企業。創業が新しく小規模な企業が多いが，積極的に経営を拡大していこうとする成長意欲が高い。〔『イミダス2007』集英社〕

■　独創的な技術やサービス，経営システムを開発・導入し，未知の要因が多い新しい事業に果敢に取り組み，急成長している企業。リスクを恐れず，新領域に挑戦する若い企業が主であり，経営を拡大していこうとする成長意欲

が高い。〔『知恵蔵2007』朝日新聞社〕

■　中小企業の一類型で，その特徴は，①企業者精神（entrepreneurship）が旺盛でリスクをいとわない経営者に率いられ，②独自性と対競合優位性が明白な製品・サービスを武器に，③他企業よりも短い時間軸で成功することを狙って戦略的に事業展開を図る企業である。成功の暁には大きな創業者利益を得る反面，途中で挫折にいたるリスクも高く，それがベンチャー企業と呼ばれるゆえんである。〔二神恭一編著『ビジネス・経営学辞典〈新版〉』中央経済社，2006年〕

　要するに，ベンチャー企業とは知識集約型の革新的な中小企業を指していると考えればよいが，中小ベンチャー企業の具体的な特徴としては一般に以下の諸点が指摘されている[12]。

①　自らの戦略をもち，独自の企業特性を有している。
②　研究開発集約型やデザイン開発集約型といった，いわゆる知識集約型をその特徴とする。
③　市場志向的でマーケティング展開力を有している。
④　従業員各自がそれぞれ専門家としての高い能力を有し，人的資源がセールス・ポイントとなっている。
⑤　大企業の官僚的な組織とは異なり，機動性に富んだダイナミックな組織構造をもつ。

　以上をまとめると図Ⅳ-2のように，その特質が提示できるであろう。このようなベンチャー企業の勃興は産業構造の転換を象徴し，大企業の硬直的な組織体制に警鐘を鳴らすものといわれている。また，この点は，バブル経済崩壊後の長期にわたる景気低迷，低成長経済への移行，産業空洞化の進展などによって閉塞状態にあった日本経済を活性化させるという観点からも注目された。しかしながら，ベンチャー・カルチャー（venture culture）という言葉にも示唆されているように，ベンチャー企業が勃興するためには積極的で冒険好きな精神（いわゆるベンチャー精神）を企業社会に注入しなければならない。ところが，以下の記述に見られる通り，ベンチャー企業が日本社会に根付くには現実問題として多くの風土的（または文化的）および制度的な障害を抱えているのである[13]。

◆ 図Ⅳ-2　中小ベンチャー企業の特質 ◆

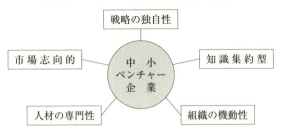

「古来，日本人は他人の幸福を妬み，不幸を喜ぶ国民性が強いようだ。ジャーナリズムも，日本人のこのような国民性に立脚して賑わっている。ベンチャー企業がすくすく伸びない土壌もこんなところにあるのではないだろうか。出る杭は叩くのではないが，成功者を祝福して自分もそれに見習おうとするアメリカの風土とは異なって，とかく伸びる者の足を引っ張ろうとする。『規制緩和』にしても，官庁ばかりを責めるのがマスコミの口ぶりだが，じつは民間企業そのものが新規参入者を防ぐため，規制を作るように官庁に働きかけるケースも多い。」

　そこで次に，米国におけるベンチャー企業の状況を検証してみよう。まず中小企業庁の『中小企業白書（1996年版）』によると[14]，1980年代の米国においては確かに経済の低迷が見られる反面，国内製造業の規模縮小やサービス経済化の進展が生じている。すなわち，米国製造業の海外生産比率の1985年以降における急上昇（ただし，1991年を頂点に若干下降する）や，製造業のGDP（国内総生産）構成比の1980年代における低下と製造業雇用者数の減少傾向などによって，産業の空洞化に対する懸念が顕在化した。しかし，周知のとおり，1990年代に入って米国経済が好調に転ずるとともに，米国の製造業にも復活の兆しがはっきりと現れた。

　ここで注目したいのが，米国における雇用創出に大きく貢献しているのは中小企業であるという実態であり，これは日本と比べて高水準な開廃業率の推移を見てもよく分かるであろう。つまり，1980年代以降，米国では開業率が廃業率を常に上回る状態が続いており，創業活動が非常に活発であることを裏付けている。そして，このことが米国においてベンチャー企業を勃興させる大きな

基盤となっている。

Ⅳ-4　新規創業を支える諸環境

　米国における非常に活発な新規創業活動は，一体どのような環境の下で行われているのであろうか。例えば『中小企業白書（1996年版）』の中では，資金調達，規制緩和および社会環境という3つの観点から以下のように言及されている(15)。

　第1の資金調達環境に関し，米国でベンチャー・キャピタル（venture capital）が発展する最初の契機となったのは，1946年に設立されたアメリカン・リサーチ・アンド・ディベロップメント（ARD）が，ハイテク技術を備えていてもリスクの高い企業に投資を行ったこととされている。1958年以降には中小企業投資育成会社（Small Business Investment Companies）がノウハウや資金の不足等から一時的に低迷した時期もあったが，長期キャピタル・ゲイン（資本利得）課税の最高実効税率の引き下げや，年金基金の高いリスクをともなう投資に対する規制緩和などによって，1980年代に入ってからベンチャー・キャピタルの新規約定額が急伸し発展を遂げた。

　もともと'venture'という言葉自体の中には'risk'という意味が入っているようで，例えば'venture capital'は'risk capital'（主にイギリス）とも呼ばれている。こうして，ベンチャー・キャピタル（またはリスク・キャピタル）は以下のように定義されている。

▶　リスク要因の大きいベンチャー企業に対して，ベンチャー・キャピタル会社，個人または投資銀行によって提供される中長期の資金。〔Webster's New World Encyclopedia〕

▶　リスクの大きいプロジェクトに投資された資金，とくに株式と交換して新しいベンチャー企業や発展しつつある事業に投資される金銭を指す。通常，企業の株式（equity）に投資され，貸付け（loan）とは異なる。
〔A Concise Dictionary of Business, Oxford University Press〕

　したがって，ベンチャー・キャピタルに基づく投資の特徴としては，①リスクが大きい，②中長期にわたる投資，③株式への投資，という3点が浮かびあ

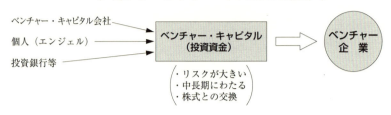

◆ 図Ⅳ-3　ベンチャー・キャピタルの概略 ◆

がってくる（図Ⅳ-3参照）。なお、米国におけるベンチャー・キャピタルの業種別投資実績を見るとヘルスケア（保健医療）関連、ソフトウェア、バイオ、通信といったハイテクに関する分野への投資が多い。

第2は、規制緩和による経済の活性化が指摘されている。規制緩和とは「民間経済のさまざまな面を政府が法令、通達、行政指導などにより規制しているのを、撤廃、緩和して、民間経済に活力を生み出そうとすること」[16] を指している。米国ではレーガン政権下（1981～89年）で経済再生の哲学となったいわゆるレーガノミックス（Reaganomics）において①政府支出の削減（小さな政府の実現）、②サプライサイド・エコノミックス（供給面重視の経済学）、③マネタリズム（通貨供給量を重視する金融政策）とともに英語では'deregulation'（ディレギュレーション）と呼ばれて、その4本柱を形成していたといわれている[17]。具体的には1980年代に運輸（1976～1986年）、金融（1980～1982年）、通信（1984年）等の分野において規制緩和が行われ、新たなビジネス・チャンス（事業機会）が生じてきたと考えられている。また、同じく英国ではサッチャー政権（1979～90年）の下で実施された。

最後の第3は企業家を育む社会環境である。例えば米国では企業家に対する評価が高いために失敗を容認する社会環境——社会的風土とか文化的背景と呼んでもよいであろう——が醸成されており、これが活発な創業活動に大きく寄与している。言い換えれば、いかなる組織にも属さず単独で事業を起こすことは、社会の主流から外れることではなく、それどころかアメリカン・ドリームの実現に向けた第一歩としてむしろ肯定的に受け止められる傾向が強い。この点は、以下の2つの記述の中にも的確に示されている[18]。

■　建国の柱となったフロンティア精神を営々と受け継ぎ、独立性と創造性

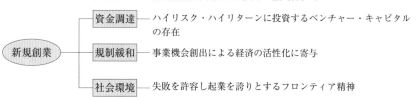

を重んじる米国では，自分の力で事業を起こし，それを大きく育て，歴史に自分の足跡を残すことを夢みる人々が多い。"Make a difference"すなわち「自分の手で世の中を変えよう，人と違うことをしよう」という合言葉を幼い頃から繰り返し聞かされて育つアメリカ人は，組織の中で決められた出世のレールに乗ったり，先人を目標としてそれに並ぶ業績を上げることよりも，それまで誰もしなかったことを最初に手掛け，その果実を多くの人々に分け与えられるようになることこそが「成功」であると考えている。米国の起業家の中に一流大学出身者や元・企業エリートが多いのも，こうした背景によるところが大きい。

■ アメリカ人のリスクに対する見方は日本人とはかなり異なる。米国では，力を尽くした結果としての失敗は恥とは見なされず，次の挑戦につながるステップと考えられているため，人々は新しいことに気軽にチャレンジする。キャリア途上での転職や休職が珍しくないこともあって，「たとえこの試みで失敗しても，道はほかにもある」と本人や周囲が楽観できるからである。こうして，「失敗するかもしれない」としり込みするのではなく，「とにかくやってみよう」と意欲を燃やす起業家が次々と生れることになる。

以上に検討してきた新規創業を支える米国の諸環境をまとめると図Ⅳ-4のようになるであろう。さらに，米国では連邦政府自体が中小のベンチャー企業を「技術革新・雇用創出の担い手」と位置づけ，米国経済再生のカギを中小企業，とくにハイテク関連のベンチャー企業に見い出して政策面からの支援に意を注いでいるとまで伝えられている。

Ⅳ-5 ハイテク・ベンチャーの集積

　ベンチャー・キャピタルは資金の貸付け（loan）ではなく株式への投資を通じて見返り（returns）を得ようとする点に特徴がある。この背景には，米国における株式投資に対する基本的な考え方が反映している側面がある。それは個人による株式投資を奨励する次の記述の中にも示唆されている[19]。

　「株式市場では投資に成功する人が増えれば増えるほど，みんなの利益になるのです。投資家が成功すれば，アメリカのビジネスが成功するのです。……資本主義が立ちいくためには，国の内外のあらゆる企業が，大企業も，中堅企業も，小企業も，自由に資本を調達できなければならない。また，資本主義がうまく機能するためには，人々が，ⓐ投資をよく理解し，ⓑ投資が成功するための勉強をしており，ⓒ知恵を働かせて成長産業に資金を提供することが必要なのです。現代の社会では，株式投資教育は，良き市民としての必須科目です。」

　実際のところ，米国では企業の栄枯盛衰が日本に比べて格段に激しく，名門企業といえども経営革新を怠ると新興企業に追い抜かれてしまう事例が数多く存在する。そのうえで，米国のベンチャー企業に見られる特徴が以下のように集約されている[20]。

- ▶　企業数が多い。
- ▶　成功するベンチャー企業の多くは，ハイテクやニューサービスなど既存の大企業が進出していない新分野を開拓している。
- ▶　成長性が高く，大成功したベンチャー企業では設立以来10～20年で世界的な大企業になることも少なくない。
- ▶　ベンチャーは米国各地に分布しているものの，とくにカリフォルニア州のシリコンバレーやボストン郊外などのように，ハイテク型ベンチャー企業を輩出する地域が見られる。
- ▶　大成功したベンチャー企業の多くは設立時から外部資本（ベンチャー・キャピタルやエンジェルなど）が参加しているので，早い時期から近代的な企業経営が行われているケースが多い。

▶ ハイテクやバイオ，あるいはニューサービスなどの新規分野を開拓したベンチャー企業の創業者の多くが高学歴であり，しかも大学やベンチャー型大企業からのスピンオフ——スピンアウトともいわれ，個人が会社を飛び出して独立の企業をつくることを指す——を経験している。

例えばシリコンバレーはサンフランシスコ南東部に位置し，スタンフォード大学を核としてソフトウェアや情報通信等のハイテク関連企業が目立つ先進地域を形成しており，コンピュータや半導体等のハイテク産業の集積が見られる。そして，この背景については次のように言及されている。「シリコンバレーにおける企業家創造システムの背景について，まず企業家自身について見ると，優秀な高学歴者が中小企業を指向しており，個人の独創的なアイデアや技術をもとに得意分野で事業を行なっていることが特徴である」と。さらに，このような企業家を創造する社会の体質については以下の諸点が挙げられているが，これらは図Ⅳ-4に掲げたことと内容的にほとんど一致している[21]。

- リスクテイキングのインセンティブ（所得税，ストックオプション等）
- 人材の流動性あるいは技能社会（スペシャリスト重視）
- 企業家に対する社会的評価（自己努力と相互扶助）
- 失敗に対する社会的寛容性
- 新規事業の自由度の大きさ

これに加えてシリコンバレーには以下に列記する多様で幅広い支援セクターが立地しており，これらの各セクターが活発な創業活動に大きく寄与していると指摘されている。

- 資金供給セクター（エンジェルと呼ばれる個人投資家，ベンチャー・キャピタル，投資銀行，海外投資家等）
- 基礎研究セクター（大学院や公的研究所，学者のビジネス関与，グラントや資金供与に基づく研究成果の商業化）
- ソフト支援セクター（企業家を顧客とする法律事務所，会計事務所，専門コンサルタントおよび人材派遣会社）
- 他の経済主体（資金・市場・流通経路における国内外企業との戦略的提携，サプライヤー・ネットワーク，企業家間の相互努力）
- 職業訓練などを行う教育支援セクター

■ インダストリアル・パークなどの施設支援セクター

なお，最後のインダストリアル・パーク（industrial park）は「工業団地」とか「産業公園」と訳され，都市化から人間の生活環境を守るために工場のまわりに計画的に自然を配して働きやすくした工業用地を指している。これらの他に，米国における企業家セクターの政治的発言権の強さも挙げられている。

以上のような状況を踏まえて，米国のベンチャー企業から日本はどのようなことを学ぶべきであろうか。中小企業白書（1996年版）では，「我が国においては，生産拠点の海外移転の進展やそれに伴う下請企業の選別の強化など製造業を取り巻く環境は厳しいものとなっている」という認識の下に，「シリコンバレーにおいては，企業家を支える仕組みができあがっており，この仕組みが活発な創業やハイテク分野の発展を生んでいる。このことは，我が国の経済の活性化を考える上での一つの示唆になるものと考えられる」と述べて，以下のような見解が示されている。

「市場ニーズを敏感にとらえ，ネットワークを形成して複数の企業が専門的能力によって製品の開発に携わることは，今後の我が国の中小企業の一つの発展の方向として，大きな参考となるものであると考えられる。さらに，シリコンバレーにおいては，完成品メーカーと供給業者との間に，相互の独立性を保ちながら，我が国において見られるような相互信頼に基づく継続的な取引関係が築かれる例も増えている。このことは，我が国において広範に見られる下請取引関係の継続的取引の有効性を示すものであるとともに，下請企業が親会社と対等なパートナーに成長することの重要性を示すものと考えられる。」

要するに，これから日本において中小企業が発展していくには，①異業種交流などを推進して中小企業どうしのネットワークを強固にすることと，②大企業との間に独立したパートナーシップを形成するために，従来の下請け的な垂直的関係から対等な水平的関係への脱皮をはかること，の２つが極めて重要になると考えられるわけである。

Ⅳ－6　シリコンバレーからの教訓

　20世紀における米国経済の歴史上で伝説的な地域として必ず挙げられるのは，金融のウォール・ストリート，自動車産業のデトロイト，映画産業のハリウッド，それから情報産業のシリコンバレーであろう。とりわけ情報革命を象徴するシリコンバレーは1990年代に米国経済の強力な牽引役となり，ビジネスウィーク誌（1997年8月25日号）のシリコンバレー特集において，その成功の秘訣が以下のように解説されている[22]。つまり，それはシリコンのチップやソフトウェアや宣伝活動にあるのではなく，実はビジネスのやり方そのものの中にあり，言い換えれば階層組織に対峙するものとしてのネットワークにある，と。

　現にシリコンバレーはハイテク型のベンチャー企業に限らず，あらゆる企業の経営手法に新しい基準を示し企業経営の原則すら変えつつあった。その土台となっているのが図Ⅳ-5に示したように，①フラットで民主的な組織，②企業間のネットワーク，③実行を可能にする文化，④卓越したスピード，そして⑤才能ある人材の蓄積，という5つの現象である。ところが実際問題として，これらの成功要因は世界のさまざまな地域で導入されてきたにもかかわらず，成功を収めたといえるところは未だ現れていないという。このようなわけでシリコンバレーから得られる起業で成功するための教訓としては，一般的に次のような諸点が掲げられている（**図Ⅳ-6参照**）。

　その第1は，失敗を許容し，たとえ失敗したとしても不利益を課さないこと。

◆　**図Ⅳ-5　新しい企業経営の土台**　◆

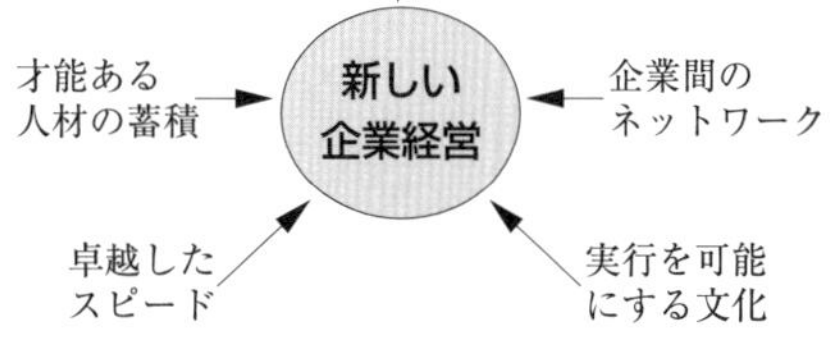

- フラットで民主的な組織
- 才能ある人材の蓄積
- 企業間のネットワーク
- 卓越したスピード
- 実行を可能にする文化

→ 新しい企業経営

◆　**図Ⅳ-6　シリコンバレーの主要な教訓**　◆

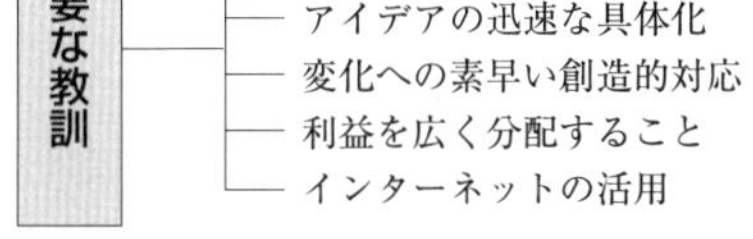

主要な教訓
- 失敗を許容する文化の形成
- 新しいアイデアの試行錯誤
- アイデアの迅速な具体化
- 変化への素早い創造的対応
- 利益を広く分配すること
- インターネットの活用

世界の多くの地域では事業の失敗やプロジェクトの行き詰まりは不名誉なことであり，キャリアが挫折してしまうのが通例である。このため，リスク（危険）をおかすことを躊躇しがちとなるけれども，シリコンバレーでは事情が相違する。

　第2は，新しいアイデアの試行錯誤を奨励すること。失敗に対して寛容になることは，人が学習し応用力を養うための前提条件となるはずである。実際，シリコンバレーでは数回の失敗や挫折を経験した起業家に対しても，ベンチャー・キャピタルなどが積極的に支援を行っている。

　第3は，アイデアを迅速に具体化すること。シリコンバレーのベンチャー企業は，事業の初期段階に優れた能力を発揮する。これは失敗を恐れずにリスクを負う進取の精神があるから可能になる。また，アイデアに息を吹き込むために，煩雑な事業計画とか詳細なマーケット・リサーチなどは要求されない。

　第4は，変化に素早く対応できるよう，創造的な混沌状態と同居できるようになること。シリコンバレーの目指すところは製品のライフサイクルを短縮することではなく，変化が激しく混沌とした市場環境に素早く対応できるようになることである。例えば，シリコンバレーの人々は非常に個人主義であるにもかかわらず，機敏に協力しあい，電子メールによってアイデアを共有し素早く仕事を成し遂げる。

　第5は，利益を広く分配すること。つまり，トップばかりでなく，すべての従業員が能力や業績に応じて報酬が得られるシステムを構築することである。その代表例にはストック・オプションや持株制度があるが，これによって富を得た者が次の優れたアイデアに資金提供を行うエンジェル（すなわち個人投資家）となって，新しい事業の創立を支援するという好循環が生まれる。

　第6は，インターネット（Internet）を活用して何よりもマーケット・シェア（market share）を獲得すること。インターネットを使うと中間業者を通さず世界中の顧客と直接コンタクトできることから，ベンチャー企業がマーケット・シェアを高めてブランドを確立するには格好の手段となる。

　このなかでも曖昧な概念ではあるけれども決定的に重要と考えられているのが「文化（culture）」の問題といわれている。結局のところ，失敗を許容できるようにビジネスのやり方を変えられるかどうかが，日本における最優先の根

本的な課題ということになるのではないだろうか。

Ⅳ-7 大企業と中小企業

Ⅳ-7-1 米国のビジネス教育

　米国における現代の「起業家精神（entrepreneurial mind）」を主題とする"SUCCESS"という雑誌の1996年9月号の中には「大金持ちを輩出する学校（Schools that make millionaires）」と題する特集が掲載された。もちろん，これは米国のビジネス・スクールに関するもので，表Ⅳ-5のように起業家（entrepreneurs）を養成する優れたビジネス・スクールが25校リストアップされている。これによるとビジネス・スクールに起業家養成のプログラムが設置されたのはハーバード大学のビジネス・スクール（HBS）が1946年と最も古く，1960年代に1校，1970年代に9校，1980年代には14校となっており，米国のビジネス・スクールでは1970年代に入ってから起業家養成へのニーズが少しずつ高まっていった様子をうかがわせる。ちなみに，この特集を組むことについては記者の間で以下のような推進論が主張されたという。

▶ ビジネス教育が起業家の技量（entrepreneurship）と無関係というのは非常に危険な作り話（myth；広く信じられているけれども根拠のない話）である。

▶ 起業家に関する知識があればあるほど，成功のチャンスが大きくなる。起業家の技量には複雑な知識が集積されているからである。

▶ 起業家の技量はビジネス・スクールの学生の間で非常に熱心に議論されており，従来の教育法は最終的に変更を余儀なくされている。

　実際のところ，フォーチュン（FORTUNE）誌の1995年11月20日号には，一流のビジネス・スクールを卒業した優秀なMBA（米国のビジネス・スクールの卒業生に授与される経営学修士号；Master of Business Administrationの略語）取得者の大企業離れが進んでいることを伝える記事が掲載された。それによると，かつてMBA取得者は巨大企業を支配できるパワーに憧れる者が多かったけれども，最近では企業から与えられた職務に就くよりも，自分に最も適した仕事を得たいと願う者が増えている。このような状況の変化は，とくに

◆ 表Ⅳ-5 米国において起業家養成に優れたビジネス・スクール(トップ25校;ABC順) ◆

ビジネス・スクールの所属大学(州)	プログラム設置年	起業家養成プログラムの内容
アリゾナ大学(アリゾナ)	1984	起業家の専攻コースあり。地域の企業家が助言者(mentor)として参加。
バブソン大学(マサチューセッツ)	1967	このプログラムがカリキュラムの特徴となっており,教授陣は学識を備えた起業家が多い。
ボール州立大学(インディアナ)	1989	起業家に関するMBAの学位を提供している。
ベイロー大学(テキサス)	1977	国際・国内を含めて6講座があり,起業家の下で全員が実習できる。
ブライハム・ヤング大学(ユタ)	1985	起業家の専攻コースがあって,ケース・スタディや講義,さらには会議に起業家を招へい。
UCLA(カリフォルニア)	1974	起業家の専攻コースがある。カリキュラムは理論ではなく実践に重点を置いている。
カーネギー・メロン大学(ペンシルバニア)	1972	起業家の専攻コースが提供されており,学生は実際に事業計画を作成する。
コロラド大学(コロラド)	1989	起業家センターがビジネス・スクールと工学部のジョイント・ベンチャーとしてプログラムを機能させている。
コーネル大学(ニューヨーク)	1983	起業家に関する様々なコースがある。プログラムの多様性がユニークな特長となっている。
デポール大学(イリノイ)	1980	起業家に関する修士号を授与できる。
ジョージア大学(ジョージア)	1973	MBAに相当する起業家専攻コースを設置している。
ハーバード大学(マサチューセッツ)	1946	ビジネス・スクールには専攻というものがなく,実践的なリサーチと事例に基づく開発に重点を置いている。
イリノイ大学(イリノイ)	1982	起業家に関する専攻課程がある。
メリーランド大学(メリーランド)	1988	ベンチャー金融,フランチャイズ,および技術をベースとした起業分野を中心にフィールド・プロジェクトの科目もある。
ネブラスカ大学(ネブラスカ)	1988	起業家専攻コースあり。インターンによる国際的な起業や留学プログラムなどの専門科目がある。
ニューヨーク大学(ニューヨーク)	1982	経営者向けの起業に関するMBAコースあり。学生は中小企業向けのコンサルティングやインターンを行う。
ノースウェスタン大学(イリノイ)	1984	起業家向けの専攻コースあり。
ペンシルバニア大学(ペンシルバニア)	1973	学部から大学院まで起業家に関する専攻コースあり。修士号を出すことも可能。
レンスラー・ポリテック校(ニューヨーク)	1986	起業を経営管理,工学および科学部門へも取り入れ,技術とリサーチに特徴を持たせている。
セント・ルイス大学(ミズーリ)	1981	起業家に関する博士課程がある。
セント・トーマス大学(ミネソタ)	1985	起業家に関する修士課程があって,フランチャイズやベンチャーのMBA専攻コースがあり,卒業生の95%が長期的には事業で成功している。
サンディエゴ州立大学(カリフォルニア)	1974	起業家に関する専攻コースあり。
南カリフォルニア大学(カリフォルニア)	1971	技術移転や技術開発管理を専門とする起業家向けの修士課程がある。
サウス・キャロライナ大学(サウス・キャロライナ)	1978	起業家に関する専攻コースあり。フィールド・プロジェクトには起業家とのインタビューや個人的な事業計画,およびベンチャーの実現可能性が含まれる。
テキサス大学(テキサス)	1979	起業家に関する修士号を授与できる。

資料:"SUCCESS" September 1996, pp.34〜35.

1994年になってからトップクラスのビジネス・スクール（BS：Business School）で明確に表れ，例えばGEのジャック・ウェルチやGMのジャック・スミスのようになりたいと思う者がいなくなってしまったというのである。こうして米国ではいわゆる大企業神話が崩壊し，それに代わって企業家（起業家）精神の高揚が新しい傾向になりつつある[23]。

この背景には米国の景気が1992年以降順調に回復してきたという経済的要因が大きく影響しているであろう。しかし，新しい世代が嫌うこととして掲げられた次の5項目を眺めてみると，どれも米国社会に特有なものとは限らず，経営管理の観点から見れば日本社会にもそのまま当てはまるような普遍性を備えている。

▶ 最も業績の優れた人よりも最も官僚的であった人の方が収入が良い。
▶ あまりに簡単に将来性のない職務に押し込められてしまう。
▶ 充分な責任と権限と報酬を与えられるまでに時間がかかりすぎる。
▶ 仕事をする場所と時間に関して，柔軟性があまりない。
▶ 経営トップがリスクを負う人を求めてはいても，自分たちで責任を負わない。

さらに，実際に自ら事業を起こした成功者からは「大企業ではどのようにものごとを変革していくかを考えることは一般にあまり歓迎されず，異議を唱えれば排斥されてしまう」とか「大きな組織で成功するには自己を覆い隠さなければならないが，私はそれをしたくない」，あるいは「自己の能力とエネルギーによってのみ制約される状況にいたいが，それは企業家になることを意味している」といった声が聞かれるという。

Ⅳ-7-2　リエンジニアリングの影響

一方，1990年代に入って注目を浴びた「リエンジニアリング（reengineering）」は大企業のみでなく中小企業においても適用されるという見解が，1995年に出版された"THE REENGINEERING REVOLUTION"という著書の中に掲載されている[24]。そもそもリエンジニアリングとは1993年に出版されてブームを巻き起こしたベスト・セラー"REENGINEERING THE CORPORATION"の中では，「コスト，品質，サービスおよびスピードといった業績に

かかわる重要かつ現代的な基準値を飛躍的に向上させるために，事業プロセスを根本的に考え直し徹底的に再設計すること（the fundamental rethinking and radical redesign of business processes to achieve dramatic improvements in critical, contemporary measures of performance, such as costs, quality, service, and speed)」と定義づけされており，波線部の4語がキー・ワードとされている(25)。また，辞書的な説明としては以下のように記述されていた。

■　ビジネス・プロセス・リエンジニアリング（BPR）の略称で，事業過程の変化という意味である。1990年ごろにアメリカの各企業がBPRを導入し，経営効率の向上に成功する例が増えた。……BPRで重要なことは，①顧客の観点に立って業務を改善していること，②情報技術を最大限に活用していること，③強力なトップ・ダウンによって推進していること，である。〔『イミダス1999』集英社〕

■　リストラクチュアリングが事業や製品の見直し・再編成であるのに対して，リエンジニアリングでは仕事のあり方自体を抜本的に見直すことを主眼とする。旧来の職能的専門化の考え方では必要以上に仕事が細分化し，企業全体のことや顧客のことを無視して，自己の専門的職責の立場のみから仕事が行なわれたりする。そこでこうした官僚主義的な職能的専門化をやめ，顧客の注文から製品納入までの全プロセスを責任をもって遂行できるよう，かつ事務・情報技術の発展に即応して，職務の統合を行なうなど仕事の再編成をするものである。〔『基本経営学用語辞典』同文舘〕

端的に言ってリエンジニアリングは大企業に典型的に見られる官僚的組織の行き詰まりを示唆しており，リエンジニアリングの提唱者自身も当初は大企業の複雑な官僚制（bureaucracy）を打破することを意図していたようである。ところが実際には，非常に多くの中小企業においてリエンジニアリングがうまく行われたという。どの企業組織も成長してサイズが大きくなってくると仕事が細分化し，間接費がふくれあがり，さらに組織の内部に向けられる活動が増加するからである。ただし，大企業と中小企業におけるリエンジニアリング適用上の類似点と相違点は図Ⅳ-7のように整理されている。

以上のように，米国では大企業離れが進む反面で中小企業にもリエンジニア

◆ 図Ⅳ-7 大企業と中小企業のリエンジニアリング ◆

資料：Michael Hammer and Steven A. Stanton, *THE REENGINEERING REVOLUTION*, HarperBusiness, 1995, p. 273.

リングの必要性が認識されはじめたが，これらの点は日本における中小企業の活性化にも貴重なヒントを与えている。

Ⅳ－8　中小企業国際化への課題

Ⅳ－8－1　ベンチャー企業の発展段階

　ベンチャー企業は創業当初は中小企業としてスタートすることになるが，その経営課題については次の指摘が非常に参考になる。つまり，「マネジメントの経験と能力を備えた取締役がチームで運営する大企業とは異なり，最初から会社経営のノウハウを体系的に身に付けていない創業者が得意先開拓や実際の業務などのビジネスのかたわら経営面での課題に取り組むケースが多いベンチャー企業の場合，事業成功の可能性は，単に製品・サービスの良さや市場ニーズの大きさだけでなく，事業主が発達段階ごとに異なる課題や問題にどれだけ適切に対処できるかによって大きく左右される」と。こうして，ベンチャー企業の発展段階は開業期（1～10名），発展期（5～200名），安定期（100～500名以上）の3つに区分されている[26]。

　まず開業期において起業家が最初に必要とするのは「スタートアップ・キャピタル」とか「シード・マネー」と呼ばれる資金であり，とくに後者は新技術に関するアイデアが実際にビジネスに結び付くかどうかをリサーチするための資金を指すことが多い。次に必要となるのは事業拠点の確保であるが，米国の中小企業庁（SBA；Small Business Administration）のデータによれば新規開

業するビジネスの20％がホーム・ビジネス（自宅事業）であり，この中にはそれまでの職を保持しながら自宅で試験的あるいは趣味的に事業を始める人々が相当数含まれていると考えられている。

続く発展期においては顧客獲得に成功して仕事が増えてくる。こうなると開業のシーズとなったイノベーションに磨きをかけて売上を一段と伸ばすために，エクイティ（equity）や借入金の形で外部からの本格的な投融資（カネ）を確保し，施設（モノ）の増強と人材（ヒト）の開発に積極的な投資を行いコンスタントに成長を続けることが課題になる。とりわけベンチャー・キャピタルをはじめとする投資家からの資金は，単に画期的な技術や製品を持っているだけでなく，説得力に富み，かつ現実的な事業計画（ビジネス・プラン：business plan）が提出できて初めて獲得できるようになる点が強調されている。さらに，この段階になると国や自治体の規制に本格的に対応しなければならなくなると同時に，経営者にはワンマン的なリーダーシップからチーム型のリーダーシップ（leadership）への転換が強く求められるようになる。

最後の安定期は中小企業としてスタートしたベンチャー企業が中堅企業，さらには大企業へとステップアップしていく足場がための時期に当たるといえよう。ここまでくると経営課題は次の2つに集約される。その第1は起業家にとって1つの到達目標といえる株式公開であり，これを成功裡に実施するため

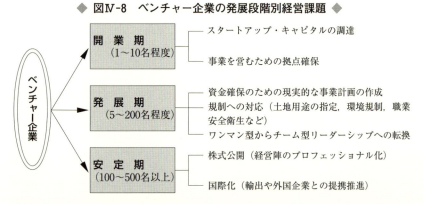

◆ 図Ⅳ-8　ベンチャー企業の発展段階別経営課題 ◆

ベンチャー企業

開　業　期
（1～10名程度）
― スタートアップ・キャピタルの調達
― 事業を営むための拠点確保

発　展　期
（5～200名程度）
― 資金確保のための現実的な事業計画の作成
― 規制への対応（土地用途の指定，環境規制，職業安全衛生など）
― ワンマン型からチーム型リーダーシップへの転換

安　定　期
（100～500名以上）
― 株式公開（経営陣のプロフェッショナル化）
― 国際化（輸出や外国企業との提携推進）

資料：「米国におけるベンチャー企業の実態」中小企業総合事業団（2004年7月から中小企業基盤整備機構）ニューヨーク事務所，1996年，8～13頁。

には金融市場に関する深い理解と経験を持った経営者の存在が不可欠と指摘されている。具体的には日本のジャスダック（JASDAQ）や米国のナスダック（NASDAQ；National Association of Securities Dealers Automated Quotation）での株式公開を指し，後者においては創立から7～8年で株式公開にこぎつけるのが通常であるが，5年以内に株式公開を果たすベンチャー企業も増えていると伝えられている。その第2は経営陣のプロフェッショナル化であり，例えば国際化時代を反映して輸出や外国企業との提携などを進めるにあたっては，国際ビジネスに造詣の深いトップがいるかどうかが成否を分けることが多いとまでいわれている。このように，ベンチャー企業という観点から発展段階別に経営課題をまとめると図Ⅳ-8のようになる。

Ⅳ-8-2　海外事業展開の動向

　中小企業の国際化の問題点については，1996年3月に中小企業総合事業団（2004年7月から中小企業基盤整備機構）の調査・国際部から発表された「中小企業の海外展開指導指針——人材活用と組織運営（事例を踏まえたマニュアル）——」が非常に参考になる。

　このレポートは日本の中小企業の海外事業展開の動向について，「円高の進行，アジア地域の工業化の進展，大企業の海外生産への移行等に対応して，海外展開に活路を見出す中小企業は今後ますます増加すると見込まれる」と述べ，中小企業の国際化における大きな課題として「海外派遣要員の確保と教育」「海外経営組織の運営」「現地従業員の雇用と教育」の3つが挙げられている。とくに各国ごとのアドバイスに共通していると思われる主要事項が，後発企業へのアドバイスとして以下のように掲げられている。

　まず第1に，海外展開にあたり最も難しいのは効果的な異文化インターフェイスの構築である。一般に異文化インターフェイス（cross-culture interface）とは多国籍企業のように1つの組織内に複数の異なる文化を内包しているような場合に，これらの異なる文化が交わる接触面のことをいう。当然のごとく，異文化が接触すると大なり小なり誤解や対立が生じやすくなるが，異文化インターフェイス管理はこれらの問題を解決することによって効率的な協働体制を維持しようとする。それゆえに，双方の文化を理解した管理者の役割がとくに

重要となる(27)。例えば、海外展開に成功している中小企業に共通している点は、現地トップにその国の経験者を配置していることである。もっとも、そのほとんどは取引先からの中途採用であるが、10年以上の現地駐在経験があり、なるべく生産現場経験者が望ましいとされている。また、若手要員の選択の基本的な要件は、まずその国が好きであること、健康、それに考え方の柔軟性であるといわれている。

次に現地化に関しては、限られた一部の中小企業を除いて、ほとんどが思うように進んでいないという。しかし、現地化は各国それぞれの特殊事情にも注意を払わなければならず、例えば同じアジア圏でも制度やインフラ等が異なる中国とその他のASEANやNIEsを同一に取り扱うことは現実的でないと主張されている。

さらに、賃金の高騰については次のように説明されている。つまり、近年では安い労働力を求めてNIEsからASEANや中国沿岸部、さらには中国内陸部やベトナムへと日本企業のシフトが見られる。ところが、単に低賃金に依存する経営を脱却して技術力や製品開発力等の差別化要因をしっかり持っている企業は、賃金の高騰に対しても立派に成功している。あるいは、出荷までのリードタイムが長くなればなるほど賃金上昇のリスクが大きくなるので、このような場合には新規投資に固執することなく委託加工やOEMで生産し、賃金が予想以上に上昇したら他の国や地域に容易に移動できるような身の軽さを確保しておくべきである、とのアドバイスもある。

ただし、日本企業がアジアの諸国を単純に「日本との賃金格差」とか「金の卵」という次元で見つめることに対する屈辱感が相互理解の最大の障害になっているとし、個々の人種や民族固有のアイデンティティや誇りを尊重し、彼等をビジネス・パートナーと認めて共存共生への期待の眼差しを向けるべきであるという見解が主張されている。実際、低賃金の魅力は経済の高度成長が続けば早晩色あせていくことになるので、結局は経済合理性の追求以外に経営理念と事業コンセプトを明確にし、現地の人々にとって魅力ある企業づくりを目指していくことの重要性が指摘されている。

Ⅳ-8-3 起業家に共通する要素

さて，企業経営のポイントは①いかに売上を伸ばすか，と②いかにコストを削減するか，の２点に集約されるが，この点は大企業であろうと中小企業であろうと全く変わらない。しかし，現在のように変化の激しい時代にあって企業は以下に列記するような様々な経営環境要因によって影響を受ける(28)。

- 市場のグローバル化（Market globalization）
- 法規制環境（Regulatory environment）
- 競争的圧力（Competitive pressures）
- スピード志向／顧客志向の市場（Speed driven／Customer driven markets）
- 産業構造（Industry structure）
- 技術革新（Technological innovation）
- 資本市場の発展（Evolving capital markets）
- 情報入手の可能性（Information availability）

このような情勢下で米国では'entrepreneur'と称される起業家が注目を集めており，現に'Entrepreneur'とか'Start your own business'と題する雑誌まで発刊されている。また，起業家に共通する要素として，図Ⅳ-9に示したように以下の５項目が指摘されている(29)。

▶ 創造性──既存の価値体系や常識にとらわれない柔軟な発想で，新しい技術や製品，サービス，経営手法を考え出すことのできる資質
▶ 専門的知識──事業の核となる商品や市場についての豊富な知識と理解
▶ 意志力──事業を成功へ導こうとする意欲と，そのためには不断の努力をいとわない強い意志

◆ 図Ⅳ-9 起業家に共通する要素 ◆

- ▶ 安定性——心身ともに健康で，さまざまな問題に積極的かつ柔軟に対応できる強さ
- ▶ 楽観性——リスクを恐れるのではなく可能性に賭けることを選び，失敗から学んだことを次に活かそうとし，いかなる時にも希望と自信を失わない姿勢

　このような起業家の資質ないしは知恵といったようなものは，中小企業の国際化においても必要不可欠といえる。なぜなら，新たに事業を立ち上げるという点では，ベンチャー企業の創業も中小企業の海外進出も基本的には同じような問題を抱えているからである。

Ⅳ-9　中小企業と経済発展

Ⅳ-9-1　規制緩和と地方分権

　日本では地方政府の権限は中央政府によって与えられているので，その権限は中央政府によって拡張されたり縮小されたりする。これに対し，米国では中央の連邦政府は地方に当たる諸州から権限が付与されており，このシステムに対する政治的合理性はかなり明確といえる。つまり，政策決定はそれによって影響を受ける地域に最も近いところの政府レベルによって行われるのが最善である，という信念に基づいている。したがって，この機構の中で各州は経済的繁栄と社会的福利の達成を目指した様々な政策の実験場の役割を果たし，その成果が他の州の政策決定に役立っていく。だからこそ，米国では連邦制によって各州は活動の独立性が認められている代わりに，激しい経済競争にさらされるという現実に直面する。

　このことは海外に向けた経済進出ばかりでなく米国内における経済成長の機会に対しても適用され，それゆえに諸州は補助金，税金，土地利用規制の緩和，中小企業の育成などに関して様々な方策を用いる。もちろん，その目的はビジネス活動を支援するだけでなく，他の州からの投資を呼び込んだり，生産された製品に国際的な市場を提供したりすることにある。このような州どうしの競争関係は，例えばトヨタやソニーといった日本の主要企業が米国に工場等の建設計画を発表する際に典型的に見られる。実際にも米国内の5つか6つの州は，

こうした企業の工場誘致に向けて直接的な競争を展開するために事業環境を整備したり，有能な労働力を確保したりすることに加え，財政的な誘導策をも講じようとするであろう。

この原動力には「競争（competition）」というキーワードがあると考えられる。しかしながら，日本では米国に見られるような地域間競争がうまく機能しない。なぜなら，日本には「競争」自体に対する反社会的姿勢や嫌悪感が根強く存在し，日本の地域間に競争を引き起こすようなシステムに対して政治的および心理的な障壁があるからである，と指摘されている[30]。

ところが，米国社会は事業発展を奨励するのに適した条件を備えており，しかも社会の大部分がそれに順応して努力を積み重ねてきた。こうして米国は地方分権化された経済的な意思決定とビジネスの発展を指向してきたが，これこそがビジネスの発展過程においてある種の形態のビジネスを助長してきたといえる。その真骨頂が中小企業のニーズに応えるということであり，この50年くらいにわたる米国の中小企業の成長は，大体が地方分権（decentralization）の進展と規制緩和の動向を背景にしている。この結果，地方分権化は中央政府では実現できないベンチャー的な中小企業の発展をもたらすこととなった。

したがって，このシナリオにおける政府の役割は過度な規制を排除し，高い生活の質（quality of life）を達成できるよう機能することが強く求められる。ちなみに地域における生活の質を高めるためには，その政府の管轄地域で仕事をし生活を営む人々に対して，良い教育とか犯罪のない居住環境などを提供しなければならない。また，こうすることによって初めて公共部門と民間部門の間のコミュニケーションが促進され，地域の潜在力を実現可能な機会に変えることができるわけである。

本来，中央政府というところは，大規模な企業に都合のよい画一的な政策の策定に限定されてしまう傾向が見られる。しかし，小規模の企業を成功へ導くためには，地方における進取性と柔軟性が欠かせない。地方の経済については，中央政府の調整はあまりに大ざっぱすぎるからである。事実，1980年代と90年代の米国の中小企業の雇用創出面における貢献は，中央政府のコントロール機能を，それぞれの地域に適した政策策定能力を有する地方政府に委譲するほうが得策であることを的確に裏付けている。

Ⅳ – 9 – 2　地域的な経済発展の条件

　このような地方分権化や地域化は，厳密には必ずしも連邦構造だけに根ざしているわけではないので，日本でも機能することは十分に可能なはずである。そうなれば，日本各地で中小企業の活性化をはかることができるようになるが，その原点は何よりも地域のアイデンティティ（identity）を確立し，それを維持し続けることにある。もちろん，日本の多くの地方や地域には比較的小規模な地場産業が存在しており，それらが地域経済を再生する際の基盤となることは言うまでもない。しかし，地方によっては従来からの伝統的な経済基盤に依存しないのが最適な策と考えて，新しい成長産業に基盤を見い出そうと努力し始めるところが現れている。

　こうした動向について，米国の諸州では両方の戦略をとってきており，工業的な施設誘致を推し進めようとするところもあれば，情報やソフトウェアといったハイテク産業の勃興に注力するところもある。この選択に際して重要になるのは，単にその時点におけるビジネスの流行にこだわることなく，すべての選択肢を綿密に調査研究することであろう。例えば，ハイテク産業は魅力的であるため，多くの州がカリフォルニア州のシリコンバレーを模倣しようとしてきたけれども，それは簡単なことではなかった。この分野における競争が予想以上に激しかったからである。

　どの産業の地域的な発展も，諸条件が地理的に一致するという幸運に恵まれた時に起こる。ベンチャー企業のメッカといわれるシリコンバレーにしても，教育的・産業的・起業的な諸条件がうまく合致して大きな発展を遂げることができた。実際，シリコンバレーには有力なスタンフォード大学，コンピュータのチップ生産に必要な産業資源，さらに事業を創造する起業家や資金を提供するベンチャー・キャピタリストなどの集積が見られる。

　また，米国における長期の雇用保証はダウンサイジングの結果，すでに1990年代の初頭に事実上消滅してしまっている。ところが，シリコンバレーではもともと雇用保証など存在せず，自身で会社を始めることが当たり前のように受けとめられ，それが文化の一部を形成すると同時にステータスを得るキャリア・パスになっている。しかし，こうしたシリコンバレーの文化的特徴を日本社会へ導入することは容易でない。日本の文化と米国の文化とはかなり相違し

ており，これは異文化の問題として今日でも議論が沸騰するところであろう。そこで注目したいのが，日本において専門性を備えたプロフェッショナルな人材を早急に育成しなければならないという見解である(31)。

それによれば，最近，日本ではアウトソーシングやネットワークの活用によって仕事の進め方や販売方法が大きく変化してきており，このような動向を背景に，自らのリスクで創造的な仕事に挑戦する独立型のプロフェッショナル人材に対する社会的要請が強まっている。従来，日本企業では多くの業務を経験させ，管理者としての能力を向上させるゼネラリストの養成が重要視されてきた。そのことが専門性の追求より，企業という看板や仕組みがなければ業務ができない多くの管理者を生み出す要因になっていた。しかしながら，これから一段と競争の激しい国際的な大競争（megacompetition）の時代になってくれば，真にプロフェッショナルな人材の集団でないと，もはや生き残れなくなるというのである。

こうしてみると，21世紀に日本でベンチャー企業を繁栄させる糸口は，米国のようにプロフェッショナルな人材を数多く輩出することにあるといえよう。このような観点に立って次章では米国の状況を踏まえ，ベンチャー企業の新しい動向に対する考察をさらに深めていきたい。

■ 注
(1) 中日新聞経済部編『チエの経営』中日新聞本社，1996年，249頁。
(2) 中小企業庁編『中小企業白書（1995年版）』大蔵省印刷局，1995年，390頁。
(3) 中日新聞経済部編，前掲書，254頁。
(4) 同上書，256頁。
(5) 同上書，255頁。
(6) 経済企画庁編『経済白書（1998年版）』大蔵省印刷局，1998年，180頁。
経済産業省編『通商白書2006』ぎょうせい，2006年，102頁。
　上記の通商白書のなかに日本とアジアの関係について次のような注目すべき見解が記されている。従来，我が国製造業の中国やASEAN4（タイ，フィリピン，インドネシア，マレーシア）への進出は国内産業の空洞化を招くと一般的に主張されていた。しかし多くの日本企業は国内での生産を高付加価値分野にシフトするなどして維持するとしており，我が国企業のアジアへの

進出は主に海外市場における需要増に対応するもので，国内生産の減少を必ずしも意味しないと考えられる，と。

　なお，通商産業省は1949年5月に当時の商工省とその外局である貿易庁および石炭庁を統合して発足したが，2001年（平成13年）1月の中央省庁再編により現在の経済産業省に改称された。

(7) 中日新聞経済部編，前掲書，230～231頁。
(8) この点については，本書第Ⅲ章のⅢ-2-3にも同様の記述があるので参照されたい。
(9) 中日新聞経済部編，前掲書，218～219頁および208～209頁。
(10) 表Ⅳ-3および表Ⅳ-4については，中小企業総合事業団の粟屋幸夫氏から貴重なアドバイスを頂戴した。なお，中小企業総合事業団は2004年7月に中小企業基盤整備機構（略称は中小機構）に統合された。
(11) 中小企業庁編『中小企業白書（1998年版）』大蔵省印刷局，1998年，491～493頁。
(12) 岡本康雄編著『現代経営学辞典（改訂増補版）』同文舘，1996年，144～145頁。
(13) 「店頭株投資情報（1996年下期版）」実業之日本社，1996年，19頁。
(14) 中小企業庁編『中小企業白書（1996年版）』大蔵省印刷局，1996年，557～564頁。
(15) 同上書，568～570頁。
(16) 『データパル（'96／'97）』小学館，1996年，138頁。
(17) 『経済新語辞典（1996年版）』日本経済新聞，1996年，510頁。
(18) 「米国におけるベンチャー企業の実態」中小企業総合事業団ニューヨーク事務所，1996年，3頁。
(19) ピアーズタウン・レディース投資クラブ編，土井定包監訳『ピアーズタウンのおばあちゃんたちの株式投資大作戦』日本経済新聞社，1996年，86頁。
(20) ベンチャーフォーラム21『21世紀に挑むベンチャービジネス＆キャピタルの起業戦略』清文社，1995年，134～135頁。
(21) 中小企業庁編，前掲書，(1996年版)，571～573頁および581頁。
(22) SILICON VALLEY, *Business Week*, August 25, 1997, pp. 64-147.
(23) 本稿においては「起業家」と「企業家」はほとんど同義で用いているが，とくに新規創業の意味合いが強い場合には「起業家」の方を使うようにした。
(24) Michael Hammer and Steven A. Stanton, *THE REENGINEERING REVOLUTION*, Harper Business, 1995, p. 253.
(25) Michael Hammer & James Champy, *REENGINEERING THE CORPORATION*, Harper Business, 1993, p. 32.

なお，本文中の波線は著者が挿入したものである。
(26) 「米国におけるベンチャー企業の実態」前掲，8～13頁。
(27) 吉田昭夫・大橋昭一編著『基本経営学用語辞典』同文舘，1994年，11頁。
(28) *STRATEGY & BUSINESS*（Second Quarter 1996），Booz・Allen & Hamilton, 1996, p.9.
(29) 「米国におけるベンチャー企業の実態」前掲，7頁。
(30) 本節の記述については主としてジェフリー・ジェイムソン氏（当時は名古屋アメリカン・センター館長 兼 名古屋米国領事館領事，2005年8月から東京アメリカンセンター館長）の見解を参考にした。同氏は，かつて福沢諭吉が西欧の経済書の中にある'competition'という単語を「競争」と訳出した際，非常にとげとげしい感じがするのでもっと穏やかな訳語に変えるよう求められた，というエピソードを引用している。なお，連邦制の米国では地方主権を基礎とする邦（国家に相当）が，その権限の一部を連邦政府に委譲するという国家形態をとっている。

なお，この点に関する詳細は次の文献を参照されたい――丹下博文『International Business and Negotiation（Revised Edition）』嵯峨野書院，2001年，119～125頁。
(31) 松田修一「企業内プロフェッショナルの育成」OMNI-MANAGEMENT（1998年3月号），日本経営協会，2～5頁。

第Ⅴ章
米国における
ベンチャー企業の動向

V-1 米国の「ベンチャー企業」

　現在では「ベンチャー企業」とか「ベンチャー・ビジネス」という用語が産業界において，日常的によく使われるようになってきた。実際，バブル経済崩壊後の長期にわたる景気低迷，低成長経済への移行，産業空洞化の進展などによって閉塞状態にある日本経済を活性化させるという観点から，ベンチャー企業は日本においても注目を集めている。しかしながら「ベンチャー企業」という用語自体が，その発祥地といわれる米国においてさえ実態が十分に把握されていない嫌いがあるものの，内容的には新しいタイプのハイテク企業（new hightechnology company）を意味することが多いようである。

　日本では「ベンチャー・ビジネス」という用語が「ベンチャー企業」の意味でしばしば使われるけれども，米国では「ベンチャー・ビジネス」という表現自体が一般に用いられておらず，米国のビジネス界で「ベンチャー・ビジネス（venture business）」というと「ベンチャー・キャピタル（venture capital）」のことを連想するようである。これは若くして新しい会社や事業を始める起業家（entrepreneur）に投資するファンド（fund）のことで，このファンドに資金を提供する投資家を「ベンチャー・キャピタリスト（venture capitalist）」と呼ぶ。また，ベンチャー・キャピタリストに対して「エンジェル（angel）」という個人投資家を指す俗語的な表現が時々使われるようであるが，これはエンジェル（天使）が神のメッセージを伝えることから生まれた表現らしい。つまり，資金的な援助をすることによって起業家に幸福をもたらすことに由来した用語といえる。

　続いて以上のことを裏付けるために，米国で最近出版されたビジネス・経営関係の用語辞典を調べてみよう。まず最初に"The Business Words You Should Know"（Adams Media Corporation, 1997）において'entrepreneur'とは「会社を始める人」と簡単に定義されている。また，'venture business'とか単に'venture'という見出し語はなく，'venture capital'については「新しく設立された会社に資金を提供するために投資家によって拠出された金銭」とだけ説明が加えられている。そこでさらに"The Encyclopedic

Dictionary of Business Terms"（Berkley Publishing Corporation, 1997）を引いてみると，'angel'は特定のグループでしか用いられない専門用語（jargon）の中に含まれ「財政的な支援者または投資家」と表わされている。他方，'venture'に関係する見出し語については'venture capital'という項目のみが標準的なビジネス用語（standard business terms）として掲載され，'capital'という見出し語の中で次のように説明されている——それは既存の企業については通常の意味で用いられるが，新しいベンチャー（a new venture）に対する資金を表わすことがある。つまり，運転資金を示す'working capital'という用語と対照して，'venture capital'は新しいベンチャーを始めるため，ないしは既存の企業の業態を拡張または改善するために行われる資金提供（financing）を指す。この種の資金提供はリスク（risk）をともなうことが多いので，リスク・キャピタル（risk capital）としても知られている，と。

　ということは，どうやら'venture'という言葉だけで新しく始める（スタート・アップ）会社や事業を意味しているのではないかという推測が成り立つ。実際，米国において信頼性の高いビジネス用語辞典の1つに数えられる"Dictionary of Business Terms"（Barron's Educational Series, Inc., 1994）の中では，以下のような非常に参考になる定義が記されている。ただし，これらの一連の日本語訳はすべて著者による。

■　entrepreneur——ビジネス活動を最初に始める個人。この用語はビジネス・リスク（business risk）を負う人物を想定することが多い。

■　venture——ある程度のリスクを含んだビジネスとしての事業（business undertaking）。とくにビジネス・ベンチャー（business venture）は起業家的な活動を指し，その資金（capital）は利益（profit）という報酬をもたらす可能性と引き換えに，損失（loss）を被るリスクにもさらされている。

　このような点を総合すると，米国では「ベンチャー・ビジネス」という呼称はビジネス用語として成立しているとは言いがたく，やはり和製英語と考える方が妥当なことが分かる[1]。要するに，米国では単に「ベンチャー」というだけで，ビジネスの世界においてはリスクを背負いながら利益を得よう（つまり'make money'のチャンスをつかもう）とする事業会社を指していると考え

られる。現に「ベンチャー」という言葉の中には「リスク」という意味が多分に含まれており，前述した「ベンチャー・キャピタル」は「リスク・キャピタル」とも称されている。したがって，日本でいう「ベンチャー企業」は英語では「ビジネス・ベンチャー（business venture）」と表現する方が理解しやすいことになる。

なお，この点については起業家に関する新聞記事の中でも'business venture'という表現が用いられていることを確認できる。さらに，'new venture'とか'commercial venture'という用語もコンピュータ関連の用語辞典の中で実際に使われている。ただし，本書では用語の混乱を避けるために，「ビジネス・ベンチャー」の意味で「ベンチャー企業」という言葉を一般的に用いるようにする。

V-2　専門的労働者の登場

V-2-1　その背景と問題点について

1980年代の後半になると，米国でベンチャー企業が誕生した背景として新しいタイプの知識労働者（knowledge worker）が多数登場したことを示唆する興味深い指摘が見られるようになる[2]。この種の労働者はブルーカラーやホワイトカラーに対して米国ではゴールドカラー（gold-collar）と称されることがあり，「経済的に最も重要な生産資源を提供するのは知識（knowledge）である」という認識の基に，ハイテク化や情報化の進展の中でプロフェッショナリズム（professionalism）を背景にその重要性が高まってきたといわれている。それだけに，伝統的な製造業における生産性が有形のアウトプットによって評価されてきたのに対し，知識労働者のアウトプットはアイデアの創造や研究開発のように生産活動の前段階において評価されなければならないものが多い。また，この点にこそ従来の大企業に特有な官僚的組織に知識労働者が適合しない土壌がある。

もっとも米国ではすでに1960年代の後半に，図V-1に示したような専門的労働者の価値観に関する啓発的な研究成果が発表されている[3]。それには次のような主張が見られる。

◆ 図V-1　専門的労働者の価値観 ◆

「経済情勢や雇用確保（job security）に対して抱く伝統的な関心に加え，専門的労働者（professional worker）は仕事の核心部分となるべき特有の価値観（values）を備えている。この中には仕事の自律性，職業に対する誠実さ，職務活動における自己管理，および個人的な満足感とキャリアの開発などが含まれている。そして，専門的労働者と他の枠組みに属する労働者との間に一線を画すこれらの価値観に対しては根強い執着がある。仕事における自由への願望はすべての人の中に深く浸透しているけれども，専門的労働者の場合には専門的機能を果たすことが極めて重要と思われる。専門的労働者は杓子定規的な業績基準に従うことなく自由に仕事をしようとする。チャレンジと自律的状況の下で働く教育を受けていることによって，社会に適応しているからである」と。

ところで，米国における知識労働者の問題に精通するUCLA（米カリフォルニア大学ロサンゼルス校）のアーチ・クラインガートナー教授（Prof. Archie Kleingartner, UCLA）は，1997年に「エンターテイメント・メディア産業における創造的従業員の管理に関する5つの'R'（The Five Rs of Managing Creative Employees in The Entertainment Media Industry)」という論文を著している[4]。ここで注意しなければならないのは，アート（芸術）やエンターテイメント（演芸）の世界はその成果があまりはっきりと目に見える（visible）ものとはいえないが，非常に重要な領域であるという点である。そして，ここにこそ，アートやエンターテイメントの仕事に従事する者と専門的労働者との間に明確な接点が見られるという。実際，そこで使われている専門的労働者（professional worker）という概念はハイ・レベルの知識労働者，すなわち創造的労働者（creative worker）をも包摂しており，さらにプロフェッ

◆ 図V-2　専門的労働者の効用を阻む要因 ◆

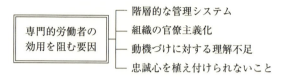

◆ 図V-3　創造性が発揮できる職場環境 ◆

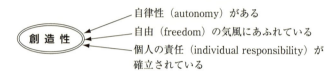

ショナル（professional）とは単にモノ（物）を扱うのではなく，アイデアを生み出し，時にはヒト（人）の問題にも取り組む人材のことである，と主張されている。そのうえで，次の2つの問題意識が提示されている。

　その第1は，企業（とりわけ大企業）は専門的労働者への投資に対して十分な見返りを得ていないという点である。この原因は革新的かつ創造的な行動を引き出す人材管理手法を開発する能力が備わっていないからであり，これでは専門的労働者を雇用する目的が達せられない。また，こうした状況が蔓延する背景には階層的な管理システム，官僚主義化，専門的労働者の動機づけに対する理解の欠如，組織への忠誠心を植え付けられないこと，などが掲げられている（図V-2参照）。したがって，成功する企業は専門的労働者の能力を戦略的な事業目的に貢献させていくノウハウを持っており，このことが恐らく成功する最も大きな理由になっているのではないかと考えられている。

　第2は，企業組織が官僚的に管理されている場合は，専門的労働者が目指すところと企業組織のルールや手続き的要求との間に本質的な矛盾が存在するという点である。つまり，創造性は理路整然と組織され，区画され，しかも管理されている環境の下では開花せず，結局のところ創造性が発揮できる職場環境とは自律性（autonomy）があって自由（freedom）の気風にあふれているとともに，個人の責任（individual responsibility）が確立されているところでなければならないわけである（図V-3参照）。

Ⅴ－2－2　専門的労働者の創造的環境

　前述した'5R'に関する論文を著す際，アーチ・クラインガートナー教授は専門的労働者の管理手法を研究するために，大学，エンターテイメント・メディア，そしてハイテク産業という3つの分野に関連する多様な創造的環境について調査を実施した。その結果，**図Ⅴ-4**のように創造的環境は'5Rs'と呼ばれる5つの領域から形成されていることが分かったという。すなわち，採用（Recruiting），報酬（Rewards），責任（Responsibility），資源（Resources）および関係（Relationships）の5つである。ただし，調査が行われた大学，エンターテイメント・メディア，そしてハイテク産業という3つの分野に関しては多くの類似点が見られる一方で，同時に重要な相違点もある。例えば，大学では時々刻々と変化する市場からのプレッシャーの影響をほとんど受けることがないので，エンターテイメントやハイテクに従事するよりも時間的余裕を持って適切な着想の捻出に取り組むゆとりができる，と指摘されているのである。

　こうして同教授の論文は主としてエンターテイメント・メディアに向けられているものの，それはハイテク分野にもそのまま適用できるという点で，米国におけるベンチャー企業の経営管理手法に貴重な命題を提供するものと確信できる。ちなみに，専門的労働者に対して創造的環境を形成する'5Rs'の観点から，次の3つの指摘が注目に値する。

　まず第1は採用に関してであるが，米国ではハイテク企業の新規採用については人材が確保されているという。ただし，中小企業に当たるベンチャー企業は大学等へ採用担当者を送り込むことが難しいので，結局は個人的な関係（personal contact）が採用の際には有力手段の1つとなってくる。もっとも，米国のビジネス・スクールの卒業生（MBA）の中には，フォーチュン

◆　図Ⅴ-4　創造的環境を形成する'5Rs'　◆

(Fortune) 500社に入るような大企業に就職して多額の給与と当面の雇用確保を得るという伝統的なキャリア・パス (career path) を目指さずに，自ら事業を始める者がいる。彼等は既存の大企業へ入って官僚制に支配されるよりも，リスク・テイカー (risk-taker) としての起業家になることを志向する。その拠り所は金銭的保証を犠牲にしてまでも進んで柔軟性を求めるライフスタイルにある。つまり，「無から何かを生み出すことによって喜びが得られる (It is the pleasure from building something out of nothing)」というのである[5]。

　他方，分散化 (decentralize) の進んだエンターテイメント産業では専従職員から自由契約 (free-lance) に基づく雇用関係へ移行するケースが次第に多くなり，採用もプロジェクト・ベースで行われるのが主流となってきている。そこでは正式の教育 (formal education) を受けているか否かは，成功するための普遍的な要因とは見なされなくなる。裏を返せば，正式な教育を受けているからといって，創造性 (creativity) が高いとは必ずしも断定できないわけである。この点にも起業家の創造性に関する議論と一脈相通じる重要な教育上の問題点が内包されている。

　第2は報酬の問題であるが，直接的にも間接的にも3つのタイプの報酬が創造性に影響を与えると考えられている。それは生産性を高める金銭的な給料，組織への長期的な動機づけを与える報酬体系，および社会的に認知される非金銭的な報酬である。

　第3は責任の問題である。これは信賞必罰を実行することにあるが，その際に根拠を明確にしておかないと，他の従業員に悪影響を及ぼすことがある点に留意しなければならない。

　第4は資源であり，創造性を高揚するためにはスペース，時間，資金，施設，補助作業，柔軟な業務スケジュール，さらには同僚との相互作用の機会などが考慮されなければならない。

　最後の第5は，ハイテク企業等においては，専門的な従業員とその管理者との間にシナジー (相乗) 効果が表れるチーム・ワークに基づく協力関係が基本的に存在すべきであり，専門的労働者の側で起業家的行動，別言すれば創造的行動が強く求められるようになる，と言及されている点である。それゆえに，創造的行動 (creative behavior) がどのような状況の下で生じるのかを十分に

理解したうえで慎重に人的資源管理（human resource management）が行われなければならない，と主張されている(6)。

以上の考察を踏まえ，米国におけるベンチャー企業の雄といわれる「インテル」の事例研究を，米国ではベストセラーといえる *"Forbes ; Greatest Business Stories of All Times"*（1996）という著書に基づいて以下に展開していきたい。

V-3 「インテル」の事例研究

V-3-1 大企業からのスピンアウト

インテル（Intel Corporation）の会長（Chairman）を務めたアンドリュー・グローブ（Andrew Grove）は起業家（entrepreneur）の姿勢に対して次のような見識を抱いていた。いわく「最良の策は正しい意思決定をすることだが，誤った意思決定でも良い。最悪なことはリスクを避けること（hedge）だ。それは失敗（fail）を意味する」(7)と。この言質は同社の歴史そのものであるといわれている。

創立者のゴードン・モーア（Gordon Moore）とロバート・ノイス（Robert Noyce）の2人が安定した大企業をやめて自ら会社を設立したのは，1968年のことであった。その時の計画は，まだ発明されていない非常に小さな半導体のチップ（semiconductor chip）を製造することにあった。それから3年後の1971年にコンピュータで使用できるチップを製作し，いわゆるマイクロプロセッサー（microprocessor）の発明という画期的なことを成し遂げたのである。要するに，インテルのマイクロプロセッサーによってパソコン（PC）が登場し，1980年代の初め頃にはパソコン革命（PC revolution）に弾みがつくことになるのであった。

しかし，マイクロプロセッサーの発明は単にインテルの歴史の幕開けにすぎなかった。世界の最先端技術を備えた工場でマイクロプロセッサーを製造してからも同社はあたかも研究機関（research institution）のように運営され続けており，そのことは研究開発予算が莫大であることを見れば容易に理解できる。このように研究を重視するあまり，「偏執者だけが生き残れる（Only the paranoid survive)」[8] とまで誇張して言われるほどである。そこで，さらに細かく同社の成長経緯を検証してみよう。

　インテルの創立者モーアとノイスは共にショックレイ・セミコンダクター（Shockley Semiconductor）という会社において，資金的に豊かな研究グループの中で働いていた。そこはトランジスターの発明で1956年にノーベル賞を受賞したウィリアム・ショックレイ（William Shockley）によって運営されていた。しかし，2人とも同社の専制的なルールに神経を磨り減らし，その管理体制に失望と幻滅を感じた。そこで，サンフランシスコの投資銀行（investment banker）に助力を求めた結果，1957年にカリフォルニアのマウンテン・ビュー（Mountain View）[9] に半導体の研究を専門に行うフェアチャイルド・セミコンダクター（Fairchild Semiconductor）を，ニューヨークの大企業であるフェアチャイルド・カメラ・アンド・インストルメント社（Fairchild Camera and Instrument Corporation）の一部門として発足させることができた。そこではノイスが部長でモーアはエンジニアリング・マネージャーであったが，後にシリコンバレー（Silicon Valley）として有名になる地域において，その当時はまだ2番目に設立された半導体研究所にすぎなかった。

　ノイスは早くも1959年に集積回路（IC：integrated circuit）のテストに成功している。一方，モーアはシリコン・チップ（silicon chip）の可能性を研究していたが，この可能性を現実化する人物となるグロウブに1963年に出会うこととなる。

　設立から10年後の1967年にフェアチャイルド・セミコンダクターは従業員15,000人，売上高は1億3,000万ドルの部門に成長していたものの，依然としてフェアチャイルドが運営する事業の一部門でしかなかった。そのために，ノイスとモーアは新しい研究と技術に取り組もうとした際，ニューヨークにある本部からの返事に失望してしまった。その当時41歳であったノイスによれば，「フェアチャイルドは東部の旧式な階層式の経営体質に染まっており，そのような会社の一部門でいたくはなかった」という。こうして2人はフェアチャイルドの官僚主義に嫌気がさし，独立して半導体の製造会社を自分達で設立する決心をするのであった。資金はモーアとノイスがそれぞれ25万ドルずつ提供し，それに加えて前述した投資銀行が250万ドルの提供を行った。また，ノイスの

母校の大学も30万ドルを投資した。

V-3-2　スタート・アップ段階での模索

　以上のような経緯を経て，1968年7月18日にインテルは設立された。もっとも，設立時はノイスの'N'とモーアの'M'をとって「NM電子（MN Electronics）」という名称が付けられ，ノイスが社長兼最高経営責任者（President and CEO）でモーアは副社長（Executive Vice President）となった。その時に，フェアチャイルドからグロウブを含む数名が採用された。こうして彼等はニッチ（niche）ではあるが，最終的には新しい産業の創造を目指すことになるのであった。なお，その当時を述懐して，ノイスは「半導体メモリー事業は存在しておらず，それが若い会社が生き残るための鍵であった。皆があまり取り組んでいないか，全く取り組まれていない事業を始めるようにしなさい」と助言している。

　NM電子は設立後すぐに「インテル」と名称変更されたが，その頃，半導体は記憶装置として仮に実現が可能であったとしても，磁気コアの約10倍のコストがかかると予測する産業人が多かった。結果的に商業ベースにおける可能性を見い出す企業はほとんどなかったけれども，インテルは1つのチップにさらに多くのトランジスターを詰め込むと同時に，生産コストを継続的に削減していくことで事態を好転させようと目論むのであった。それが実現できれば科学的な偉業を成し遂げることになる。しかし，インテルは企業であり，市場の初期段階で地位を固めなければならない。現にモーアは「我々は半導体関係の大企業が，この市場に追随して直接の競争相手となる前の5年くらいで地位を固めなければならなかった」と回想している。

　このような状況の中で経営陣が行わなければならない最初の意思決定の1つが，いわゆる「困難の程度（degree of difficulty）」である。すなわち，非常に単純な製品を生産すれば，それを真似ることはたやすい。他方，あまりにも複雑なものを生産しようとすれば，研究が完了する前に会社の資源が尽きてしまう。そこで，結局はこれらの中間の道を選択することになる。

　ところが，実際にはインテルの道のりは長かった。最初の1年間の収益は，わずか2,672ドルと報告されたのである。数回のスタート段階における失敗の

後,同社の研究者達は1969年にMOS (metal-oxide semiconductor) の生産に力を入れ始めた。この時の状況をモーアは「我々は十分に扱いやすい技術を選択した結果,全エネルギーを注ぎ込むことによって予期せぬ困難を克服できた」と述べている。こうして1970年に「1103型チップ」という1K (1,000 bytes) のDRAM (dynamic random access memory) を含む製品を産み出すことになるが,これが同社にとって最初の成功商品になった。

ところが,DRAMは受態的なものであって情報を蓄積するだけの機能しか備えていない。そこで,インテルの次の目標は単に蓄積する以上の機能を持ったチップを製作することにあった。研究者の1人のドブ・フローマン (Dov Frohman) は,DRAMと同じように永久にデータ (data) を蓄積できるだけでなく,それを消すことができ,それゆえにプログラム (program) し直すことが可能なチップを設計した。これによって同社は目標の一部を達成することになる。このEPROM (erasable programmable read-only memory) チップはデータに加えて,DRAMチップに指示を送ることが可能なうえにプログラムを蓄えられる速くて安く,しかも簡単な方法を提供した。この時のことを,フローマンは次のような控え目な言葉で回顧している。いわく「我々は天才ではなかった。発明とはちょうど多くを夢見て『なぜ出来ないのか?』を問うプロセスにすぎない」と。

このEPROMによってインテルのDRAM市場が拡大し,1971年に売上が943万ドルに伸びるとともに,初めての公募によって680万ドルの資金を得て財務状態を改善することができた。とはいっても,当初の売上目標としていた2,500万ドルという目標には,まだほど遠い水準にあった。例えばノイスは「多くのことは技術的に可能であるが,経済的に実現可能な製品だけが現実のものになる」と語っている。実際問題として,シリコン・チップの製造は複雑で難しかった。1970年代初め頃の工場では,写真によってデザインを縮小し,それをシリコンの小さな破片の上に刻み込んでいた。そのプロセスは,1つのチップの上に何千というトランジスターを詰め込むために何回も繰り返された。したがって,チップの生産には非常にコストがかかった。

そこで重要な役割を果たすのがグロウブである。彼は生産担当者であった時に,流れ作業 (assembly line) の導入を指揮した。彼によれば「当時は最新

鋭の製造技術であったけれども，今日の基準からすれば信じられないくらい未熟なものであった」という。このようにして，製造コストが大幅に削減されていった。これに加えてインテルは競争にさらされなかったので割増し（premium）価格を付けることができ，利幅（profit margin）が急に大きくなっていった。

Ⅴ-3-3　大躍進の発端となる発明

　ここまでの最初の数年間は，インテルの成長を推進する大躍進──すなわち1970年代のパソコン（personal computer）の激増──にとって前奏曲にすぎなかった。大躍進の発端となったのはマイクロプロセッサーの発明であり，モーアはこれを「人類史上，最も革命的な製品の1つ（one of the most revolutionary products in the history of mankind）」と語っている。とはいうものの，その発明は計算されたものではなく，同社における絶え間ない努力の論理的帰結にすぎなかったという。なぜなら，それはチップの性質をいかに高め，コンピュータのパワーを提供する装置のサイズをいかに小さくするかという点に注がれていたからである。

　1969年に日本の会社が，手で握れるくらいの小型計算機に複雑な計算ができるようにするためのチップの生産を依頼してきた。その時，数個のチップを隣り合わせてつなぐよりも，4個を結んでまん中に能力の大きいものを配置してはどうかというアイデアが，ある研究者の頭に偶然浮かんだ。その結果，1つのチップの上にCPU（central processing unit）[10]を置くという方法が考案された。つまり，顧客の要望に応えるための解決策としてたまたま設計された1つのチップが，インテルの「4004型マイクロプロセッサー」という世界初の商業的なマイクロプロセッサーになっていったわけである。

　さらに，1971年9月に導入された4004型という1個200ドルのチップには2,300個のトランジスター（transistor）が詰め込まれ，1秒間になんと6万回もの計算をこなすことができる，当時としては驚異的なものであった[11]。こうして4004型の市場が形成され，デジタル時計の流行に弾みがついたことから，インテル自身がしばらくの間，時計事業に乗り出したことさえあった。さらに，手で握れる小型の計算機の事業も開始された。

翌年の1972年にインテルは一段と性能の高い製品を世に出すという約束を果たすことになる。それは8ビット・プロセッサーとして知られるようになる，従来よりもずっと速くて柔軟な8008型マイクロプロセッサーの登場である(12)。そして，これが1970年代に発売されたほとんどのパソコンの基盤となるのであった。ここに至って同社は急成長することになり，売上は1971年の9,400万ドルから1972年には2億3,400万ドルへ急伸し，1973年には前年比で約3倍の6億6,170万ドルに達した。

　その年，株価の方も1株当たり88ドルに上昇し，発売当時の23.50ドルの4倍近くになった。ノイスとモーアはそれぞれ株式の27％を所有していたので，彼等だけで約2億ドル相当を所有していることになった。その時，彼等は所有株式を売却して退職することもできた。しかし，彼等はまだスタート・ラインに立っていた。配当をしたり豪華な本社を建設したりするよりも，根っからのエンジニアである2人は収益を研究所や生産設備に投資した。その結果，1973年に研究開発費は前年の利益の3倍に達した。

　実際のところ，インテルの指導者たちは単にプラスチックのチップを造っているとは思っていなかった。ベトナム戦争（1954～1975年）への抗議の嵐が吹きまくる中で，当時のエンジニアや科学者はコンピュータのパワーを徐々に小さくなるパッケージの中へ集約していくことで，歴史の流れを変えつつあることを自覚していた。例えばモーアは1973年に次のように述べている。「我々は現在，世界における革命家そのものだ。数年前に学校を破壊した長髪やあごひげをはやした若者たちとは違う」と。

　一方，ノイスは，メモリー・チップはオフィス用品から家庭器具まで何にでも使えると固く信じていた。要するに，大型コンピュータと小型計算機は出発点にすぎないと考えていたのである。こうしてインテルは拡大期に備えて再編成され，1975年4月にノイスが会長でモーアは最高経営責任者，そしてグローブは副社長に就任した。この時にノイスは，「インテルでは起業の階段（entrepreneurial phase）が全く終わってしまったわけではないけれども，管理（control）に重点が移りつつある」と述べている。また，グローブの昇格は生産管理とシステムが一層重要視されるようになることを示唆していた。しかし，それは存立基盤が本来的に稀薄なハイテク企業にとって必要不可欠なこ

とでもあった。

　モーアは言う，「本質的に我々の業界をユニークにしているのは，あらゆる物のコストが下がっていくという点である」と。確かに8008型は1秒間に29万回も作動（operations）できる8080型へ1974年に切り替えられた。より速くよりパワーのあるメモリーに対する欲求は非常に強かった。消費者向けの電子製品（consumer electronic products）はすぐに人気を博し，それにはインテルのチップが使われていた。8086型のチップが導入された1978年までに，インテルの収益（revenues）は4億ドル近くに達していた。

Ⅴ－3－4　急速に変化する市場への対応

　以上のように，1970年代にインテルは巨大企業（giant）へと変身を遂げた。収益は1970年の420万ドルから1979年の6億6,100万ドルへと増加し，同年における8億2,000万ドル規模のマイクロプロセッサー市場の40％を握った。それと同時に株価の方も，当初の売出し価格である1株23.50ドルから100倍も上昇した。したがって，長期負債がなく，しかも自ら創設を支援した市場において支配的な立場にいることから，インテルの地位はゆるぎないと思われた。それなのに，インテルの指導者は自分達はテクノロジーの可能性を理解し始めたばかりである，と考えていた。もう少し具体的に言えば，コンピュータの次第に大きくなる能力をシリコンの基盤（silicon wafers）へ詰め込むことによって，大型でパワーのあるメインフレーム（mainframe）のコンピュータ――それらは主にIBMによって製造され多くの大規模な企業によって用いられた――のパワーを1つのチップで発揮できるようになる，と信じていたのである。

　それにもかかわらず，インテルの大胆なパイオニア達は予期せぬチャレンジを行わなければならなくなる。企業の大きさや伝統は，急速に変化するコンピュータ市場において企業の将来を保証する要素とはならないからである。事実，1980年までにインテルは自身の分野（field）というものを，もはや持てなくなっていた。モトローラ（Motorola）のような企業が多額の投資を行って能力を高めてきたからである。その結果，こうした優れた競争相手がマーケット・シェア（market share）を高めようとするたびに，インテルはコンピュータのメーカーが製品設計を行う際に，同社のチップが標準部品として採用され

ることに対して自信が持てなくなってしまったわけである。

　例えば，1978年に導入された新製品の8086/8088型チップは，インテルがそのチップを産業基準に合わせるキャンペーンを開始した際，早くも成熟段階に近づきつつあった。そこで，1979年の12月に同社の経営陣は戦略を話し合うために会議を開いた。すでにシリコンのチップは日用品（commodity）になりつつあり，多くの企業で生産されるようになっていた。ところが，同社の経営陣は，とくにマイクロプロセッサーの開発に関して同社には強みがあるという認識を持っていた。インテルは時代を先取りしているという良い評判があり，そのチップは高性能な製品と見なされていたからである。そこで，これらの長所を活用し，他の技術系企業との競争に打ち勝つために，同社のマイクロプロセッサーの創造プロセスにおける役割を強調した広報活動（public relations）および宣伝活動を主体とする「オペレーション・クラッシュ（Operation Crush）」というキャンペーンを開始することとなった。

　このキャンペーンは効を奏し，1980年の終わり頃にはほぼ完全な勝利を得ることができた。というのは，16ビットのマイクロプロセッサー市場の分野で同社の製品が適用されたからである。とりわけ，IBMを顧客に取り込むことができたのは重要な点であった。IBMは新製品のパソコンのパワー装置（power plant）にインテルの8088型マイクロプロセッサーを選んだわけであるが，そのパソコンはマイクロソフト（Microsoft）のMS-DOSオペレーション・システムをも使用していたからである。

　IBM-PC（パソコン）の導入はコンピュータの世界を変えてしまった。"Big Blue"（これは企業のロゴから生まれたIBMの愛称）のような強力な会社の支援を得て，頭脳（brain）と記憶装置（memory）の両方を備えた機器としてのパソコンは，個人用としてもビジネス用としても同じように話題の製品となっていった。そして，IBMのパソコンはすぐにインテルの8086型を産業界の標準品にしてしまった。しかし，IBMはパソコンに関する専有的な技術（proprietary technology）をあまり開発しなかったために，それほど苦労せずに複製品を製造することができた。そこで，コンパック（Compaq Computers Corporation）のような独立分離した会社がIBMパソコンの構造を模倣しようとした際に，当然インテルの製品に目が向くようになり，それによって1980年

代初頭におけるIBMパソコンと分派的なコンピュータ会社ブームの恩恵をインテルは享受することができた。

　実際にもインテルの売上は1981年の7億8,900万ドルから1984年には16億ドルへと倍増した。それにもかかわらず，事業の一部は非常に大きなプレッシャーにさらされていた。インテルのような会社の製造コストを下回る価格でDRAM[13]を製造する日本企業と競争しなければならなかったからである。こうして同社は突然その市場から撤退し，技術的に優位であるために価格をコントロールできる分野に専念することとなった。

V-3-5　マーケティングの活用段階へ

　ところで，グロウブはインテルの力強い発展の推進力となり，1979年には社長兼最高運営責任者（president and chief operating officer）となった。彼は「独裁的な将軍（Prussian General）」というあだ名が付けられるほど非常に単刀直入かつ精力的であった。例えば午前8時以後に到着する従業員のリストを所有していたことでも知られており，1981年に景気後退（recession）によって同社が苦境に陥った時には，専門的従業員（professional employees）に対し昇給なしで週50時間の勤務時間をタイムレコーダーに記録するよう命じたという。

　とはいっても，彼は単なる厳格な監督者ではなかった。彼は有能な経営者（effective manager）であって，技術産業型企業を組織する最適な方法を深く考えた末に，「経営管理に対する生産志向的アプローチ（output-oriented approach to management）」を開発した。彼の見解によれば，生産は技術者と工場労働者に限らず，すべての事務員や管理者の影響を受ける。それゆえ，インテルでは従業員は上司のみならず，同僚に対しても責任を負っている。また，この点に関し，ノイスはかつて次のように語ったことがある。いわく「全員，何をするつもりなのかを書きしるし，それをどのようにし，またその目的に反することをどのようにしたのかを見直すこと。経営者にではなく，仲間のグループと経営者の両方に対して」と。

　インテルはまた，チームに基づくアプローチ（team-based approach）を浸透させようとした。例えば非常に年配の従業員でさえも，オフィスではなく開

放的な小部屋の中で仕事をするようにした。オフィスの設計は，管理者と従業員の間にある壁を取り除いて人間関係を改善することに主眼が置かれた。同じようにグロウブは，管理者が従業員と1対1（one-on-one）で会って情報の収集と伝達を行い，これによっていわゆる企業文化（corporate culture）を共有しているという意識を植え付けようとした。現にグロウブは，「その主要な目的は相互に教えあい情報を交換することにある」と書いている。

実際のところ，企業の典型的な官僚主義に基づいて形成された階層制の下で創造性を損なわないようにしようと，インテルの創業者達は決意していた。それでも，誰もが同社で働き続ける道を選択したというわけではなかった。グロウブ，モーア，そしてノイスが自分達自身の幸運を求めて大企業を去ったと全く同じようにして，インテルの様々な上級研究員達は1980年代の初め頃に同社をやめて新しい会社を興すことになるのであった。

インテルは1980年代になって支配的地位を維持することが難しくなった。マイクロプロセッサー産業への参入障壁が著しく高かったことから，利幅の大きいニッチ分野へ参入してきたのは十分に資力のある主要企業であった。例えばテキサス・インストールメンツ（Texas Instruments），モトローラ（Motorola），それから競争相手となる日本企業も少しずつ増えていた。競争によってチップの価格は低下し続け，1985年までにインテルは8086型チップに20ドルの価格をつけるまでになり，結局このことが同社の素晴らしく高い利幅（profit margin）を圧縮した。事実，1985年と1986年の両年における収益（revenues）は減少し，1984年に16億ドルであったものが1986年には12億ドルへと下降した。

その時，グロウブは綿密かつ素早く対応した。まず支出を抑えるために，同社は1985年10月に給与を10％カットし，12月後半には6日間操業を停止した。こうして同社は労働者の30％に当たる2,600人をレイオフ（layoff：一時解雇）することとなった。しかし，いつもそうであったように，インテルは新製品の導入によって救われることになる。1985年10月に，開発に1億ドル以上のコストを要した386型マイクロプロセッサーを導入したのである。つまり，小型化されたマイクロプロセッサーは0.25平方インチと小型であっても，通常のコンピュータに引けを取らないパワーとスピードを備えていた。

1980年代の中頃に，インテルはマーケティングがビジネス・プロセスの必須部門であるという認識に到達し，新世代製品に特徴的なイメージを創造し始めた。その結果，宣伝活動に焦点が当てられるようになり，同社のマーケティング担当者は「我々はOEMによって製造業者だけにマーケティングを行なうのではなく，パソコンの消費者に対し初めて直接的な接触を始めた」と語っている。同社は15年間にわたり事業活動を行ってきたなかで，製品の最終消費者に向けて強力に自己宣伝をしたことは，それまで一度もなかった。

もっとも，そんなことはどの半導体企業も行ってはいなかった。例えば1987年の時点においてもグロウブは，「パソコン産業の最終的な販売高については，本当のところ意識していない。我々は製造業者に供給を行っているのだから」とまで述べている。しかし，386型を用いた機器の販売高がレッドX（Red X）と呼ばれる一連の宣伝活動の後に上昇し始めたことが分かると，同社は方針を変更せざるをえなくなった。つまり，この宣伝活動から得た教訓とは，同社は分かりにくい技術的なアイデアを伝えることができ，実際にも人々はそれらを知りたがっている，ということであった。以上のようにしてマーケティングの活用は，成熟段階に達したインテルという会社に新しい局面を提示することとなるのであった[14]。

さて，インテルがベンチャー企業として生まれ大企業となるまでの過程については，ここまでで十分であろう。また，これらを基にハイテク型ベンチャー企業の成長プロセスにおける諸課題をまとめてみると表V-1のようになる。

◆ 表V-1　ハイテク型ベンチャー企業の成長プロセスにおける諸課題 ◆

	経　営　上　の　重　点　項　目
創　業　期 （中小企業）	・新しい画期的な製品の発明と開発 ⇒ 特化した研究開発活動 ・真似のできない製品の生産 ⇒ 商品化への努力
発　展　期 （中堅企業）	・既成製品からさらなる新製品の開発へ ⇒ 財務状態の改善による研究開発費の捻出 ・大量生産などによる経済性の追求 ⇒ 生産コストの低減と顧客獲得
安　定　期 （大企業）	・強みを活かした革命的製品の開発 ⇒ 豊富な研究開発費 ・生産管理によるグローバル競争への対処（とくに価格競争）⇒ 経営管理の強化 ・組織のシステム化とコミュニケーションを重視した人間関係の改善 ⇒ 企業文化の形成によるチームワークの確立 ・広報・宣伝活動による最終消費者へのアピール ⇒ マーケティング活動の強化 ・創造性を損なわないような官僚主義化の排除 ⇒ 独立分離への支援

そこで次に，同じく "Forbes ; Greatest Business Stories of All Times" という著書に基づいてマイクロソフトの事例にも少し触れておきたい(15)。

V-4 「マイクロソフト」の事例研究

V-4-1 コンピュータ言語への傾注

　マイクロソフト（Microsoft Corporation）は1995年の8月に「ウィンドウズ95（Windows95）」というIBMおよびIBM互換のパソコン用オペレイティング・システム（OS）を売り出したことで世の中を驚かせた。そして，同社の創立者の1人であるビル・ゲイツ（Bill Gate）はパソコン革命において果たした役割の見返りとして莫大な富を手に入れるとともに，いわゆる技術文化（technoculture）の偶像と化していった。それはちょうど石油王と呼ばれたロックフェラー（John D. Rockefeller；1839～1937年）が19世紀後半に新しい産業において混沌とした状況の中から秩序を形成したように，ゲイツとその仲間達は20世紀後半の最も重要なコンピュータ産業において同じことを成し遂げたといってもよいだろう。

　ビル・ゲイツは革新的かつ前向き思考の起業家（entrepreneur）であるけれども，必須の技術（technology）といったようなものを発明したわけではなかった。むしろ，彼は抜け目なく他の人物によって最初に製作された製品を改造し開発したといった方が正確だろう。つまり，他の人よりもずっと先んじてパソコン（PC）の出現を予見し，少なくともオペレイティング・システムとその応用（ソフトウェア）が作動装置（ハードウェア）と同じくらいパソコン・ビジネスにとって重要になると推測した。こうして，マイクロソフトが支配的な地位を獲得した理由の1つは，ゲイツがコンピュータ技術に関する今日の発展を予測し，それを一般大衆が欲しがっていると先見の明をもって判断したことが第1に挙げられる。あるいは，同社の成功は彼が自己の考え方に対して揺るぎない確信を抱いていたことにあるといえるのかもしれない。

　ビル・ゲイツは1955年に生まれ，1968年の13歳の時に初めてコンピュータと出会った。ただし，この時代のコンピュータは，まだ電話につながれた初歩的なテレタイプ機（teletype machine）の形態であった。それは本質的にはコン

ピュータに送られてくる命令（command）を伝えるタイプライターであり，応答がテレタイプの上に置いてある用紙にタイプされて出てきた。そのプロセスはやっかいなものであったが，後にゲイツの人生を大きく変えることになる。彼は素早くコンピュータのプログラミング言語であるBASIC[16]をマスターし，プログラム作り，ゲーム，さらにはコンピュータに関する一般的な知識を学ぶのに計り知れないくらい多くの時間を費やした。

　1960年代の後半にコンピュータは急速に進歩し，学生達は訓練を受けたエンジニアよりも多くの専門的能力を素速く身に付けた。ビル・ゲイツとポール・アレン（Paul Allen）は，たちまち近隣の先生の間や大学の中でプログラミングの専門家として有名になり，ハイ・スクール在学中から仕事の依頼がくるほどになっていた。高校卒業後，ゲイツはハーバード大学へ進学したものの，授業よりもコンピュータ室でポーカーをしたりプログラム作りに取り組むことに多くの時間を使っていた。その時，2歳年上のアレンがワシントン大学を退学してコンピュータに専念するために，マサチューセッツ州のケンブリッジへ移ってきた。

　ところで，コンピュータ言語は普通の英語とコンピュータの扱いにくい一連のコードとの間に橋渡しをするもので，これによってプロセッサーが命令に対して望ましい応答をするよう作成されている。最初の言語は第2次世界大戦中にアメリカ海軍によって開発された。戦後になるとCOBOL[17]やBASICが現れたけれども，1974年までに存在していたすべてのコンピュータ言語は大型コンピュータ用に書かれていた。こうして，パソコンの出現の前兆となるマイクロ・コンピュータは，コンピュータ言語なしで登場したのであった。

V-4-2　ソフトウェア産業の誕生

　1975年1月に米国で発行された'Popular Electronics'という雑誌に，MITSと呼ばれるニューメキシコ州にある会社によって製造された「アルテア8800（Altair8800）」という新しいミニコンピュータの特集が掲載された。この400ドルするアルテアはテレビ番組のスター・トレック（Star Trek）に出てくる架空の惑星にちなんで名付けられた。しかし，アレンとゲイツはこの特集記事を読んで，すぐに次のような結論に到達した。それは，「アルテアはそれ

を操作する言語（operating language）がなければ，現実的に成功した製品にはなりえない」というものであった。それまでマイクロ・コンピュータ用の言語は誰も書いていなかったので，2人は自分達こそがそれをする人物だと確信した。アレンとゲイツはBASICの達人であり，それを基に広範囲にわたって実験を行っていたからである。その2人が，アルテア8800用にBASICを調整しはじめたのである。

若さゆえの大胆さにまかせて，アレンはアルテアを考案したアルバカーキー（Albuquerque；ニューメキシコ州の都市の名前）に拠点を置くエド・ロバーツ（Ed Roberts）というエンジニアにあてて手紙を書き，自分達はすでにアルテア向けのBASICを開発したと伝えた（技術的に言えば，これは真実ではなかったといわれている）。他方，ロバーツは彼等にそのプログラムをニューメキシコまで持ってくるよう依頼した。その時，ゲイツとアレンはアルテアを所有してはいなかったが，別のタイプのコンピュータでアルテアを模擬実験する方法を開発していた。それゆえ，8週間でどうにか機能するBASICのフォームを完成させて，1975年2月に緊張した面持ちでアレンはニューメキシコへそれを持っていった。そのプログラムは実際のアルテアで一度もテストされたことがなかったけれども，アルテアはアレンの指示に反応し，ついにテレタイプで文字が表示された。この時，"Ready"という言葉とともに，新しいソフトウェア産業が産声をあげた。

1975年の夏に彼等2人はマイクロソフトという会社を設立し，ゲイツは初期にBASICの開発で大きな役割を果たしたことを理由に，株式の60％の所有を主張した。新しく設立されたこの会社はすぐにMITSと契約し，そのBASICプログラムの使用権（licensing rights）と交換に使用料（royalty）——1コピーにつき約30ドルになる——を受け取ることになった。最初の1年間の使用料は16,000ドルになったが，その一部はマーケティング活動に使われた。技術雑誌に「マイクロソフトのないマイクロプロセッサーとは何のことですか？（Microsoft：What's a Microprocessor without It？)」という見出しの広告を掲載したのである。

ゲイツとアレンは典型的な起業家ではなかった。彼等には事業計画もなければベンチャー企業を興す資金もなかったからである。事実，ゲイツは21歳にな

るまでレンタカーを借りることすらできなかったという。しかし，この２人はすき間だらけの当時のコンピュータ産業に参入するために必要なものをすべて備えていた。彼等には製品，プログラミングの専門技術，それに最も重要な「より大きな可能性に対するビジョン（a vision of greater possibilities）」というものがあった。こうして1977年１月にゲイツはMITSに近いアルバカーキーへ移り，アルテアを機能させるためのプログラミング言語となるFORTRANやCOBOLのバージョン（version）開発に取り組んだ。

Ⅴ - 4 - 3 パソコン時代の幕開き

　マイクロソフトの速い仕事ぶりは，市場の急速な変化を反映していた。アルテアは，大企業が一層効果的でパワーのあるミニコンピュータを生産するための投資を増やすにつれて衰退する運命にあったが，ゲイツとアレンはその動向を十分に把握していた。しかし，ゲイツにとってコンピュータを生産するのが中小企業であろうが大企業であろうが，問題ではなかった。どの機械も一連のプログラミング言語，すなわちコンピュータの「頭脳（brain）」として働くオペレイティング・システム（OS）を必要としていたからである。さらに，特定の仕事を達成するためのプログラムも必要になった。現にゲイツは1994年に「ソフトウェアだけをすべきだと思った。マイクロプロセッサーは２年目ごとにパワーを倍増させているのだから，ある意味でコンピュータのパワーはほとんどただ（free）と考えることができる。そこで，ほとんどただのものを造るビジネスが存在する理由を尋ねてごらんなさい。不足している資源（resource）は何なのか。あの無限なコンピュータのパワーから価値を引き出す際に障害となるのは何なのか。結局はソフトウェアですよ」と語っている。

　もちろん，コンピュータのパワーはただではないけれども，技術の進歩と競争の激化でコンピュータのインフラ（infrastructure）のコストは急速に低下していた。その一方で，パソコンの価格は何年間もほとんど変わらないのに，パワーの方は急激に高くなっていった。とはいっても，パワーのあるコンピュータが機能するためには，それに見合ったソフトウェアを備えなければならない。このソフトウェアに対し，ビル・ゲイツはパソコン時代の幕開きからすでに準備が整っていた。そして，彼が成人した頃にはBASICのようなコン

ピュータ言語が一般に普及し，コンピュータ・システムへ不法侵入するハッカー（hacker）すら横行していた。

ところが，そうした時代は彼がソフトウェア・ビジネスを始めることによって終わりを告げることになる。彼は然（しか）るべき使用料（royalty）を支払わずにマイクロソフトのコンピュータ言語をコピーする者を新聞等において激しく非難した。それと同時に，ソフトウェアをコピーする行為をどのようにして抑制するのかを考えるのに多くの時間をさいた。

1977年8月に，タンディ社（Tandy Corporation）がビデオのディスプレイ・ターミナルとキーボードを備えたTRS-80型コンピュータを導入した。この599ドルする機械は後に現れるパソコンに類似しており，1970年代後半のどの機械よりも人気を博した。このTRS-80型の中へBASICコンピュータ言語を取り付ける使用権をタンディ社に与えたのがマイクロソフトである。これはマイクロソフトにとって初めての大きな契約となり，1978年のマイクロソフトの売上高は136万ドルへと大きく上昇するのであった。

ゲイツがまだ弱冠22歳の時に，マイクロソフトはワシントン州のシアトル郊外へと拠点を移した。そこはカリフォルニア州北部やマサチューセッツ州にあるコンピュータ開発地域から遠く離れていたけれども，もはや立地は重要な問題ではなかった。ソフトウェア開発において最も重要な道具は，頭脳とコンピュータの2つだからである。このようなプロセスを経て1990年代の初めには，彼は米国で最も尊敬されるCEO（最高経営責任者）の1人に数えられるまでになっていくのであった。

◆ 表V-2　ハイテク型ベンチャー企業の成功事例 ◆

企業名	創立年	創立者の特徴	成功例	成功の源泉や要点	その背景にある状況等
インテル	1968年	2人とも博士号を持つ技術者で大企業をスピンアウト	パソコンのマイクロプロセッサー（研究開発型）	他企業（とくに大企業）が追随できないくらい競争力のある製品を開発	パソコン時代に向けて半導体チップの重要性に着目
マイクロソフト	1975年	2人ともコンピュータに熱中し大学を中退	コンピュータのソフトウェア（ニッチ型）	いち早くソフトウェアの使用権を主張し経済的価値を確立	コンピュータの発展にはソフトウェアの開発が必要不可欠と確信

参考までに，現在では情報関連分野で米国を代表する大企業に成長したインテルとマイクロソフトの両社に関し，ハイテク型ベンチャー企業の成功事例としてのポイントを簡単に記すと**表V-2**のようになる。

V-5 米国における新しい動向

V-5-1 高度な知識レベルとは

知識労働者，あるいはプロフェッショナルの問題については，ハーバード・ビジネス・レビュー（Harvard Business Review）の1996年3月-4月号に掲載された「専門的知性の管理（Managing Professional Intellect）」と題する論文の冒頭で以下のように言及されている[18]。

「ポスト産業時代において企業が成功するか否かは，企業の物理的な資産よりもむしろ知的およびシステム的な能力の方に多くを依存する。人間の知性を管理し，さらにそれを有用な製品やサービスに転換していく能力は，こうした時代の経営者にとって必須な能力になりつつある。その結果，知的資産，創造性，革新性および学習体制というものに対する関心が急速に高まってきた。ところが驚くべきことに，専門的知性の管理についてはこれまで注目されることがほとんどなかった。」

さらに，ここでいう専門的知性は新しい経済における価値の多くを創造し，その恩恵は，ソフトウェア，ヘルス・ケア，フィナンシャル・サービス，コミュニケーションおよびコンサルティングといったサービス産業において即座に現れる。しかし，製造業においてもプロフェッショナル達は，研究開発，工程設計，製品設計，ロジスティクス，マーケティング，またはシステム管理といった活動を通して非常に多くの価値を創造してきた，と主張されている。要するに，真のプロフェッショナルは常に最新化される一連の知識を身につけており，それが重要性の低い方から高い方へ以下のように4段階に分けて説明されている（**表V-3**参照）。

① 認識的な知識（Cognitive knowledge，すなわちknow-what）——これは広範囲にわたる教育や訓練によって得られる基本的な知識であるが，ビジネスで成功するためには不十分。

◆ 表V-3 プロフェッショナルに必要な知識のレベル ◆

レベル	知識の分類	内容	効用
1	認識的な知識 (know-What)	広範囲にわたる教育や訓練によって得られる基本的な知識	不可欠なものではあっても、これだけでビジネスは成功しない
2	高度な技能 (know-how)	机上の知識を現実の世界へ適用し、実施する際に必要な能力	幅広い価値を創造できるようになる
3	システム的な理解 (know-why)	知識の根底にある因果関係を深く理解し、一層複雑な問題の解決を可能にする洞察力	大きな価値が創造される
4	自ら動機づけされた創造性 (care-Why)	意志、動機および成功するための適応性からなり、物理的または資金的な資源が足りなくても優れた実績を示すことが多い	これなくしては自己満足に陥って、知識を備えていることの優位性を失うおそれがある

注：知識の重要度は第1レベルから第4レベルに向けて次第に高くなる。

② 高度な技能（Advanced skills，すなわちknow-how）——机上の知識を現実の世界へ適用し実施する際に必要な能力で，幅広い価値を創造できるようにする。

③ システム的な理解（Systems understanding，すなわちknow-why）——知識の根底にある因果関係を深く理解し，一層複雑な問題の解決を可能にする洞察力。これによって大きな価値が創造される。

④ 自ら動機づけされた創造性（Self-motivated creativity，すなわちcare-why）——意志（will），動機（motivation）および成功するための適応性（adaptability）からなる。高度に動機づけされた創造的グループは，より多くの物理的資産または資金源を持つグループよりも優れた実績を示すことが多い。それゆえに，自ら動機づけされた創造性なくしては，知性的リーダー（intellectual leader）は自己満足（complacency）することによって知識を備えていることの優位性を失うおそれがある。

ただし，最初の3つのレベルは企業組織が持つシステム，データベース，あるいはオペレイティング技術の中に存在している反面，最後の第4レベルは組織の文化（culture）の中に見い出されることがよくあるという。それなのに実際のところ，多くの企業は第1レベルや第2レベルに属する基本的な技能の開発にばかり力を入れ，第3レベルや第4レベルにあまり注目してこなかった

と指摘されている。ちなみに，知性（intellect）の価値というものは，第1レベルから第4レベルへ向かうにつれて明らかに高くなっていく。

このように考察してくると，ベンチャー企業の起業家は高度なレベルのプロフェッショナルと見なすことができ，とりわけ知識または知性のレベルに関しては第4レベルの「自ら動機づけされた創造性」を必須のものとして身に付けていなければならないことになる。この点は前述したクラインガートナー教授の見解や，インテルおよびマイクロソフトといったハイテク型ベンチャー企業の事例にも示唆されている重要なポイントといえる。

それなら，第4レベルの創造的な知識や知性はどのようにして修得できるのであろうか。そこには必ず先天的に備わった個人的才能という一面が少なからず介在しているであろうが，その根底には起業家を輩出するような文化的土壌が大きく影響していることも銘記されなければならない。例えば米国では，いかなる組織にも属さず単独で事業を起こすことは社会の主流から外れることではなく，それどころかアメリカン・ドリーム（American dream）の実現に向けた第一歩としてむしろ肯定的に受け止められる傾向が強い[19]。

Ⅴ-5-2 経済の活性化に向けて

このような文化的側面に加えてベンチャー・キャピタルの存在も忘れてはならない[20]。これは新規設立または急成長中の企業の株式（equity）へ投資する長期資金を指しており，「アメリカの起業家の活力源（the lifeblood of America's entrepreneurs）」とまで考えられているからである。つまり，従来型の借入れ資金は担保や十分な利益がないために，新規に設立される企業がすぐに利用できるとは限らない。したがって，ほとんどの起業家はシード・キャピタル（seed capital）と呼ばれる会社設立資金を親類とかエンジェル（angel）と称される個人投資家から集めることになるが，この資金が起業のプロセスにおいて極めて重要な役割を果たしている。

さらに，ベンチャー・キャピタルのプロフェッショナルは本質的にはリスク・マネージャーの役目をし，事業計画（business plan）を評価して有望なベンチャー企業に投資を行い，戦略的なマネージャー（strategic manager）として積極的に事業に参画するようになる。この種のプロフェッショナルは企

業の経営幹部や最高経営責任者，投資コンサルタント，エンジニア，科学者，あるいは起業家などの経歴を持っており，自身が投資した新しい企業に対して重要な専門知識や技術を提供するだけでなく，銀行や証券会社の関係者，弁護士，会計士といった専門分野にコネクションがある。それゆえに，起業家とベンチャー・キャピタルのプロフェッショナルとの間に密接な結び付きの形成されることが，ベンチャー企業の成功にとって不可欠な要素となってくる。

さて，米国ではNVCA（the National Venture Capital Association）というベンチャー・キャピタルの団体が1973年に設立された。その設立目的は米国経済の活力（vitality）を高めるためにベンチャー・キャピタルの存在がいかに重要であるのかを啓蒙することにある。そのうえで，ベンチャー・キャピタルによる投資は以下に列記するような貢献をしていると明記されている(21)。

- ▶ 米国における産業の創造と発展
- ▶ 新しい技術などの適用による生活水準の向上
- ▶ 雇用機会の創出
- ▶ 税収入の増加
- ▶ 研究開発や輸出の増加による将来性

参考までに，NVCAは起業家やベンチャー企業が雇用創出，技術革新，グローバル競争といった面において米国経済に大きな影響を与えているという観点に立ち，1992年に公共政策（public policy）への支援を強化する目的の下にAEEG（the American Entrepreneurs for Economic Growth）という別組織を設立した。つまり，ベンチャー企業——もちろん，その起業家も含む——はアメリカ経済を発展させているにもかかわらず，その重要性がしばしば見落とされ，時には法的な不備，不必要な政府規制，官僚的な障壁などによって発展が阻害されることさえあった。そこで，AEEGは政策担当者やマスコミ関係者を啓発するとともに，法的な環境整備等に向けて働きかけようとしていたわけである。

以上に考察してきたように，米国における知識労働者やプロフェッショナルの増加，ならびにこの現象を反映したベンチャー企業や起業家の繁栄は，米国経済の高度な発展にとって必要欠くべからざるものと確信される。それゆえに閉塞状態にある日本経済を21世紀に向けて活性化させるために，米国のベン

チャー企業に関する動向は非常に示唆に富むものがあり，国際経営やマーケティングの重要な研究課題になると考えられるのである。

V - 6 日本のベンチャー・ブーム

V - 6 - 1 ベンチャー企業への期待

　日本において「ベンチャー・ブーム」と呼ばれる時期は過去２回あった。その第１次ブームは高度経済成長時代の末期に当たる1970年から1973年にかけてであり，日本におけるベンチャー・キャピタルの先駆例が見られる。その背景には①重化学工業の成熟化による大企業の限界，②輸出主導型経済からの脱却，③ドルと金との交換が停止された1971年のニクソン・ショック後の過剰流動性による潤沢な資金供給などが指摘されており，新規開業数は過去最高になった。ただし，このブームも第１次石油危機の到来にともなう不況によって終わる。

　第２次ブームは1983年から1986年にかけて起こり，エレクトロニクス，バイオテクノロジー，新素材といったハイテクへの指向が強くなってベンチャー企業に対する期待が再び高まった。このブームの背景としては①1983年の株式店頭市場の公開基準緩和，②低成長経済への移行にともなう金融の緩和傾向，③輸出競争力を確保するための合理化・省力化投資の促進，④投資事業組合方式の導入，といった諸事情が挙げられる。このブームも円高不況によってベンチャー企業の倒産が多発し，結局は後退を余儀なくされてしまう。

　その後，表V-4にまとめたように，バブル経済の崩壊を経て1993年あたりからは第３次のブームが始まる。例えば，米国の株式店頭市場にあたるナスダック（NASDAQ）にならって，日本では設立間もないベンチャー企業を対象に第２店頭市場（店頭登録特則銘柄制度）が1995年に創設されたり，起業や創業活動を推進するために1997年にストック・オプション（stock option）制度——これはもともとアメリカでベンチャー企業の人材確保対策として導入された——が導入されたりしている。実際，1994年から1997年にかけて，毎年100社を超える新規公開企業が店頭市場に株式を公開した。

　この第３次ブームの背景には，国内市場が成熟化したために既存製品の差別化や品質向上に限界が訪れ，情報通信，エネルギー・環境関連，さらに医療・

◆ 表V-4　日本におけるベンチャー・ブームの特徴 ◆

第1次ブーム (1970年〜1973年)	第2次ブーム (1983年〜1986年)	第3次ブーム (1993年〜)
・高度経済成長時代の末期 ・ベンチャー・キャピタルの先駆例 ・重化学工業の成熟化による大企業の限界 ・輸出主導型経済からの脱却 ・過剰流動性による潤沢な資金供給 ・新規開業数が過去最高 ◎第1次石油危機にともなう不況によってブームが終焉	・エレクトロニクス等のハイテク志向が高まる ・株式店頭市場の公開基準緩和 ・低成長経済への移行にともなう金融の緩和傾向 ・輸出競争力を確保するための合理化・省力化投資の促進 ・投資事業組合方式の導入 ◎円高不況によってベンチャー企業の倒産が多発しブームが後退	・バブル経済崩壊後の長期にわたる景気低迷 ・超低金利下での貸し渋り現象による企業金融の閉塞状態 ・ベンチャー企業向けの第2店頭市場創設 ・株式店頭市場への新規公開企業数が高水準で推移 ・ストック・オプション制度の導入 ・産学連携による大学発ベンチャーの推進 ・産業の空洞化現象にともなう雇用創出への期待 ・大型倒産の続出

福祉分野等において新たな市場を開拓する必要に迫られたという構造的な問題がある。加えて、産業の空洞化現象にともなう国内雇用創出の受け皿として、ベンチャー企業に熱い期待が寄せられている実態に注目しなければならない。

とくに第3次のブームは過去2回とは次の点において決定的に相違していることを銘記すべきだろう。つまり、バブル経済崩壊後の長期にわたる景気低迷と大型倒産続出に遭遇しているだけでなく、金融機関の「貸し渋り」現象に象徴されるように金融は閉塞状態にあった。したがって、ベンチャー企業が成長する経済的条件としてはむしろ逆風が吹いているといわざるをえず、多分にベンチャー企業に対する期待論が先行している嫌いがあった。

その後、1999年秋の国会は「中小・ベンチャー国会」と呼ばれ、ベンチャー企業を支援する施策が多く打ち出された。それとともに新興企業向けの株式市場「マザーズ（Mothers）」などが設立されたが、これはベンチャー企業の資金調達を容易にした点で画期的であったといえよう。さらに21世紀になり、産学連携による大学発ベンチャーが推進されるようになり、2004年度には1,000社を突破したが、最近はひところの勢いは失せている。

Ⅴ-6-2 今後の課題と展望

確かに米国においては経済が活力を取り戻した牽引役として，大企業よりも中小企業にあたるベンチャー企業の繁栄が大きな役割を果たしている。しかし，本来的に起業や創業に対する意欲が日米間では格段に差があり，これは日本でベンチャー企業の支援体制を整えたくらいではすぐに解決しないほど歴史的・文化的な問題を包摂している。しかも日本ではいまだに資金面での援助が主流を占めていることから，ベンチャー支援バブルなどとも皮肉られた。

とはいうものの，最近では日本でも図Ⅴ-5に示したように多様なタイプの起業家が現れ，それぞれの特質を活かして第3次ベンチャー・ブームの発展に貢献するのではないかと期待される。しかし，シリコンバレーに関して，起業家は万能でないために，ベンチャー企業の立ち上げ段階で不可欠な熱意とか使命感のようなものは，成熟段階に達した企業においてはかえって企業の成長を阻害する要因になることさえある，という指摘が見られる点には留意すべきだろう。現に日本ではベンチャー企業の草分け的存在として知られていた企業が放漫経営がたたって経営危機に直面し，創業者の社長が退任に追い込まれるという事態が発生してベンチャー企業経営の難しさを浮き彫りにした。

このように，ベンチャー企業がある程度の規模に成長した場合には，専門的経営者の助力が必要になってくる。この点，米国ではベンチャー企業で成功を収めた起業家が，さらに新しい事業に挑戦したり，自らエンジェルと呼ばれる個人投資家となって有望なベンチャー企業を支援するという好循環が見られ，新陳代謝がはかられている。ただし，米国のビジネス・スクールで行われてい

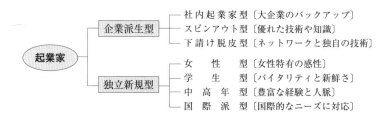

◆ 図Ⅴ-5　多様な起業家の分類と特質 ◆

注：上記の分類に基づく起業家のタイプは重複する場合が当然考えられる。
　　また，中高年型は主としてリストラや退職による場合を想定している。

る教育については，アカデミック志向が強すぎるためにベンチャー企業の開業段階では役に立たないことが多いという声が聞かれる。

　もっともシリコンバレーでも賃金や地代が上昇してきたために，ベンチャー企業がより最適な地域を求めて拠点を移す傾向が表面化し始めた。その典型例として第1に挙げたいのが，今や世界的なハイテク産業の集積地として地域経済の活性化に成功し，全米から注目を集めているオレゴン州である。実際，豊富な森林資源に恵まれたオレゴン州のポートランド周辺は，シリコンバレー（シリコンの谷）に対してシリコンフォリスト（シリコンの森）と異名をとるまでになった。しかし，そのオレゴン州でもハイレベルな知識労働者の存在が大きな原動力になった。

　以上に考察してきたように，これからの日本経済を活性化させる旗手としてベンチャー企業を勃興させられるか否かは，米国の事情からも推測されるように，ひとえに日本国内においてプロフェッショナル志向の知識労働者を今後いかに多く輩出することができるか否かにかかっているといえるだろう。なお，シリコンバレーの最新状況については第Ⅶ章に詳述されている。

■ 注

(1) 例えば『広辞苑（第5版）』には，「ベンチャー・ビジネス」が和製語であると明記されている。

　　参考までに，日本では一般的に新しく設立されてハイテク分野における成長率の高い企業を指して「ベンチャー企業」をイメージしているようであるが，「電子産業を中心にしたベンチャー企業の動向調査」（ジェトロ・サンフランシスコ，1998年3月）と題する報告書では 'start-up company' を指してベンチャー企業と定義し，こうした企業を興す 'entrepreneur' を「起業家」と表現している。したがって，ベンチャー企業も株式が公開される段階，すなわちIPO（Initial Public Offering）が達成されると，もはやベンチャー企業とは呼ばれなくなるという。なお，start-upだけでベンチャー企業の意味を表す名詞として用いている文献も見られる（Japan's high-tech hope, *Business Week*, May 31, 1999, pp. 21-22.）。

(2) Archie Kleingartner & Carolyn S. Anderson, *Human Resource Management In High Technology Firms*, Lexington Books, 1987, pp. 9-11.

(3) Archie Kleingartner, *Professionalism and Salaried Worker Organizations*, Monograph at The University of Wisconsin, 1967.
(4) 同論文は当時は未発表の段階であったが，著者であるクラインガートナー教授の特別の承諾を得て参照を許可されたものである。
(5) 'Entrepreneurs Association helps create opportunities' *Daily Bruin News* (*UCLA*), March 10th 1997.
(6) Daniel Gross, *Forbes ; Greatest Business Stories of All Time*, John Wiley & Sons, Inc, 1996, pp. 246-265.
　　参考までに，同書には次のような副題がついている――'20 inspiring tales of entrepreneurs who changed the way we live and do business.'
(7) *Ibid*., p. 247. なお，参考までに原文は次のようになっている――"The best thing is to make the right decision. Making a wrong decision is OK too. The worst thing to do is hedge. To hedge is to fail."
(8) インテルの会長兼最高経営責任者であったアンドリュー・グロウブは同名の"Only the Paranoid Survive"という著書を1999年に出版し，その中で常に変化し続けているコンピュータ業界での生き残り策を説いている。
(9) 「マウンテン・ビュー」と呼ばれる地域はサン・ホセ (San Jose) からスタンフォード大学へ向かう途中にあり，ソフト関連やインターネット関連の会社が集積している。同じくサニーベイル (Sunnyvale) という地域にもコンピュータ会社が点在している。なお，アップル・コンピュータ (Apple Computer) はクパーチーの (Cupertino) という地域にあり，これらを合わせた一帯がいわゆるシリコンバレーに当たるようである。
(10) CPUについては米国で発行されているコンピュータ関連の雑誌の中で，「コンピュータの頭脳，すなわちマイクロプロセッサー。指示を解釈 (interpret) し伝達する」とか「全ての処理 (processing) 活動をコントロールし実行するコンピュータの一部分」という説明が付されている。
(11) それでも今日の基準からすれば旧式のものであるといわれる。25年後の時点におけるマイクロプロセッサーは非常に複雑に大量生産されており，5,500万個のトランジスターを備え付けることによって1秒間に1億回もの計算をこなすことが可能になっている。
(12) 「ビット (bit)」とは 'binary digit' (一般に0と1の2進数) の短縮形で，コンピュータが処理できる最小単位のデータを指す。各ビットにはコンピュータが "off" または "on" と解釈する "0" と "1" がある。
(13) 'Dynamic Random-Access Memory' の短縮形で英語では "Dee-ram" と発音される。コンピュータ記憶装置のタイプを示し，データを保存するためにトランジスターとコンデンサー (capacitor) を使用している。

⒁　参考までにロサンゼルス・タイムズ（Los Angeles Times）の1997年3月24日号には"Drop the Talk of an Intel Shift"と題する記事の中に次のような一節がある。「アップルの将来はインテルのチップの中にある（Apple's future lies in Intel chips）」と。また，アップル社のハードウェア担当副社長のジョン・ラビンステイン（Jon Rubinstein）は「小企業でいることのメリットは，大きな注目を浴びることだ（The advantage of being a small company is the tremendous focus you get.）」と語っている。

　　他方，前掲のJapan's high-tech hopeというビジネス・ウィーク誌の記事の中には，「京都の無数にある小さなベンチャー企業は大企業病（big company disease）にかからない。規模と市場占有率に対する日本企業のこだわりは，ほとんどが結果的に設備過剰，人員過剰，そして低い利率益の元凶となっている。しかし，無謀な拡大路線に代わって，京都の最も優れた企業はグローバルな市場を目標に入れながら中核となる事業（core business）に専念してきた」という記述が見られる。

⒂　Daniel Gross, *op. cit.*, pp. 334-351.

⒃　"Beginner's All-purpose Symbolic Instruction Code"の短縮形で，簡単に理解できる共通の言葉を用いたプログラミング言語（programming language）を指している。

⒄　"Common Business-Oriented Language"の短縮形で，1950年代と1960年代に開発されたハイレベルなプログラミング言語を指す。これは大型コンピュータを動かすために設計され，ビジネスへの応用面において普及した。

⒅　J. B. Quinn, P. Anderson, and S. Finkelstein "Managing Professional Intellect : Making the Most of the Best" *Harvard Business Review*, March-April, 1996, pp. 71-72.

⒆　丹下博文，「中小企業の国際化に関する一考察——ベンチャー企業の観点を取り入れて——」朝日大学経営論集第11巻第2号，1996年12月，10-11頁。

⒇　同上論文，8～9頁。なお，ベンチャー・キャピタルの組織は，個人的なパートナーシップか会社の形態をとるのが普通であって，歴史的にはニューヨーク，カリフォルニアおよびマサチューセッツ（ボストン郊外のルート128沿い）に集中して存在していたといわれている。

㉑　NVCA（the National Venture Capital Association）に関してはインターネットのWWW（ワールド・ワイド・ウェブ）から入手した資料に基づく。

第Ⅵ章 国際ビジネス・ネゴシエーション

Ⅵ-1　ネゴシエーションの実践性

　ネゴシエーション（negotiation）とは日本語の「交渉」にあたる言葉(1)であるが，ネゴシエーション研究の進んでいる米国と同じように(2)，すでに日本においてもネゴシエーションに関する研究の必要性が強く認識されている。日本でネゴシエーションが注目されるようになったのは，急速に進む国際化と関わりが深い。日本人は一般に「以心伝心」とか「根回し」という言葉に象徴されるように，当事者間の対立を前提とするような話し合いを避けようとする傾向が強い。それでも日本は世界でも有数の同質性が極めて強い単一民族国家であるために，ほとんど不都合は生じないであろう。しかし，米国のような多民族国家では価値観も非常に多様化して利害関係が錯綜するので，対立を前提とする交渉が日常茶飯事とならざるを得ない。欧米ではまさに"confrontation is a way of life"である(3)。

　一方，長年にわたり日米間の懸案となっている一連の貿易摩擦問題にしても，結局は日本側の交渉能力が成否を決める重要な要因となっている。日本企業の海外事業展開を考えても，あらゆる局面において言葉や習慣などが全く異なる外国の人達との交渉を避けて通ることは絶対に不可能である。このようにしてネゴシエーション，とりわけビジネス・ネゴシエーションはビジネスの国際化を背景に，今日では国際経営やマーケティングに関連する必要不可欠な研究分野に属するといってよいであろう。

　実際のところ，現代の中心的なビジネス活動はネゴシエーションである（The central activity of modern-day business is negotiation.）」とまで言われている(4)。ネゴシエーションの中には日常的な売買をする際に行う「値切る」という行為から，高度な専門知識を要する国際契約交渉(5)にいたるまでさまざまなものが含まれるが，ネゴシエーション自体は本質的にきわめて実践的なものである。したがって，事例をもとに実際にネゴシエーションを行うケース・スタディ（case study）が，ネゴシエーション研究にとって重要な意味を持ってくる。

　そこで以下には，アメリカのビジネス・スクール（BS：Business School）

で行われたネゴシエーションの典型例といえる労使間のネゴシエーションに関するケース・スタディ(6)によって導かれた交渉戦略を列記してみたい。ただし，原文は英語で記述されているので，ここでは抄訳のみを示す。

① 相手方が不合理で，とても妥協できないような要求をしており，しかも十分な統計的資料もないのに，その要求を合理的であると信じている場合には，相手方の要求や態度が不合理で正しくないものであることを証明する事実やデータを提示する。
② それでも相手方の姿勢が変わらない場合，相手方に仲間がいれば，その仲間の公平と正義の感覚に訴えて姿勢を変えるよう説得してもらう。
③ 相手方の不合理な行動に対しては，あまり好ましいことではないが，交渉に関する事実や情報を公開することをほのめかす。この場合には脅しにならないように十分配慮しなければならない。
④ 相手方の不合理な要求に対しては，同じように不合理な要求をつきつけて，相手の不合理な要求を報復的に撃退する。
⑤ 納得のいかない不条理なことを言う交渉相手であれば，その相手との交渉を回避して，より高い権限を持つ上役との直接交渉を求めていく。
⑥ 両当事者とも頑強に条件を変更しようとせず，交渉が長引く場合には，その点に関する交渉を後回しにし，後日再度交渉にあたるようにする。
⑦ 交渉が行き詰まった場合には休憩を提案して討論を一時中断し，双方とも冷静になるために時間をとるようにする。
⑧ 不合理な要求を克服するための最後の手段として，利害関係のない第三者の介入を要請する。この場合の第三者とは政府機関であることもあるし，個人的な仲裁人の場合もある。

このような結論は一種の経験則で，日本人の目には何の変哲もない当たり前のことであって，単なる「腹芸」にすぎないと映ることがあるかもしれない。これは初めに述べたように，日本人どうしの交渉では，このような戦略的アプローチがあまり有効とは考えられていないからである。ところが，国際的な舞台——つまり日本人と外国人との交渉——となると，日本人どうしの交渉では

起きないようなさまざまな問題が発生する。

　その主な例を2つ挙げれば、まず第1に言語の障壁（language barrier）をどのように克服するかという問題である。とくに日本人の場合には英語を使いこなす必要に迫られることが多いが、これは国際コミュニケーションという立場からも考察することができる(7)。

　第2は、習慣や制度や価値観の異なる社会で育った者どうしが、どのようにして意思を正しく伝え合って適切な問題解決へのプロセスをたどることができるのか、という異文化コミュニケーションに関する問題である(8)。この第2の観点から、本章では日米間のビジネス・ネゴシエーションについて、日米双方から指摘されているさまざまなポイントを要因別に分けて検討する(9)。これによって、国際経営やマーケティングの分野で応用のきく実践的な知識へアプローチできるようになるからである。その前に、ネゴシエーションとは何なのかを明確にしておきたい。

VI-2　ネゴシエーションの概念規定

VI-2-1　ネゴシエーションとビジネス

　ネゴシエーション（negotiation）の語源はラテン語のnegotiumで、neg-は英語のnotに、また-otiumはleisureに相当するからlack of leisure（つまり「暇がない」ということ）と同じような意味になり、もともとはビジネス（businessは語源的にbusyなことを示す）を表す語として用いられていたらしい。つまり、昔はネゴシエーションとビジネスは「暇がなくて忙しい」ことを表す同義語であったといえよう。それゆえ、ネゴシエーションはかつてビジネスの分野で頻繁に使われ、歴史的にはビジネスの発展とともにその重要性が高まってきたものと推測される。

　ところで、"negotiation"という英語には「交渉」という日本語訳のほかに、「話し合い、商議、折衝」などの訳語が当てはめられている(10)。「商議」という訳がついているのは、前述したようにnegotiationは元来ビジネスと深いつながりのある言葉であり、ビジネス・ネゴシエーション（business negotiation）という英語も敢えて日本語訳をつければ「商議」とか「商談」というところが

適当であろう。しかし，本章では"negotiation"とか"business negotiation"に日本語訳を当てはめずに，「ネゴシエーション」とか「ビジネス・ネゴシエーション」というように英語発音をカタカナ書きしたものを用いることにする。なぜなら，ネゴシエーションという概念は主としてアメリカで発展してきたものであり，例えば「交渉」という日本語訳を当てはめて使用すると日本語の「交渉」という概念が一人歩きし，オリジナルの英語とその日本語訳の間に概念的な不一致や不都合の生じるおそれがあるからである。

その一例をあげると，労使関係における"collective bargaining"には「団体交渉」という日本語訳が定着しているが，この場合でもnegotiationとbargainingに同じ日本語訳をつけては，やはり日本人にとって概念的な混乱の原因になろう(11)。また，ネゴシエーションを生活に密着したものと考えるアメリカ人と，交渉を避けようとする傾向の強い日本人とを対照させると，アメリカ人が「ネゴシエーション」という言葉に対して抱くイメージと日本人がそれに対して抱くイメージとの間には自ずとギャップが生ずることにもなろう。実際，"marketing"や"communication"などの英語は日本語訳をつけるよりも「マーケティング」とか「コミュニケーション」というように英語発音をカタカナ書きしたものが現在でも広く用いられているし，今日では無用の概念的混乱を避けるためにもこの方がよいのではないだろうか。

以上の観点から"negotiation"を「ネゴシエーション」と置き換える方が，これから考察をすすめていくうえで適切と考えられる。

Ⅵ - 2 - 2 ネゴシエーションの諸定義

ネゴシエーションは，現代の人間行動のなかでもっとも理解されていないものの1つであると同時に，定義するのにもっとも困難な用語の1つに数えられるといえよう。なぜならば，ネゴシエーションという言葉が非常に広範囲な分野にわたって使用され，学際的な性格を強く帯びているために，拠って立つ分野が違えば定義の仕方も少しずつ異なってくるのは当然のことだからである。しかし，それはある程度やむを得ないこととして，ここではネゴシエーションを専門的な立場から取り扱った著書の中にある定義を例示してみたい。

① ネゴシエーションとは，他人に対して要求するものを獲得するための基

本的手段である。つまり，当事者の両方に共有できる利害（interests）と共有できない利害がある場合に，合意（agreement）に達するために行われるコミュニケーションのやり取りである(12)。

② リレーションシップ（relationships）を変化させる意図をもって意見を交換する場合，つまり合意するために話し合いをする時には必ずネゴシエーションをともなう。ネゴシエーションはコミュニケーションに多くを依存しており，個人または集団を代表する個人（individuals）の間で行われるものである。それゆえ，ネゴシエーションは人間行動の要素であると考えられる(13)。

③ ネゴシエーションは2人またはそれ以上の当事者が，対立する利害の解消を意図して行う意思決定（decision-making）の形態である。換言すれば，ネゴシエーションは2人またはそれ以上の当事者によって行われる共同の意思決定（joint decision）の過程（process）である(14)。

次に，これら代表的な3通りの定義を参考にして，ネゴシエーションに必要な要件を検討していきたい。

まず第1に，ネゴシエーションには当事者であるネゴシエーター（negotiator）が必要である。ネゴシエーションをするために相対する当事者は2人の場合が普通であるが，3人以上に及んで利害関係が錯綜する場合もある。ただし，ここでいう当事者は，実際には集団または組織に当たる場合であっても，それらを代表する個人を指すものと想定する。なぜなら，本章ではネゴシエーションは組織行動ではなく，人間行動の要素であるという前提に立って論述しようとしているからである。

第2に，当事者間に利害の不一致，対立または葛藤という状況が必要である。このような状況がなければネゴシエーションは発生しない。したがって，利害の不一致，対立または葛藤が多く生ずるような複雑で価値観の多様化した社会になればなるほど，ネゴシエーションの必要性も増大してくる。

第3に，ネゴシエーションには当事者間の相互コミュニケーションが必要不可欠である。利害の不一致，対立または葛藤を解決するには，ネゴシエーションのほかに説得（persuasion）や闘争（国家間であるならば戦争）という方法がある。しかし，説得ではコミュニケーションの一方通行性が強くあらわれる

という点で，また闘争では武力という物理的な力をともなうという点で明らかにネゴシエーションとは相違する。この意味においてネゴシエーションは非常に民主主義的かつ自由主義的な解決方法であり，それゆえ現代社会においては重要な役割を担っている。

第4に，ネゴシエーションでは当事者間の合意または共同の意思決定に達するという目的が必要である。この目的性が強いという点で，ネゴシエーションは意思疎通行為それ自体を示すコミュニケーションや，意思の交換に重点が置かれるディスカッション（discussion）と相違する。しかし，合意に達するといっても，できる限り当事者双方に大きな満足を与える形での合意が望ましいことはいうまでもない。したがって，「勝つか負けるか」的なネゴシエーション(15)から，合意に対する当事者の満足度を極大化するような"Win-Win"型の創造的ネゴシエーションを志向していくことが，今後のネゴシエーション研究におけるもっとも大きな課題の1つになる。

上述した4つの要件をもとにネゴシエーションの定義，つまり概念規定を試みると，次のようになる。すなわち「ネゴシエーションとは，あらゆる分野において2人またはそれ以上の当事者間に利害の不一致，対立または葛藤などの解決を要する状況が発生した際に，話し合いなどの相互コミュニケーションを通して，当事者全員に最大の満足をもたらすような合意または共同の意思決定を生みだす人間の活動，あるいはその過程である」と。

こうした定義からもネゴシエーションは実践性が極めて強いことが分かる。それだけに，以下には実践的な観点からネゴシエーションのポイントを個人的要因と社会的要因とに大きく分け，主としてアメリカ人ビジネスマン（あるいはビジネス・ウーマン，ないしはビジネス・ピープル）の立場から反面教師的に考察をすすめていくことにする。

Ⅵ-3 個人的要因

Ⅵ-3-1 言語的要因
(1) ランゲージ・バリアとは

世界金融の中心地であるアメリカのウォール街（Wall Street）には"My

word is my bond"という諺がある。これは「言葉は絆（きずな）である」という意味で，アメリカのビジネス界では言葉というものが，いかに重要な働きをしているかということを端的に表している(16)。他方，日本では「以心伝心」という諺が示すように，言葉を使わなくても心から心へ一方の考えや意図が相手方に通じることが，美徳のようにさえ思われている。このことからも，アメリカ人と日本人の間には言葉というものに対する認識の違いがあることは，容易に想像できるであろう。まして表VI-1に示されているように英語と日本語では文字や文章構造，さらには語源などが全く異なっている点を考慮すれば，日米間のネゴシエーションにおけるランゲージ・バリア（言葉の障壁）は，ぜひとも克服しなければならない大きな課題といえる。

　1980年代の中葉にはアメリカ人の立場から，「米国の生活によく通じた若者が日本で増えている。それと同じくらい，米国にも日本語を勉強し，日本について優れた知識を身につけた若者が増えている。……米国の多くのビジネスマン，技術者，科学者は，日本の習慣や生活を理解しようと懸命に努力している」(17)という見解が示されている。しかしながら，日本語に関する基本的な知識を持ち，しかも日本型の対人関係やコミュニケーションにとって重要な感受性（sensitivity）を備えたアメリカ人経営幹部は多いとはいえず，結局のところは「外国企業が日本企業と交渉する場合に，双方が企業文化と経営状況を無視することによって，ネゴシエーションに重大な支障をきたすことがある」(18)というのが実態ではないだろうか。

　今後とも日米の経済関係が環太平洋圏を中心に重要性を高め，規制緩和によってアメリカ企業の日本進出が進展していくことを考慮すれば，アメリカ企業が長期的視点に立って日本文化や日本語に精通しているビジネスマンを養成することは必須の課題といえる。実際，世界各国における日本語学習熱の高まりなどからも，日本文化や日本語に精通しているアメリカ人ビジネスマンがさらに増えてくることは間違いないと思われ，これによって日米関係も一層飛躍すると期待される。しかし，これが実現するまでは，日本企業とネゴシエーションをしようとするアメリカ人ビジネスマンは，英語と日本語の言葉の意味について誤解を生じないよう十分に注意を払うべきである。このようなミス・コミュニケーションの例は枚挙にいとまがない程あるが，その中でも代表的な

◆ 表Ⅵ-1　英語と日本語の相違点 ◆

	英語（English）	日本語（Japanese）
文　字	ABC…のアルファベット26文字	ひらがな，カタカナ，漢字があり，数が膨大
語の配列	SVO（主語＋動詞＋目的語）が最も基本的な文型	SOV（主語＋目的語＋動詞）が基本になる
主部の特徴	名詞的なもの（名詞・名詞句・名詞節）であれば，人でも事物でもよい	人が主語になる方が自然な場合が多いが，実際には省略されることが多い
述部の特徴	述語になるのは動詞のみ。ただし動詞の活用は比較的単純だが，助動詞が発達している	用言（動詞・形容詞・形容動詞）が中心で，語尾の活用が複雑
語　義	抽象的で多義性のある場合が多い	具体的で繊細である場合が多い
表　現	文構成（文型）がしっかりしているので，論理表現に適している	文構成（文型）があいまいな反面，語義が繊細なので感情表現に適している
敬　語	ほとんどない	複雑で多い
話し言葉と書き言葉	比較的似ている	あまり似ていない
女性用語と男性用語	区別することはまれ	区別する場合が多い
語の分類	内容語（content words） ——独立した意味を持ち，文の骨格となる 〔名詞・動詞・形容詞・副詞〕 機能語（function words） ——内容語の関係や働きを明らかにする 〔前置詞・助動詞・冠詞・接続詞〕 （注）英語は内容語を並べただけでは完全な文にならず，機能語でもって関係や働きを明らかにしなければならない。	自立語 ┌活用あり（用言） │　単独で述語になれる │　〔動詞・形容詞・形容動詞〕 │活用なし ┤　主語になれる（体言） │　〔名詞〕 │　主語になりえない └　〔副詞・連体詞・接続詞・感動詞〕 付属語 ┌活用あり……………〔助動詞〕 └活用なし……………〔助詞〕

出典：丹下博文『英語嫌いの使える英語』同文舘，1997年，144～145頁。

もののいくつかを掲げてみたい。

(2) 誤解されやすい表現例

まず第1に，新聞の記事に掲載されていた誤訳の例を紹介する。日本の官庁が行う「意見聴取」のことを，日本人ビジネスマンはヒアリング（hearing）と言うことがある。ところが，単なる意見聴取のための会合に先立って，ある官庁が欧米の大使館や関係団体に送った英文の招請状の中で，どういうわけかこの会合にパブリック・ヒアリング（public hearing）という英語訳をつけてしまった。パブリック・ヒアリングというとアメリカの制度では法律の原案に対して関係者が意見を陳述する公聴会を指し，日本の意見聴取とは違って非常に厳粛で公式的なものである。そこで驚いたアメリカ側は，「宣誓が必要か？」と聞いてきたそうである[19]。このような翻訳の不適切から生じる誤解は，国際的なビジネスをするうえで大きなトラブルに結びつく可能性をもつために，ネゴシエーションを進める際には十分に配慮すべきである。

第2に，「原則として」という日本語の表現を取り上げてみたい。日本人ビジネスマンはとくに賛否を述べる際に，英語の"in principle"に訳される「原則として」という表現をしばしば用いる。しかし，"in principle"に翻訳される「原則として」という日本語に含まれている意味は英語とは反対になり，日本人のネゴシエーターがある点に関して「原則として（in principle）同意する」と言ったなら90パーセントそれに従うということを宣言したと同じことになるけれども，アメリカ人の場合にはそれほど同意の確率が高くない，と指摘されている点に注意を要する。例えば日本人が「原則として（in principle）」という表現を使ったためにアメリカ人のネゴシエーターが精神的な行き詰まり（mental block）を感じ，ただそれだけの理由で取引がほとんど駄目になってしまったケースさえあるという[20]。

第3に，はっきり，"No"と言わない日本人の習性が原因で，しばしば発生する誤解がある。日本人ビジネスマンはネゴシエーションにおいて明確に"No"という拒否の意思表示をする代わりに，「考えてみましょう（I will consider it）」という言い方を好んで使う。したがって，もし日本人ビジネスマンが「はい，考えてみましょう（Yes, I will consider it.）」と言うなら95パーセントはノーの意味に解釈してよいであろう[21]。しかし，こういう日本人特有

の言い回しに精通していないアメリカ人ビジネスマンは，相手方の日本人ビジネスマンが本当に真剣に考えるつもりでそれを言っているのか，あるいは丁寧に断わっているにすぎないのかを判別するのが困難である。このような場合にアメリカ人ビジネスマンは，紹介者のような信頼のおける第三者に意見を求めるべきであろう。第三者を賢明に利用することは，アメリカ人ビジネスマンが日本人ビジネスマンとネゴシエーションをする際に修得しなければならない基本的な技術（a basic skill）の1つといってよいからである[22]。

　第4に，日本人ビジネスマンはネゴシエーションで相手方との対話中に，うなずきながら「はい，はい」ということが多い。この日本語の「はい」は一般に英語の"Yes"に訳されるが，これが問題を引き起こすことがある。なぜなら，一般的な状況の下で日本人が使う「はい」の意味は「そうですね（I agree, or I see）」，「あなたの言うことを聞いています（I hear you）」，あるいは「あなたの言うことを理解します（I understand you）」といった相づち程度の軽いものである。これに対して，アメリカ人ビジネスマンがネゴシエーションに際して「イエス」とか「ノー」という返答をする時は，「イエス，アイウイル（Yes, I will）」とか「ノー，アイウォント（No, I won't）」の意味で，諾意とか拒否の意思表示として言明することが多い。したがって，アメリカ人ビジネスマンは，はっきりと意思表示できるまでは「イエス」とか「ノー」という言葉を注意して使うようにしている。つまり，ネゴシエーションの中で相手の話している内容を本当に理解し，それに賛同するまでは「イエス」とか「ノー」という表現をしないのが一般的なわけである。かつて日本側が「はい」と「イエス」の意味合いの違いに無頓着であったために，日本とアメリカの外交関係に重大な誤解を招いたこともあるくらいだから，この点にはとくに注意を払うべきであろう。

　要するに，日本語は文学的または詩的な観点から見れば美しい言語かもしれないけれども，ビジネスや法律の観点から見れば明快な言語とは言えないわけである[23]。

Ⅵ-3-2　行動的要因

　「人間は感情の動物である」とよくいわれるように，ネゴシエーションも感

情（emotion）をもった人間どうしで行うものであるから，感情的要素がはいり込むのは当然である。なかには感情問題がこじれてネゴシエーションが行き詰まり，ついには決裂してしまう事態も発生しよう。こうして，ネゴシエーションは，感情のやりとりとしての側面も持っているといわざるをえない。したがって，感情表現の仕方が日本人とアメリカ人とでは異なっているために，日米間のビジネス・ネゴシエーションでは予想外の誤解を生じる場合があり，この点について以下に検討を加えていきたい。

一般的に人間の喜怒哀楽の感情は，目・眉・顔色・唇・手の動き・体の緊張度・姿勢・声などほとんど全身的に表現されるけれども，その表われ方は文化ごとの規制意識によって一定の型どりを受けるといわれている。そこで，日本人と英米人の非言語行動の比較を「表情」「姿勢」「視線」「身体的接触」に対象をしぼって行われた考察の中で，とくにネゴシエーションと関わりの深いものを取り上げてみたい[24]。

まず第1に，アメリカ人が日本人を評して「不可解な日本人（inscrutable Japanese）」[25]と呼ぶことがあるが，これはアメリカ人にとって日本人の顔は「あの能面に似た無表情の『仮面』のうしろで何を考えているか分からない」と見えることに原因があるらしい。つまり，「一般にアメリカ人は，対人関係において，誰に対してもわけへだてない自分を見せることに価値をおく。隠しだてのない開放性志向のなかで，彼らはあの独特の動きの多い表情を身につける」とし，その反対にアメリカ人は「日本人の顔からは"secretive"を読みとることになる」と指摘されている。つまり，感情を表情で表すことに関しては，日本人よりもアメリカ人の方が一般的に開放的で隠しだてのない自分を見せているといえよう。ただし，「ポーカーフェイス（poker face）」とか「はったり（bluff）」という言葉に象徴されるように，アメリカ人はネゴシエーションにおいて不利な状況を挽回するために自分の感情を抑制することもあり得るので，十分に注意しなければならない。

第2に，「笑い」を取り上げてみたい。英米人の表示規則によると，笑いは相手と分かちあえるおかしさや楽しさの表現として，または相手に対する友好的感情の表現として価値を持つ。これらの条件を満たさない笑いは否定的意味づけを与えられ，これらの点に関しては日本人と程度や情況の差こそあれ，あ

まり変わらない，と主張されている。さらに，日本人の笑いのなかで英米人が読みとりに戸惑うものとしては，相手の存在を意識した心理的不安から生じる「うす笑い」（weak smile）に対して「不可解」「不真面目」「小児的」など，その評価は徹底して否定的であるという。悪いことに，関係が規定しにくい外国人の前で日本人は勝手の分からない気まずさから，この種の笑いを持続的に見せるらしい。したがって，とくに日本人のうす笑いに対してアメリカ人は非常に悪い印象を抱くようであるから，日本人ビジネスマンはネゴシエーションの最中，誤解されないようにうす笑いを頻繁に浮かべることを極力避けるべきであろう。

　第3に，視線の問題を取り上げてみたい。これについては「目と目のふれあいは，人間どうしのもっとも密度の高い接触」といわれているように，目と目による視線の接触はネゴシエーションにおける人間関係に微妙な影響を与える。ところが，目のふれあいの意味が日本人とアメリカ人とではかなり違っているようで，実際に日本人と英米人とでは他人と視線があった場合の処し方にも大きな違いがある。これは，日本人が人の目を見るのは慎しみに欠ける行為だと見なすようにしつけられてきたのに対し，英米人は弱味を感じてうつむくたびに，"Look me straight in the eye"と，幼児期から徹底的に教育されてきたからであり，その結果，彼等は「視線回避に強い否定的態度をもつようになり，これを過度の劣等感，隠しごと，うしろめたさのあらわれとみるようになっている」と論じられている。したがって，「英米の社会では，適当な長さの視線（3秒〜6秒：直視は無礼）を繰り返し相手に与えて話を促すことが，友好的表現であり，この視線を受けとめて話をすすめることが，信頼と関心を勝ちとる対話法だと考えられている」ということを，日本人ビジネスマンはアメリカ人ビジネスマンとネゴシエーションをするにあたって，あらかじめ理解しておく必要がある。

　第4に，身体的接触の中で「握手」を取り上げてみたい。アメリカでは「体のふれあいを通して，人間関係を強め，維持していく度合いはわが国の比ではない」とし，「各種の契約，取引成立，和解の成立，挑戦の受諾，上首尾の祈願などに，英米人は今日でも必ず握手をしあう」と記されている。握手の起源の1つは商業上の取引成立を確認しあうしぐさとして双方が隠しだてのない

「手のうち」を見せあい，力強く握って契約履行の誠意を披瀝しあう男どうしの挨拶であり，「触れ合いに禁忌的な日本人からすれば，握手は親近感の表現のように思えるが，英米ではかなり改まった人間関係の友好表現」となる。そこで，日本人ビジネスマンがアメリカ人ビジネスマンとネゴシエーションをする際には，初対面の時，ネゴシエーションを開始する時と終了した時，合意に達した時などに社交儀礼として握手をするとよいであろう。

VI-3-3 人間関係的要因
(1) ネゴシエーションと信頼関係

一般にアメリカ人ビジネスマンは「時は金なり (Time is money)」という諺にもあるように，ネゴシエーションを始めると直ちに話の本題に入ろうとする傾向が強い。これに対し，日本人ビジネスマンはネゴシエーションの最初からビジネスの核心に触れるような話はせず，どちらかというとビジネスとは直接関係のない話しを長々とする傾向がある。このためにアメリカ人ビジネスマンは，ネゴシエーションの途中で不安や苛立ちを抱くことが多い。それと同時に，日本人ビジネスマンにしても，アメリカから来たばかりで時差ボケからも回復していないアメリカ人ビジネスマンが，なぜそんなに性急に取引をまとめようとするのか理解に苦しむといった事態も起こりえよう[26]。

このように，相互コミュニケーションを基本的要素とするネゴシエーションでは，一方の当事者であるアメリカ人ビジネスマンの不安や苛立ちは，他方の当事者である日本人ビジネスマンの不安や苛立ちとなって跳ね返ってくることになる。これについては「一度でもこのような敵対関係（adversary relationship）がネゴシエーションの中に入り込むと，首尾よく合意に達する望みはほとんどない。また，たとえ何とか形式的に合意できたとしても，その合意を実現するのに必要不可欠となる当事者間の相互信頼関係（mutual trust）が成立していなければ，その合意は失敗してしまうことになるであろう」[27]と指摘されている。

このような事態を回避する方法は，それほど難しくはなさそうである。要するに「アメリカ人ビジネスマンは日本人ビジネスマンとの個人的信頼関係を強めて，ネゴシエーションにおいてイニシアティブ（initiative）をとる」ことが

必要になる。そのためには、「アメリカ人は、自分達だけではできないが、日本人と一緒に仕事をはじめて成し得るような仕事には何があるのか、ということを明確に理解するために、まず日本人と一緒に仕事をすることに力を注ぐ」ことが必要になってこよう[28]。こうなると、日本人の長所とアメリカ人の長所を結合すれば、より一層優れた製品や市場開発力が生まれるということが認識されるはずである。このようにして両方の当事者が共同作業に対してどのような方法で、どの程度貢献できるのかを相互に理解しあえるようになれば、お互いの立場を尊重しあう雰囲気が醸成され、信頼関係も自然と生まれてくるようになる。

次に、日本人にせよアメリカ人にせよ、相手を信用できなければ取引をしないのは理の当然である。その点で、ビジネスは信頼関係の上に成り立つという原則は世界各国共通のものといえる[29]。したがって、アメリカ人ビジネスマンが日本人ビジネスマンとネゴシエーションをする際にも同じことが当てはまり、両当事者がお互いに信頼できると確信し合わなければ、日米間のいかなる取引もうまくいくはずがない。しかし、日本人とアメリカ人とでは信頼関係の中身が少し違っている点に注意しなければならない。具体的には、「ビジネス関係において法律的・契約的結びつきが支配的となっているアメリカと違って、日本においては当事者の個人的信頼関係が企業間で締結される合意を保証する重要な要素となっている。それゆえ、日本人ビジネスマンはネゴシエーションにおいて相手方のアメリカ人ビジネスマンが、企業内で同僚や上司から尊敬されているかどうかとか、ビジネスをするうえで個人的に信頼できるかどうか、ということを本能的に評価しようとする」[30] という点が特徴的である、と指摘されている。

(2) 友人関係の重要性

アメリカには "Business is business" という諺がある。これは「商売は商売」とか「勘定は勘定」と翻訳されているようで、個人的配慮よりもビジネスを優先させるという意味になる[31]。このようなアメリカ人的発想に基づいて、アメリカ人ビジネスマンが日本で個人的な信頼関係をつくる前に急いでビジネス・ネゴシエーションを成功させようとすれば、日本人ビジネスマンには「その話はどうもおかしい！」というように映る場合が多いであろう。こうなれば、

そのネゴシエーションが成功する見込みはほとんどないといってよい。

このような残念な事態を避けるために，アメリカ人ビジネスマンは少なくとも次のような2つの予防策を講じるべきである，と提言されている。その第1は，ネゴシエーションをしようとする日本企業の経営幹部に対して，紹介を取り付けることである。この場合の紹介者は，その日本企業と取引実績のある日本企業か外国企業の経営幹部であることが望ましい。実際，日本では銀行や商社がこのような紹介を行うことがよくある。その第2は，ネゴシエーションを始める前にアメリカ人ビジネスマンは時間をかけて自己紹介し，自分の学歴や職歴，家族のこと，さらに会社内での地位や権限などについても話すことである[32]。このように会社内での地位や権限などについても，日本人ビジネスマンにとってはそのアメリカ人ビジネスマンが信頼しうる人物であるかどうかの目安の1つになるから，説明を加えておくことは良いことである。いずれにせよ，初対面の場合には最初に個人的信頼を得ておくことが，日本でビジネス・ネゴシエーションを始めるに当たって最も大切なことといえる。

このような個人的信頼関係という点では，ネゴシエーションをする当事者間に，前もって個人的に親しい友人関係のあることが理想的である。日本で友人関係というと，学生時代のような若い時に同じような経験を共有することから始まる場合が多く，一時的なものというよりは，どちらかというと終生的なものと考えられている。したがって，日本で友人になるということは，仕事や家庭生活で何か問題が生じた時にお互いに助け合うという了解を含んでいるといった，非利己的な強いつながりを持っていることを示唆するケースが多いと考えてよい。

日本における友人関係の性質を考えると，日本人ビジネスマンと友人関係をつくろうとするアメリカ人ビジネスマンは，アメリカ人どうしで友人関係を進展させるようなわけにはいかない。アメリカ人が知り合い（acquaintance）になってから直ぐにファースト・ネームでお互いを呼び合うといったような「虚構的な友人関係（fictive friendship）」とは明らかに違っている。しかしながら，アメリカ人ビジネスマンと日本人ビジネスマンの間の友人関係は，それをつくるには時間がかかることを認識するだけの常識と理解力さえあれば成立し得るものと考えられる。すなわち，アメリカ人ビジネスマンが日本人ビジネスマン

◆ 表Ⅵ-2　海外勤務をするアメリカ人の訓練ニーズ ◆

在外アメリカ人による 回答順位 （最重要＝1）	訓練ニーズ （上位10項目）
1	人間関係の技能
2	異文化への理解
3	適応能力
4	技術的な適性
5	感受性の訓練
6	政治感覚
7	言語能力
8	任務に関する理解
9	アメリカ文化への理解
10	奉仕活動に対する志向性

出典：Robinson, R.D., *Internationalization of Business*, The Dryden Press, 1984, pp. 134-35.

との友人関係を促進しようとする場合に心掛けるべきことは，まず第1にビジネスと切り離して純粋な人間関係を求めることであり，第2には仕事以外の付き合いを大切にすることの2点に集約されるであろう[33]。

　このように，アメリカ人ビジネスマンが日本でビジネス・ネゴシエーションをする際には，日本的な友人関係のあり方に対する感受性を持つことと相互信頼に基づいた長期的視点にたつことが必要になる。それはまた，きわめて日本的な時間消費型（time-consuming）のプロセスといってよいであろう。なお，海外勤務をするアメリカ人のための訓練ニーズ（training needs）に関する調査をした結果，在外アメリカ人からの回答の多い順に10項目を選んで並べたのが表Ⅵ-2である。これによると人間関係の技能（human relations skill）がもっとも重要視されており，この点については現在でもほとんど変わっていないと推測される。

Ⅵ - 4　社会的要因

Ⅵ - 4 - 1　組織的要因

　一般に，日本ではビジネス・ネゴシエーションを性急に進めようとしても無

駄な場合が多い。このために，アメリカ人ビジネスマンは日本人の意思決定には時間がかかり過ぎるという不満をもつであろう。しかし，その反対に日本人ビジネスマンは，アメリカ人は決定されたことを履行するのに時間がかかり過ぎるという不満をもつことになろう。例えば「合意事項の履行が，前もって用意周到に確保されていなければ，最終的な意思決定をしないのが一般的な日本のビジネス慣行である」とまで指摘されている。それゆえ，日本人ビジネスマンは合意しようとしている主要項目について社内的に意見を統一し，取引の履行に際して必要となる社内的支援が得られるよう準備するのに時間を必要とする。これに対し，アメリカ企業では意思決定をすることと，それを履行することとは別問題と考えられている点が，日本企業と大きく異なっている[34]。

実際，「日本的意思決定は，ゆっくりとしたプロセス（a slow process）である。日本企業は，どの専門的分野においても，それをたった1人で責任をもって担当するようには組織化されていないのが普通である」と言及されているように，日本企業の意思決定に時間がかかるのは，それが特定の個人によってではなく集団によって遂行されるからである。この点が，個人主義的な意思決定方式をとるアメリカ企業の組織と対照的なところである。

しかし，日本企業では最終的決定に達するまでにかなりの時間を要するかわりに，決定がいったん行われると，その後の履行は非常に速やかに遂行される。例えば「あるプロジェクトに1年かかると仮定すると，誇張していえば，アメリカでは意思決定は2ヵ月で行われるが，その履行には10ヵ月かかるであろう。その一方，日本では意思決定は10ヵ月かかるかもしれないが，その履行には2ヵ月を要するにすぎないであろう」といった具合である[35]。この場合の意思決定のプロセスをネゴシエーションに置き換えてみても同様のことがいえるであろう。

このように，それぞれの国の企業がもっている組織的要因の相違から発生する誤解や不信を取り去るために，日本企業とネゴシエーションを成功させようとするアメリカ人ビジネスマンは，ネゴシエーションを早く終わらせてしまおうなどと考えないで時間を十分にかけるべきである。時間がかかるのは，日本的なビジネス・ネゴシエーションの大きな特徴と言ってよいからである。

さらに，日本人の集団主義は日本の企業間関係にも当てはまる。とくに日本

の企業は，集団化またはグループ化という組織上の利点を生かして，米欧の大企業に比肩するまでに成長してきた。したがって，日本では企業どうしの組織化や系列化がすすみ，企業集団内または企業グループ内での結束は，アメリカ人ビジネスマンが考えている以上に強固なものがある。それゆえ，日本企業とネゴシエーションをするアメリカ人ビジネスマンは，このような点にも敏感になるべきである。仮に取引が成立したとしたら，その取引の相手方である日本企業と他の日本企業との取引関係に重大な影響を及ぼすことがないのかどうか，といったことにも注意を払わなければならない。

　このあたりの日本企業の特徴に精通していない未経験な外国人ビジネスマンには単なる取引先としか見えない日本における企業どうしの関係が，実は相手先の余剰人員や定年退職者を雇用するなどの重要な関係までも内包しているケースがよくある。このような場合には，よほどの経済的なメリットがないかぎり，既存の日本企業との取引関係を捨てさせてアメリカ企業と新たに取引を開始させることは至難のわざとなる(36)。したがって，アメリカ人ビジネスマンは日本企業の企業間関係についても，ネゴシエーションの開始前に十分調査しておかなければならない。

Ⅵ－4－2　法律的要因

　いままで考察してきたことから推測できるように，ビジネス・ネゴシエーションに対する日本人の姿勢（attitude）とアメリカ人の姿勢とは対照的な面がある。この点について，日本人はビジネス・ネゴシエーションに対し相手方の信頼性（trustworthiness）をテストするための1つのプロセスにしかすぎないという点で，非常に個人的（personal）なものであるという姿勢をとる。これに対し，アメリカでは相手方にできるだけ多くの点を承服させるための法律的なやり取り（legal sparring）であるという点で非常に法的（legalistic）なものになりやすい，と指摘されている。

　したがって，アメリカ人は，詳細な契約書に最終的に署名するまでは，いかなるものにも拘束されないと考える。つまり，アメリカ人ビジネスマンは最終的な合意の意思表示をした証拠となる署名をするまでは，それまで行われてきた暫定的な合意事項はすべて変更されうるものである，との前提に立ってネゴ

シエーションをすすめている場合が多いわけである。実際にも，日本人ビジネスマンは，相手方のアメリカ人ビジネスマンがネゴシエーションの途中ですでに取り決めた約束事とか合意事項を，しばしば変更しようとすることに気づくことがあるのではないだろうか(37)。

　このように，アメリカ人ビジネスマンはネゴシエーションに際して法律的観点から対処しようとすることが多く，そのことをよく理解できていない日本人ビジネスマンが，アメリカ人ビジネスマンがネゴシエーションの最中に突然立場を変更したりすることに対して不信感や警戒心を抱くのは，ある意味で至極当たり前のことといえよう。こうした誤解を防ぐための唯一の方法は，最終的な合意に達するまでは中間的に取り決められた約束事とか合意事項はすべて当事者双方が変更してもよい，というネゴシエーションのルールを最初から設定しておくことである。要するに，国際的なネゴシエーションにおいては，当事者の双方が相手方のネゴシエーションに対する考え方とか姿勢を理解できていない場合が多いので，ネゴシエーションに関するルールを事前に明確にしておくことが良策といえる。

　次に，アメリカは法律の国といわれるほど法律関係が重視される国であるため，弁護士（lawyer）の資格をもつ者が多方面で活躍できる土壌がある。したがって，アメリカではビジネス・ネゴシエーションの場に弁護士が現れても不思議なことではない。しかし，日本ではビジネス・ネゴシエーションの席に弁護士が現れるということは，むしろ異例なことであろう。したがって，アメリカ人ビジネスマンがネゴシエーションの席に弁護士をともなった場合には，日本人ビジネスマンは自分が信用されていないとか，相手がネゴシエーションに自信がないからだというように，否定的な受けとめ方をする場合が多い。なぜなら，日本で弁護士が必要となるのは，分別のある大人によってさえも通常の解決方法（normal resolution）が得られないような，民事や刑事に関わる重大な争いごとに限られているのが通常であり，普通の日本人が弁護士に相談しに行く時に抱く感情は，罪や恥（guilt and shame）の感覚に似たものであると考えられるからである。

　さらに法律制度の違いから，アメリカの弁護士と日本の弁護士のアドバイスの中身も違ってこよう。この点に関しては「（アメリカにおける）弁護士は，

顧客が遭遇するであろう潜在的な問題を予期し，それを緩和するように訓練されている。したがって，彼らのアドバイスは，敵対性を帯びた交渉（the kind of adversary bargaining）に導きやすい」と指摘されている。こうして，アメリカ人弁護士のビジネス・ネゴシエーションに対するアドバイスは，日本では逆効果になる可能性があることに注意を要する[38]。

Ⅵ-4-3 社会慣習的要因
(1) 非公式な場での接触

　世界中のいずれの国もそれぞれの国に特有な社会慣習をもっているが，西洋の国・アメリカと東洋の国・日本との間にもさまざまな社会慣習の違いがあることは，誰しも容易に想像できる。例えば，日本人がアメリカへ行くと，まずチップ（tip）の習慣に驚く。アメリカでは特別なサービスを受けた場合には，チップを払うことになっている。日本にも「心づけ」というものはあるが，西洋社会のチップほどには社会慣習化していないため，アメリカへ行ったばかりの日本人は戸惑いを感じることになる。

　また，アメリカでは親しくなると家庭へ招待してくれることが多いし，レジャーや行事，催し物などへの参加は夫婦同伴で行われるのが普通であるが，これも日本とは違った社会慣習といえるであろう。これと反対に，日本独特の社会慣習もたくさんある。例えば，個人的にお世話になった人や会社の得意先などに贈るお中元やお歳暮は，米欧諸国ではほとんど見られない日本特有のものである。また，日本には社用族という言葉があるように，日本人どうしが仕事が終わってからバーやクラブで酒を飲んでいる姿を見れば，アメリカ人ビジネスマンはアメリカのビジネス社会のやり方とは少し異なる習慣が日本にあることを察知するであろう。

　このような社会慣習の相違点は他にも沢山あり，なかには礼儀作法に近いものも含まれている。しかし，日本でビジネス・ネゴシエーションを成功させようとするアメリカ人ビジネスマンにとっては，日本特有の社会慣習や礼儀作法も重要な要素となる。なぜなら，日本でのビジネス・ネゴシエーションを成功させるためには，仕事外での非公式（informal）な場での接触が必要だからである。すなわち，アメリカ人が日本でビジネス・ネゴシエーションをする時に

は，個人的な信頼関係に基づいた良好な人間関係を保つこと，できれば友人関係をつくることが非常に大切だからである。もっとも，非公式な場での接触による人間関係がネゴシエーションの成否に影響を与えるという点は，なにも日米間に限ったことではなく，どんな国際的ネゴシエーションにも広くあてはまる大原則といってよいであろう[39]。

また，外国人ビジネスマンが知っておいた方がよい日常の礼儀作法 (etiquette) に関連した日本的習慣 (customs) として「夫人を同伴しないこと (Stag out)」，「家庭にではなく外での食事に招待すること (Dining out)」，「贈り物の交換 (Gift exchange)」，「チップがないこと (No tipping)」，「食物禁忌の問題 (Dietary problems)」，「バーのホステスと公然の酩酊 (Bar hostess and public drunkenness)」の 6 つのポイントが挙げられている。

これらのことは，日本人には日常茶飯事で当たりまえのように見えるかもしれないが，社会的，文化的基盤の全く異なるところで育ったアメリカ人ビジネスマンを時には困惑させることさえある。その中でも代表的なものを次に 2 ～ 3 取り上げてみたい。

(2) 接待における困惑

まず第 1 に，アメリカにおける社会的活動の大半は男女が一組の行動単位となって行われるのに対し，日本では男性中心に行われることが多い。とりわけ日本ではビジネスに関係のある活動については，夫人を同伴することが非常に少ない。つまり，少しずつ変わってきてはいるものの，日本では依然としてビジネスは男性中心で行われるという慣行が根強いと考えられる。一方，アメリカ人ビジネスマンには単身赴任のようなことはなく，商用で来日する際にも夫人を同伴することが多いであろう。そのような場合には「社交の場 (social occasions) で，非公式にビジネスの話をしそうなら，外国人は夫人を伴っていかない方がよいであろう」と忠告されている。したがって，アメリカ人ビジネスマンは「郷に入っては郷に従え (When in Rome, do as the Romans do)」という諺にもあるように，日本に来たら夫婦同伴という西欧の社会慣習に固執しない方がよいであろう。

第 2 に，アメリカではビジネス関係のお客でも家庭へ招くことが多いのに対し，日本ではむしろお客をレストランやクラブなどへ招待することの方が一般

化している。これは，アメリカの家庭と違って日本の家庭はもっぱら家族や親類や親友のためにあり，重要な外国からの訪問者に自分達の家庭を見せることに価値があると感じている日本人が非常に少ないからであろう。つまり，日本人ビジネスマンがアメリカ人ビジネスマンを家庭へ招待しないのは，アメリカ人ビジネスマンに好感を持っていないからではなく，それは全く日本の社会慣習的なものに起因している。

　第3に，日本人ビジネスマンは会社の接待として得意先をバーやクラブへ連れて行くことがあるが，そこでは男性ばかりの客がホステスの女性にもてなされているのが通例である。しかし，これは夫婦同伴に慣れているアメリカ人にとっては少し奇異に映るかもしれない。また，退社後，会社の同僚と一緒に大衆酒場などで酒を飲みながら仕事や会社の話をしているところや，酩酊している日本人ビジネスマンの姿を見れば，アメリカ人ビジネスマンは自国のビジネス慣習とは相容れないものを感じるであろう。

　このような日本人の行動に対してアメリカ人は道徳的判断（moral judgment）をしないように提言され，「日本人の日常生活の大部分は厳しい行動規範に縛られており，怒り（anger）や欲求不満（frustration）や喜び（joy）が抑えられている。しかしながら，バーやナイトクラブや通りの飲み屋は，日本人ビジネスマンが昼間一生懸命仕事をして抑えている感情を発散することが，社会的に許容されているところである」と説明されている。したがって，アメリカ人ビジネスマンはこのような飲酒中における日本人ビジネスマンの行動を見て，その仕事ぶりやネゴシエーションに臨む時の態度を判断してはならないわけである[40]。

Ⅵ-5　ネゴシエーション研究の重要性

　本章ではネゴシエーションの実践的な側面に着目し，**表Ⅵ-3**の分類に従って要因別に考察を加えてきた。しかしビジネスの国際化が加速度的に進展しグローバル経営を目指す時代になればなるほど，いわゆるビジネス・ネゴシエーションの果たす役割もますます重要になってくる。なぜならネゴシエーション自体が，あらゆるビジネスの成立にとって必要不可欠な要素と考えられるから

◆ 表Ⅵ-3　ネゴシエーションの要因 ◆

```
●個人的要因 ┬ 言語的要因
           ├ 行動的要因
           └ 人間関係的要因

●社会的要因 ┬ 組織的要因
           ├ 法律的要因
           └ 社会慣習的要因
```

である。まして言語や習慣の違う異文化圏に属するビジネスマンどうしが行う国際ビジネスの領域では、ネゴシエーションの中核をなすコミュニケーション活動にさまざまな困難がつきまとうことは誰しも容易に推察できるであろう。

そこで、ネゴシエーションを行う手段（negotiating tool）として人間のコミュニケーション行動（communicative behavior）について、言語（language）という視点から分析すると次のようになる。つまり、人間のするコミュニケーション行動は一般的には**表Ⅵ-4**に示されているように、まず実際の言葉（actual words）を用いる言語的（verbal）なものと、そうでない非言語的（non-verbal）なものとに分けられ、さらにそれぞれが音声（voice）を使う音声的（vocal）なものと、そうでない非音声的（non-vocal）なものとに分けられる。つまり、言葉を用いて音声によるものが話し言葉（spoken language）で音声によらないものが書き言葉（written language）といわれており、言葉を用いずに音声によるものが準言語（paralanguage）で音声によらないものが身体言語（body language）になる。

ここで注目したいのは、われわれ日本人の言語学習は、ほとんど全部が書き言葉や話し言葉のような言語的なものに集中しているという点である。外国語として英語を学ぶ際にも、読む（read）・書く（write）・聞く（listen）・話す（speak）という4つの学習分野はすべて言葉を中心に展開する言語的なもの

◆ 表Ⅵ-4　Communicative behavior（コミュニケーション行動）◆

	Vocal （音声的）	Non-vocal （非音声的）
Verbal （言語的）	spoken language （話し言葉）	written language （書き言葉）
Non-Verbal （非言語的）	paralanguage （準言語）	body language （身体言語）

◆ 表Ⅵ-5　メッセージ伝達における影響力（face-to-faceの場面）◆

①Birdwhistellの研究結果
　　言葉によるもの（verbal）……………………30〜35％
　　言葉によらないもの（non-verbal）……………65〜70％

②Applebaumの研究結果
　　言葉によるもの（verbal）………………………35％
　　言葉によらないもの（non-verbal）………………65％

③Mehrabianの研究結果
　　話し言葉（spoken language）……………………7％
　　声の調子（vacal tones）など……………………38％
　　顔の表情（facial expression）など………………55％

出典：丹下博文，前掲書，126頁。

と考えてよいであろう。しかし，ネゴシエーションの中で面と向かって行われるコミュニケーション（face-to-face communication）においては，非言語的なものを無視することができない。例えば，俗に沈黙の言語（silent language）とも呼ばれる身体言語のメッセージ伝達における影響力（message impact）は想像以上に大きく，こうした非言語的なものの方が言語的なものよりも実際のコミュニケーションにおいて影響力が強いという主張は，いくつかの学説によっても支持されている（**表Ⅵ-5**参照）。

　われわれの日常的な場面を想定しても，非言語的なコミュニケーション行動の重要性は十分に裏付けられる。具体的に言えば，言語的なコミュニケーション行動と非言語的なコミュニケーション行動の間に不一致があった場合に，どちらのコミュニケーション行動を信用する傾向が強いかという問題に帰着する。例えば，仮にある人が楽しそうな顔をして不機嫌な内容の言葉を発した場合に，われわれは顔の表情の方が真意を伝えていると信じるのが普通であろう。その反対に，不機嫌な顔をして楽しい内容の言葉を発すれば，その人を本当は不機嫌だと思い込む傾向が強いのではないだろうか。ちなみに，社会心理学者の研究によると，**図Ⅵ-1**のような顔の表情によるコミュニケーションはどの文化圏においても大体同じようになるという。もっとも，日本人はとくに怒りや悲

◆ 図Ⅵ-1　顔の表情によるコミュニケーション ◆

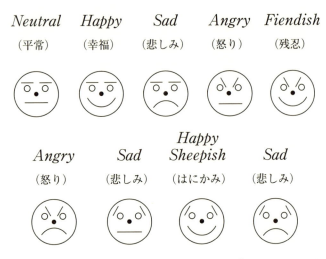

Source（出典）："The Psychology of Interpersonal Behaviour" by Michael Argyle

しみのような表情を顔に出さない傾向があるという指摘は興味深い。こうした点からも，人間の真実の感情や気持ちは，ネゴシエーションに関しては言語的なものよりも非言語的な行動によって伝わる部分が多いと一般的にいえるわけである。

　以上に述べたことは，本章の中の行動的要因のところとも関連しており，国際的なネゴシエーションにアプローチするほんの一例を示したにすぎない。しかし，こうした学際的な研究の積み重ねなくしてはビジネス・ネゴシエーションへの実践的応用は不可能と考えられる。国際的なビジネス・ネゴシエーションに関する幅広い研究が強く望まれるゆえんである。

■ 注
(1)　『広辞苑・第5版』（岩波書店）や『大辞林』（三省堂）の中には，すでに見出し語として「ネゴシエーション」が入っている。また，『日本語大辞典（第2版）』（講談社）では見出し語としては取り扱われていないが，「こう

しょう（交渉）」という見出し語の説明にnegotiationと付記されている。
(2) 『日本交渉学会誌・創刊号』（日本交渉学会，1989年，2頁）には米国の状況を伝える次のような記述がある──「最近の全米500校以上の高等教育機関の調査によると『294校で636人の教師が交渉の講座838コースを教えている。そのうち800コースは労使交渉ではない』という。」
　つまり，「交渉」というと直ぐに労使間で行う「団体交渉」を想起することが従来は多かったが，米国ではすでに「交渉」がさまざまな分野へ応用されているわけである。
(3) 寺澤芳男『ワンダフル・スピーチ：Japanese Style in Decision Making』日本経済通信社，1989年，10～35頁。
(4) Chester L. Karrass, *The Negotiating Game* (Revised Edition), Harper-Business, 1994, pp. 202-203.
(5) 例えば，ロビンソンは国際契約交渉をマーケティング戦略の中で論じている。
　Robinson, R.D., "*Internationalization of Business*", The Dryden Press, 1984, pp. 52-54.
(6) 1982年11月に米コロンビア大学大学院ビジネス・スクールにてキューン教授（Prof. Jams, W. Kuhn）の指導のもとに行われた。なお，詳細は次の拙著（英文）を参照されたい。
　丹下博文『International Business and Negotiation』〈米国議会図書館選定登録図書〉嵯峨野書院，1992年。なお，同書の改訂版（Revised Edition）が1999年に出版されている。
(7) 丹下博文『英語嫌いの使える英語』（同文舘，1997年）は，このような国際コミュニケーションという新しい視点から執筆されている。
(8) 例えば，アメリカ人ビジネスマンの日本におけるビジネス・ネゴシエーションの問題点に関しては，ニューヨーク市立大学・霍見芳浩教授の次の著書が参考になる。
　Tsurumi, Yoshi, "*Global Management : Business Strategy and Government Policy*", Copley Publishing Group, 1990, pp. 313-319.
(9) 市川繁・丹下博文「日米ビジネス・ネゴシエーション問題への前提的アプローチ」『中京商学論叢』（第32巻第1・2合併号），1985年，89～115頁。
(10) 『小学館ランダムハウス英和大辞典』小学館，1979年，1718頁。
(11) 法律的にいうとバーゲン（bargain）は合意条件に関するネゴシエーションを指し，さらに団体交渉（collective bargaining）は労使間のネゴシエーションによって労働争議（labor disputes）を解決する機構（mechanism）を指している。したがって，バーゲンよりもネゴシエーションの方が意味が

広く，一般的に使われているといえよう。

〔Gifis, S. H., *Law Dictionary*, Barron's Educational Series, Inc., 1975, p. 21. &P. 36.〕

また，bargainはnegotiateの同義語（synonym）として取り扱われていない点にも注意を要しよう。

〔"Webster's Collegiate Thesaures" A Merrian-Webster, p. 546.〕

さらに，ネゴシエーションとバーゲニングを概念的に明確に区別することを提唱している見解もある。この場合にも，両概念を実践的な場面で明確に区分することは難しいとしながらも，前者を後者より包括的で広い概念ととらえている。

〔Gulliver, P.H., *Disputes and Negotiations*, Academic Press, 1979, pp. 69-71.〕

(12) Fisher, R. and Ury, W., *GETTING TO YES*, Penguin Books, 1991, Introduction.

(13) Nierenberg, G. I., *The Art of Negotiating*, Pocket Books, 1981, p. 17.

参考までに，同じくニーレンバーグは1992年に出版した"*Negotiating The Big Sale*"（Berkley Books, New York）という著書のなかで，ネゴシエーションを次のように定義している。それはリレーションシップを変えるために，人間もしくは組織体——我々がつくった共同体，企業，または国家——が集ってアイデアを交換するたびに生じる人間的なプロセス（human process）である，と。

(14) Pruitt, P.G., *Negotiation Behaviour*, 1981, Preface and p. 1.

(15) ニーレンバーグ，G.1.（吉田省三訳）『交渉術』創元社，1973年，49頁。

(16) 丹下博文「私とランゲージ・バリア」ニューヨーク・ジャーナル・ジャパン，1983年8月。

(17) エズラ・F・ボーゲル「日本市場開放・米のイラ立ち深刻」日本経済新聞，1985年3月19日。

(18) Tsurumi, Y., *op. cit.*, pp. 313-14.

(19) 「市場開放・政策検証2」日本経済新聞，1985年3月15日。

(20) Tsurumi, Y., *op. cit.*, pp. 317.

(21) 寺澤芳男，前掲書，18～21頁。

(22) Tsurumi, Y., *op. cit.*, pp. 318.

(23) 寺澤芳男，前掲書，10～15頁。

(24) 小林祐子「非言語行動の比較」『文化と社会』（日英語比較講座第5巻）大修館書店，1982年，173～205頁。

(25) ときどき 'mysterious' という表現が使われているが，これも「不可解な」

と同義であると推測される。
(26) 寺澤芳男，前掲書，26～27頁。
(27) Richardson, B.M., and Ueda, T., *Business and Society in Japan: Fundamentals for Businessmen*, Praeger, 1981, p. 306.
(28) *Ibid.*, p. 306.
(29) 丹下博文「ビジネス・スクール雑感」ニューヨーク日米新聞，1982年9月30日号。
(30) Richardson and Ueda, *op. cit.*, p. 307.
(31) *The Random House Dictionary of the English Language*, Random House／New York, p. 201.
(32) Richardson and Ueda, *op. cit.*, p. 307.
(33) *Ibid.*, p. 304.
(34) *Ibid.*, p. 310.
(35) 寺澤芳男，前掲書，18～29頁。
(36) Richardson and Ueda, *op. cit.*, p. 308.
(37) *Ibid.*, p. 307.
(38) *Ibid.*, p. 308.
(39) すこし場面は異なるかもしれないが，複雑な国際的ネゴシエーションでは非公式（informally）にネゴシエーションをすることが賢明である旨の記述すらある。
　　Richardson and Ueda, *op. cit.*, pp. 315-317.
(40) Richardson and Ueda, *op. cit.*, pp. 312-316.
　　ただし，日本におけるバブル経済崩壊後の長期不況に基づく企業業績の低迷によって，会社などで職務上または業務上の交際に必要ないわゆる交際費（expense account）や接待費（entertainment allowance）が大幅に削減され，かつてのような派手な接待が行われなくなったことを付言しておきたい。

第Ⅶ章
シリコンバレーと地域経済活性化

Ⅶ-1 地域経済活性化に向けて

　日本ではバブル経済崩壊後の1990年代に「失われた10年」と形容されるほど経済が長期にわたって低迷し続けたため，産業界では倒産，リストラ，失業が急増し，21世紀になって経済の構造改革が急務となっている。実際のところ，すでに日本経済は成熟段階に到達し閉塞感が重くのしかかっていることから，新しい産業を創出するためにベンチャー企業の興隆や産学官の連携強化が地域経済の活性化だけでなく日本経済全体の再生に向けて国家的見地からも強く求められるようになった。

　その一方で日本の多くの地場産業は，経済のグローバル化によって外国から安価な製品が輸入されるようになると衰退の一途をたどった[1]。1990年代に米国経済を活性化させる契機となったいわゆる「IT（情報技術）革命」にしても，2000年4月に米国で「ネット・バブル（またはドットコム・バブル）」が崩壊してからIT関連産業には厳しい時代が訪れた。このIT革命は18世紀後半にイギリスで始まった産業革命に匹敵するほどの技術革新と評されニューエコノミー論まで台頭した反面，負の側面としてデジタル・デバイド（情報化が生み出す経済格差）を拡大させた。現に国際労働機関（ILO）の「世界雇用報告（2001年版）」には，IT革命は米国のような一部の先進国で雇用を促進したけれども，他の多くの国や地域では未だに雇用が十分確保されていない，と主張されている。

　このような動向を背景に，日本は従来の米欧諸国への追随型ではなく，これからの新しい時代に向けて目指すべきビジョンを独自に構築しなければならなくなった。ただし，この点に関しては国だけでなく国内の各地域が海外と直接つながるようになったグローバル化の潮流を背景に，地域にとっても同じことが当てはまる。こうして高い創造性を備えた起業家を数多く輩出しベンチャー企業を勃興させることが不可欠となり，それが結局は地域経済の繁栄を通して日本全体の経済再生をもたらすことになると考えられる[2]。事実，20世紀半ばに米国で発祥したシリコンバレーでは多くのベンチャー企業が覇を競い，IT産業の誕生によって新世紀への扉を開き，1990年代に世界の多くの地域で新産

業の集積が形成される手本になった。

　以上のような問題意識を起点に，本章では第Ⅴ章を踏まえて米国のシリコンバレーと地域経済の活性化に関する考察を行いたい。

Ⅶ－2　シリコンバレーと起業家精神

Ⅶ－2－1　シリコンバレー発展の背景

　米国のシリコンバレーについては，米国で出版されたシリコンバレーに関する多くの著書のなかでもとくに2000年にスタンフォード大学から刊行された『THE SILICON VALLEY EDGE―A HABITAT FOR INNOVATION AND ENTREPRENEURSHIP―』(Stanford University Press) が注目され，このなかではシリコンバレー (Silicon Valley) 発展の背景や要因が以下のように論じられている[3]。もちろん同書の内容は2000年4月のネットバブル (Net Bubble) 崩壊前の状況を前提にしていると考えられるので，この点には注意を払わなければならないだろう[4]。

　最初に前置きとして，多くの現代社会は生活水準や生活の質を向上させる方法として経済成長 (economic growth) に関心を持つが，経済成長――経済成長率という場合には一般に実質国内総生産 (GDP) の成長速度を表す――を達成するには根本的に次の3つの施策がある。第1は労働 (labor) と資本 (capital) の投入要素を量的に増加または質的に改善する施策で，主に大企業の経営改革などに向いている。第2は比較優位 (comparative advantage) の原則に基づいて専門的に特化 (specialization) した取引 (trade) を行う施策で，これは地場産業の再活性化策に適用できる。そして第3に技術革新 (innovation) と起業家精神 (entrepreneurship) を高揚する施策であるが，これはベンチャー企業の振興に適していると考えられる。

　これら3つの施策は相互に排斥しあう関係にはなく，むしろ重複して用いられなければならないことすらある。しかしながら，特に3番目の技術革新と起業家精神の高揚は最近になり世界的に関心を集めている。その理由は，とりわけハイテク分野における起業家精神の高揚が新製品，新市場または新産業の創出を可能にし，世界経済における高成長部門への進出を可能にする，という認

識を世界各国が抱くようになったからである。言い換えれば，新しい情報産業および情報化された既存産業から成る「起業家精神に満ちた情報経済（entrepreneurial information economy）」によって生み出された米国における並はずれた雇用の増大と富の創造が注目されたわけである。

こうして起業家（entrepreneurs）や政策担当者（policy makers）は特定の地域で起業家精神を高揚するために，それぞれの異なる地域で見られる優れた特性や特徴を抽出できるよう，起業家精神の旺盛な地域の実態を研究することが重要になる。また，そのような地域の代表格としてシリコンバレーを取り上げた根拠は次の2点にあるという。第1点はシリコンバレーが米国内外から「起業家精神の旺盛な地域（entrepreneurial region）」の典型例と高く評価されているからであり，第2点はシリコンバレーを訪れる多くの視察者から，どのようにしてシリコンバレーが機能しているのかを質問されるからである。

ただし，同書はシリコンバレーの起業家に対してでなく，ハイテク指向の起業家が多く輩出されるという特徴を備えた地域（habitat）としての事業環境に焦点を当てている。つまり，シリコンバレーを新規企業や新産業の創出に最も適した地域と捉え，ベンチャー企業（start-ups）の重要性を強調しているわけである。もちろん，既存の大企業も経済のなかで不可欠な役割——例えば技術の開発や進歩など——を果たしているが，産業全体のいわば大変革（sea change）を創出するほどの急進的（または破壊的）な技術開発を引き起こすとは想定されていない。この点は激変するバイオ技術や情報技術の研究開発においてベンチャー企業とその起業家の果たした役割の大きさをみれば容易に裏付けられる[5]。

Ⅶ-2-2　シリコンバレーの成功例

さて，シリコンバレーには多くの成功例（時には失敗例もある）が見られ，優れた——しばしば幸運なだけの場合もある——起業家が会社を興して億万長者（billionaires）になった事例が実在する。その草分けが，第2次世界大戦が勃発した1939年にスタンフォード大学で学んでいた2人のクラスメート（ビル・ヒューレットとデービッド・パッカード）がパロ・アルトのガレージで立ち上げた電子測定器会社で，後にヒューレット・パッカード社に成長する。同

じように1994年にはスタンフォード大学の2人の同僚（ジェリー・ヤンとデービッド・フィロ）が挑戦することの楽しみ味わうために余暇時間を使って"Yet Another Hierarchical Officious Oracle"を設立し仕事を始め，これが今日の代表的なウェブ・サーチエンジン会社の"Yahoo！"になる。

　この他にもシリコンバレーでは20世紀の後半に情報技術（IT）の重要な技術革新が起こるたびに伝説的な会社が生まれ育っている。具体例を挙げれば，IC（集積回路）のインテル，パソコンのアップル，3次元画像（Three Dimension Graphics）のシリコン・グラフィクス，データベース・ソフトウェアのオラクル，ネットワーク・コンピューティングのシスコシステムズなどである。また，インターネット・ブームの時にはネットスケープやイーベイ（eBay）が挙げられるであろう。これらの成功例が，シリコンバレーにおいて地代や賃金が上昇し，グローバル競争が激化し，さらに景気の周期的な後退期をむかえてもシリコンバレーの強みの源泉となっている。要するに，起業家精神を絶えず高揚してきたことが，情報技術に関する激烈な開発競争のなかでシリコンバレーを常に世界のトップランナーに位置づけてきたわけである。

　実際のところ，世界各国が自国のなかにシリコンバレーのような地域を創出しようと努力している。そのために地域の名称を似せたものにするケースがしばしば見られる。その好例が岐阜県の「スイートバレー」構想であろう。現に「スイートバレー（Sweet Valley）」という造語の「スイート（Sweet）」の由来は次のように説明されている。それは，岐阜県が美しい自然（Sweet Green），きれいな空気（Sweet Air），水（Sweet Water），長良川などの清流にすむ鮎（Sweet Fish），近代養蜂発祥地（Sweet Honey）といった様々なスイートなものに恵まれ，その豊かな自然，地理，歴史，文化，都市の資源などから首都機能移転先の候補地にも選ばれた，まさに日本のスイートスポットだからである，と。他方，「バレー（Valley）」は米国におけるIT革命の発祥地として有名なカリフォルニア州のシリコンバレー（Silicon Valley）にちなんでいる。

　このような命名とともに起業家やベンチャー企業を育成するビジネス・インキュベーター（business incubators）を設立したり，半導体（semiconductor）工場やパソコン工場などのハードウェア関連企業，およびソフトウェア企業を設立したりしている。しかしながら，それだけではシリコンバレーのような地

域は形成されない，と指摘されている(6)。

Ⅶ-3 シリコンバレーの地域特性

　同書のなかにはシリコンバレーの地域特性として重要な点が，以下のように10項目列記されている。ただし，このリストは重要度のランク付けを意図しているのではなく，ポートフォリオを念頭において記されている。したがって，技術革新や起業家精神に関するシリコンバレー・モデルを理解するための必要条件にすぎず，時期の相違や産業の相違によって異なった特性が重要度を増すことがある。こうした特徴や特性は世界の他の地域でも導入されてきたけれども，とりわけシリコンバレーでは導入が先進的に行われ，アイデアをビジネスに転換するための人材，ベンチャー企業向け資金，インフラ，創造的エネルギーが存在するという(7)。

　第1は，好意的なルール (favorable rules) が存在する点である。シリコンバレーでは技術開発や起業家精神に関する米国に特徴的な国家システムが見られる。この国家システムは有価証券，税制，会計，企業統治 (corporate governance)，破産，移住 (immigration)，研究開発などに対する法的規制や慣行から成り立っており，分権的 (decentralized) かつ分散的 (fragmented) であるけれども本質的には一貫性がある。つまり，米国のシステムは他のどの国よりも新規に創業されたベンチャー企業 (new business ventures) に対して好意的である。もっとも，それは米国全体に言えることで，シリコンバレーだけの特徴を説明してはいない。しかし，世界の情報技術産業における米国企業のリーダーシップの面で重要な役割を果たしており，シリコンバレーの優位性を維持する必要条件となっている。

　第2は，知識の集積 (knowledge intensity) である。シリコンバレーには新しい製品，サービス，市場，ビジネス・モデルに関するアイデア (ideas) が満ちており，それらは起業家，既存企業の従業員，大学の教員や学生，ベンチャー・キャピタリスト，世界中からシリコンバレーへ移住してきた人たちによってもたらされる。こうしてシリコンバレーには世界中から情報技術 (IT) に関するアイデアが最も多く流れ込み，新しいアイデアの創出と循環が起こる

わけである。

　第3は,有能で流動性を備えた労働力 (a high-quality and mobile work force) の存在である。シリコンバレーは才能ある人材 (talent) を磁石のように引き寄せる。実際,多くのエンジニア,科学者,起業家がシリコンバレーで教育を受け,技能の開発が継続的に行われている。加えて世界中から多くの有能な人材が集まってくる。他方,シリコンバレーの労働力は非常に流動性が高い。個人や企業のニーズにマッチした労働市場が形成されているからである。さらに専門性の高い人材の移動にともなって専門的な知識がシリコンバレー全体に広まり,結果的に専門的な人材は最も貢献できる地位に就くことができる。

　第4は,結果指向の実力社会 (results-oriented meritocracy) が徹底している点である。シリコンバレーでは才能や能力 (talent and ability) が最も重要視され,民族,年齢,経験などはあまり関係がない。現にシリコンバレーで成功した起業家の年齢や特徴は多岐にわたり,移住者にとっても障壁がない。それどころか,世界中から移住しきた起業家が出身国のハイテク・センターと連携し,その国際的なネットワークが資金や技術の相互交流を通じてシリコンバレーの活力源にさえなっている。

　第5は,リスクをとることへの見返りと失敗に対して寛容な風土 (a climate that rewards risk-taking and tolerates failure) がある点である。これは確かに他の地域(外国など)と比べた場合,シリコンバレーの顕著な特徴となっている。最先端技術と新市場の創出に基づく成功の機会を追求する際,ほとんどのハイテク型ベンチャー企業は失敗する。したがって失敗の汚名が起業家に残るような風土では再出発(すなわち再起業すること)が難しくなる。とくにリスクに対する見返りが大きくない場合は,なおさら難しいであろう。

　この点,「計算されたリスク・テイキング (calculated risk-taking)」と「楽観的な起業家精神 (optimistic entrepreneurial spirit)」はシリコンバレーの重要な形成要因となっている。事実,シリコンバレーには失敗の後に再出発して成功にたどり着いた起業家がたくさんいる。こうした起業家や資金提供者は失敗を学習経験 (learning experience) と見なし,再度起業した際に以前の失敗による不利益を被ることがめったにない。この背景には,起業家に有限責任 (limited liability) しか負わせない破産法制 (bankruptcy laws) がある。つま

り，起業家の弁済責任は投資資金に限定され，企業以外の個人には及ばないのである。

第6は，開放的なビジネス環境（open business environment）である。シリコンバレーでは激しい企業間競争が行われている反面，企業秘密（company-secret）になっていない知識を共有することによって誰もが利益を得ることができるという姿勢（attitude）が見られる。このような開放性によって，個人は進んでウィン・ウィン型の知識交換（win-win exchanges of knowledge）を行うようになる。また，たとえ秘密事項であったとしても，それが共有されることによって価値が一層高まることもある。このため，1980年代にシリコンバレーでは技術開発や市場開発に関して企業間提携（alliances）やジョイント・ベンチャー指向が強まり，それが縦型に統合された企業（vertically integrated companies）の時代から多くの機能をアウトソーシング（外部委託：outsourcing）する仮想的企業（virtual companies）の時代へ移行する契機になった。

第7は，大学や研究機関と産業界との間に交流（interact）がある点である。大学や研究機関には優れたエンジニアや科学者が多数在籍しており，その近隣に位置していることはハイテク企業にとって大きなメリットとなる。しかし，シリコンバレーにとって重要なことは，大学や研究機関にいる人材と産業界との交流が効果的に行われている実態である。例えば情報技術に関してはスタンフォード大学がアイデアの主要な源泉となっているだけでなく，スタンフォード大学やカリフォルニア大学バークレー校ではセミナーや会議を定期的に行って産業界の専門家，大学教員，学生等の交流をはかっている。他方，大学は教員に産業界でコンサルタント，アドバイザー，取締役になることを許容しており，大学のニーズに合致している場合には短期の休職許可（leaves of absence）も与えている。その反対に企業側は研究活動のスポンサーとなって交流を推進している。

第8は，企業，政府，非営利組織（NPO）の間に協力関係（collaborations）がある点である。産学連携に加え，企業と商業会議所，労働協会，あるいはサービス団体との連携もシリコンバレーにとっては重要であり，非営利組織を含むこれらの組織は公的部門（public sector）や地域のリーダーだけでなく民

間部門 (private sector) に属する組織 (企業など) によっても資金が提供され運営されている。もっとも当初,これらの組織は1980年代後半のシリコンバレーにおける経済不況の克服を目指し,教育改革,情報基盤整備,交通渋滞解消などに従事していた。ところが最近ではシリコンバレー地域の経済,教育,健全性,生活環境を向上させるうえで画期的な役割を果たすようになり,長期的に持続可能性 (sustainability) のある発展を遂げるために必要な先見性を備えた政策課題 (a forward-looking policy agenda) に取り組んでいる。

第9は,高度な生活環境 (high quality of life) である。シリコンバレーではサンフランシスコ湾の美しさ,広大なスペース,サンフランシスコ郊外の快適さ (amenity),主要大学の知的環境などが従来から大きな魅力となっている。そうはいっても,最近ではいらいらするほどの高速道路の渋滞,住宅価格の高騰,休みなく働き続ける風潮がシリコンバレーで生活する魅力を減退させているケースが見られるという。それにもかかわらず,新しい仕事の増加や賃金の上昇に反映されているように,技術革新や起業家精神の機会に恵まれていることが,これまでシリコンバレーに人々を引きつけてきた。ただし,これらは微妙なバランス関係のうえにあり,生活環境に対する懸念は強まっている。

最後の第10は,専門的なビジネス基盤 (a specialized business infrastructure) が構築されている点である。恐らくシリコンバレーの最も特徴的な地域特性は,新しいハイテク事業に対する一連の専門的な支援サービス (support services) が充実している点に求められるであろう。このなかには例えばベンチャー・キャピタリスト,弁護士,ヘッドハンター,会計士,コンサルタント,その他大勢の専門家によるサービスが含まれている。

Ⅶ - 4 シリコンバレーの優位性

Ⅶ - 4 - 1 優位性の本質的要因

上述したシリコンバレーの地域特性を示す10項目 (表Ⅶ-1参照) のなかで,優位性の本質的要因となる最も特徴的な項目を挙げるならば次の2項目になるであろう。その最初は5番目に掲げた「失敗に対して寛容な風土がある」という項目であり,これに対してはリスクをとることへの見返りとして創業者は株

◆ 表Ⅶ-1　シリコンバレーの地域特性（10項目）◆

> ▶ ベンチャー企業に好意的な法的規制や慣行などのシステムが整っている。
> ▶ 世界中からITに関するアイデアが集まることによって知識が集積する。
> ▶ 世界中から有能な人材が集まり，しかも労働力の流動性が非常に高い。
> ▶ 才能や能力が最も重要視され，結果指向の実力社会が徹底している。
> ▶ 起業の失敗を学習経験と見なし，失敗に対して寛容な風土がある。
> ▶ 知識を共有しようとする開放的なビジネス環境が形成されている。
> ▶ 大学・研究機関と産業界の交流（産学連携）が効果的に行われている。
> ▶ 企業，政府，非営利組織の協力関係が政策的に重要な役割を担っている。
> ▶ 高度な生活環境によって快適な生活を送ることができる点で魅力がある。
> ▶ 専門的な支援サービスを得られるビジネス基盤が確立されている。

参照資料：チョン・リー，ウィリアム・ミラー他編『ザ・シリコンバレー・エッジ（THE SILICON-VALLEY EDGE）』スタンフォード大学プレス，2000年。なお，上表の下線の波線は筆者による。

を取得しIPO（新規株式公開：Initial Public Offering）などの際に莫大な富を手に入れることが可能な点も注目されなくてはならない。次は10番目に挙げた「専門的なビジネス基盤がある」という項目であり，とりわけ以下のような専門的な支援サービスを起業の際に得られる点は重要である（図Ⅶ-1参照）。また，こうしたサービスが起業に失敗した際に受けられることも見落とされてはならない特徴と言える[8]。

まず資金調達（finance）については，個人（エンジェル），ベンチャー・キャピタル，商業銀行（commercial banks），投資銀行（investment banks）などのチャネルがある。ただし，主要な資産がアイデア，人的資源（human resources），技術や市場に関する知識しかないハイテク型ベンチャー企業に対するリスクのとり方は，LBO（Leveraged Buyout：買収する企業の資産を担保に資金を借り入れて買収する手法）や多くの実物資産（real assets）を所有する企業の場合とは大きく異なる。通例，失敗したハイテク型ベンチャー企業には残余財産が全くなく，この点はたとえ減額されてもかなりの資産が残る不動産業とか製造業に従事するベンチャー企業と対照的である。その一方で，ハイテク型ベンチャー企業が成功した場合の見返りは非常に大きい。このような観点からシリコンバレーで成功する重要な条件として，ベンチャー・キャピタル（venture capital）がハイテクを理解し，成功が失敗を補って余りあるほど

◆ 図Ⅶ-1　専門的な支援サービス提供者 ◆

> ベンチャー・キャピタリストとエンジェル：
> 　　　　資金提供だけでなく指導（コーチ）することも多い。
> 弁護士：法的な手続きを行うだけでなく指導（コーチ）もする。
> 会計士：ベンチャー企業のニーズに合わせた会計手法を考案する。
> コンサルタント：環境変化や技術進歩に伴って必要な専門知識を提供する。
> ヘッドハンター：人材と仕事の効率的かつ最適なマッチング市場を形成する。

注：最近，米国では経営の分野において企業組織で働く人たちに様々な指導や助言を行うコミュニケーション技法として「コーチング（coaching）」が注目を集めるようになってきている。

の見返りをもたらすポートフォリオ（portfolio）を作成しなければならない，と指摘されている(9)。

　また，ベンチャー・キャピタリスト（venture capitalists）やエンジェル（angels）は投資家として単に資金を提供するだけでなく様々な支援を行うことがある。例えば，これらの資金提供者の多くはハイテク企業を経営した経験があり，重要なノウハウがなかったりアドバイスが必要な創業者を指導（coach）することが多い。

　これは弁護士（lawyers）についても当てはまることで，起業を推進する米国の法制度のもとで，シリコンバレーの弁護士はベンチャー企業にとって不可欠な存在となっている。つまり，創業や新会社の経営に関する法的な手続きを行うだけでなく，経験の足りない起業家に指導者（coaches）として助言も行うわけである。

　ヘッドハンター（headhunters）は人材と仕事の最適なマッチング，とりわけ最高経営責任者（CEO）や上級経営幹部をリクルートすることによって効率的なマッチング市場を形成する。これはリーダーシップが鍵となり，スピードが常に求められるシリコンバレーでは極めて重要なサービスとなる。

　シリコンバレーの会計事務所に勤める会計士（accountants）は，企業のニーズや実務が一般に承認された会計規則や会計基準に適合しない場合を扱わなけ

ればならない場合が多いという。シリコンバレーのベンチャー企業は創立されたばかりで有形資産が少なく，収支の流れが不明瞭で利益がなく，ストック・オプションも未整備だからである。

　コンサルタント（consultants）は公共関係，マーケティング，戦略経営などの分野において専門知識（expertise）を必要としている企業に専門的なサービスを提供する。シリコンバレーでは活動的なビジネス環境（dynamic business environment）と技術の進歩によって企業の枠を超えた専門知識が必要となり，それがコンサルタントの役割を高めている。

Ⅶ-4-2 「スピード」と「知識の向上」

　以上のようなシリコンバレーにおける地域特性や支援サービスといった諸要素が地域産業とともに発展すると内発的な成長循環が促進され，各要素の単純な合計以上の相乗効果が発生する。その結果，少なくとも「スピード（speed）」ならびに「知識の向上（advancement of knowledge）」という2つの重要な優位性（critical advantages）が現れてくる（図Ⅶ-2参照）。

　まず「スピード」に関しては，資金が素早く提供され，人材会社が素早くCEOを見つけ出し，弁護士が法的な書類を素早く作成する，などの点に現れる。それだけでなく，市場に素早く参入することは必ずしも決定的に優位なこととは言えないけれども，重要なことである。とくにソフトウェアとともに通信

◆　**図Ⅶ-2　シリコンバレーの優位性**　◆

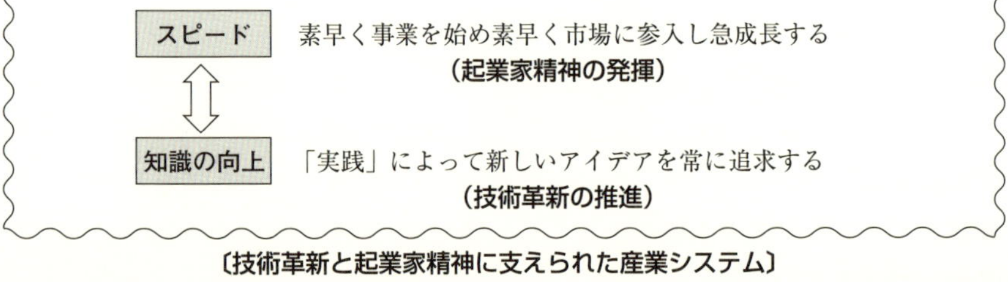

スピード	素早く事業を始め素早く市場に参入し急成長する **（起業家精神の発揮）**
⇅	
知識の向上	「実践」によって新しいアイデアを常に追求する **（技術革新の推進）**

〔技術革新と起業家精神に支えられた産業システム〕

注：この場合の「実践」とは，産業革命のころやソフトウェア開発の現場で見られる小集団や熟練労働者によるアイデアの創出・普及活動を指している。ただし，これらのアイデアは暗黙的でプログラム化できない場合が多い。

（communications）やインターネットに関するサービス分野では，市場に最初に参入することは極めて優位である。例えば電話やインターネットへの新規加入者は，接続範囲が拡大するので従来の加入者に利益をもたらす。接続範囲が広がれば広がるほどネットワークの価値が高まるからである。それゆえインターネット企業は加入者数やサイトへの訪問者数を増やすことに注力する。

ソフトウェアにしても複製を生産・流通させる限界コスト（marginal cost）は，最初のオリジナルを開発する際に必要なコストと比べて極端に低い。したがって，ソフトウェアのユーザーが増えれば増えるほど，各ユーザーが共用できる個人が増えれば増えるほど，あるいはその知識を共有できる個人が増えれば増えるほど，そのソフトウェアはより一層支配的な基盤技術（platform）となるわけである。また，同じようなことがソフトウェアの流通（distribution）についても当てはまる。このように，シリコンバレーは企業が素早く事業を始め急速に成長することを可能にする「スピード」という優位性を備えている。

一方，シリコンバレーの2つ目の優位性は，技術革新と起業家精神に支えられた「知識の向上」と言える。新しいアイデア（idea）に気づき，そのアイデアを追求することに優位性を与える産業システムがシリコンバレーにはある。新しいアイデアや発明は実践から生まれ，実践を共有する人たちの間ですぐに伝播する。例えば協働する小集団（small groups）が，最も成果のあがる知識を創出し普及させることになる。また，いくつかの点でソフトウェア部門の現場は産業革命のころのイギリスに似ているという。進歩の大部分が，仕事を土台に学習を積んできた多くの熟練工によってもたらされるからである。なお，この場合の「実践（practices）」という用語は，熟練労働者の専門技能が暗黙的であるため明確なプログラムに集約できない現象を示唆する，と説明されている。さらに知識の向上はスピードを強化することにもなる。

このように「スピード」と「知識の向上」という相互に補強し合う2つの要因が，絶え間ない技術革新の潮流のなかで新しい企業を生み出し再生していく産業システム（industrial system）としてのシリコンバレーを理解するうえで必須になる。つまり，シリコンバレーという地域には多くの試行錯誤（trial and error）と長年にわたる学習の成果が累積された結果，ネットワーク化された実践的かつ創造的な産業創出プロセスが存在するわけである。

Ⅶ-5 シリコンバレーの成長モデル

Ⅶ-5-1 ベンチャー企業の繁栄

　地域経済を成長または活性化するには第2節（Ⅶ-2）で指摘したように基本的に3つの施策が想定される（図Ⅶ-3参照）。しかしながら米国のシリコンバレーは，大企業の経営革新や地場産業の再活性化ではなく，多くのベンチャー企業（または新興企業）の繁栄が象徴するように，主として技術革新と起業家精神の高揚を基盤に発展した地域である。そのために第3節（Ⅶ-3）で取り上げたシリコンバレーの地域特性（表Ⅶ-1参照）が育まれ，結果的に第4節（Ⅶ-4）で論じたシリコンバレーの優位性（図Ⅶ-2参照）が確立されたわけである。

　このなかでシリコンバレーの成長モデルを日本に導入する際に最も基本的かつ重要なキーワードとなるのが「起業家精神」と考えられる。例えば2002年12月に出版された翻訳書には次のような見解が記されている[10]。いわく「新興企業にとって日本のハビタットは概して厳しく不利なものとなっている。戦後の時代にホンダやソニーを育てた起業家精神は，今日のハビタットの中では停止状態にある」および「起業家精神に富んだベンチャー企業に特有のビジョンやイノベーションは，大企業や大学，政府の内部でも形成され得るが，やはり新興企業による創出が一般的と考えられる」と。

　ただし，同著における「ハビタット（habitat）」は「生育環境」と邦訳され，「生態学的用語を比喩的に用いたもので，起業した会社が次第に成長して規模

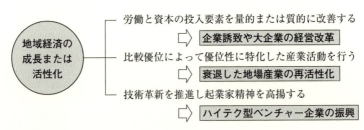

◆ 図Ⅶ-3　地域経済を成長または活性化する施策 ◆

を拡大し，最終的には経済界における主要企業の仲間入りを果たすという，一連の発展を可能にする環境を指す」と定義されている。さらに日本で先端部門の新興企業（すなわちハイテク型ベンチャー企業）の形成と成長を妨げている要因が以下のように主張されている(11)。

　「日本で生き残る新興企業はほとんどローリスク・ローリターン型のものである。日本でローリスク・ローリターンの新興企業が優勢であることには，重要な意味がある。すなわち，日本の新興企業セクターがシリコンバレー型の大崩壊に至る可能性は比較的低いが，日本のローリスク・ローリターン型新興企業が米国の新興企業に匹敵する成長率を実現することは不可能なのだ。したがって，日本の新興企業セクターが現在の形態のままである限り，景気回復の起爆剤になるとは考えられない。未来のソニーやホンダとなり得る新世代型新興企業の登場を日本が本気で望むならば，その起業ハビタットを，先端部門の新興企業が生き残り，活躍できるようなものへと変化させなければならない。」

そうは言っても，現実問題として起業家精神を高揚しベンチャー企業を成功させるのは容易なことではなく，ハイテク型ベンチャー企業の隆盛によって1990年代に好調な経済が持続した米国ですら，シリコンバレーにおいてベンチャー企業の成功例（IPOの達成例）はベンチャー・キャピタルが事業計画（ビジネスプラン）を審査のうえ投資したなかで10社に1社くらいしかなく，これは審査した事業計画のなかで1,000社に1社も成功例がないことになる，というデータすらある(12)。

Ⅶ-5-2　日本の地域経済活性化

それではシリコンバレーから日本の地域経済を活性化するために取り入れなければならない施策とは何であろうか。これについては第2節（Ⅶ-2）から第4節（Ⅶ-4）にわたって考察してきたなかで様々なものを提案することができる。例えば労働力の流動性，結果指向の実力社会，開放的なビジネス環境，非営利組織との協力関係，高度な生活環境などである。しかし，本研究では結論的に次の2点を最後に指摘しておきたい。この2点が最も基本的なことと考えられるからである。

第1点は，ハイリスクに適した資金調達システムを考案し導入すること。新しい最先端産業の創出に必要なハイテク型ベンチャー企業の創業はリスクが極めて大きく，起業家は資金調達の面で最初の大きな困難に遭遇する。例えばベンチャー企業の創業段階や成長段階における資金調達に不可欠な日本のベンチャー・キャピタルに対しては「先端部門の新興企業を十分にサポートできるほど成熟していない。米国と比べて日本では，現実に期待されている役割を果たせるベンチャー・キャピタルの数は少ない」という見解がある[13]。

　第2点は，ベンチャー企業の失敗に対して好意的かつ寛容なシステムを構築すること。とりわけベンチャー企業が最先端のハイテクを事業化しようとすればするほど，失敗する可能性も高くなる。というよりは，むしろ一般的には失

◆　図Ⅶ-4　地域経済活性化の成功モデル　◆

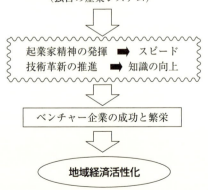

敗するのが普通で成功するのが例外と見なしたほうが妥当なくらいである。したがって，シリコンバレーのように起業の失敗を学習経験と見なすようにしなければ，起業家が失敗を恐れて起業家精神を萎縮させてしまうことになりかねない。もっとも，最近の日本の倒産現象に見られる傾向として，①必ずしも「破産＝終わり」とは考えない，②倒産時の年齢が若いほど再起業の意思を持つ割合が高い，などが指摘されている点は注目に値する[14]。

　以上に展開した考察から，日本で新産業の創出を起爆剤に地域経済を活性化するには，米国のシリコンバレーを参考に「スピード」と「知識の向上」に裏付けられた独自の産業システムを構築しなければならないと言えよう。そのために想定される成功モデルは図Ⅶ-4のようになるのではないかと考えられる。

　ただし，最近ではシリコンバレーのIT（情報技術）産業にもインドや中国への雇用の海外移転（または国外流出）という構造的な変化が発生していると報じられている。この現象は製造業の自動車産業になぞらえて「シリコンバレーのデトロイト化」とも表現されており，現に「国境をやすやすと超えるIT産業に保護主義がどこまで通用するか。米産業のけん引役，情報産業ですら空洞化の聖域ではいられない」とまで指摘されている[15]。

　このような米国のシリコンバレーにおけるIT産業の空洞化という新しい懸念材料に関する研究は今後の課題としたい。

■ 注

(1) この点は，丹下博文「岐阜県における産業活性化の現状と課題」『ベンチャー企業と産業振興』成文堂，2002年，1～25頁に岐阜県のケースが考察されている。参考までに，一般に岐阜県の地場産業には次の7つの産業が掲げられている。それは，繊維産業，陶磁器産業，紙産業，金属刃物産業，木工産業，プラスチック産業，食品産業である。他方，新産業にはIT関連（情報通信）産業，マルチメディア・コンテンツ産業，ロボット産業などが想定されている。また，岐阜県の豊富な観光資源を活かした交流産業も今後注目されてよいであろう。

(2) 丹下博文『創造性をはぐくむ』大蔵省印刷局（現在の国立印刷局），2000年，128～160頁。

(3) Edited by Chong Lee, William Miller, Marguerite Hancock & Henry

Rowen, *THE SILICON VALLEY EDGE*, Stanford University Press, 2000.

　なお，「シリコンバレー」は米国で正式な地名となっていないために一般の地図には記述されておらず，通例はカリフォルニア州にあるサンフランシスコ湾の西側に沿って北からレッドウッド・シティ，パロ・アルト，マウンティン・ビュー，サニーベイル，サンタ・クララ，クパチーノ，サン・ホセへと連なる一帯を指し，その中心的存在と言えるスタンフォード大学はパロ・アルトに位置している。

　参考までに，シリコンバレーに関しては上記の著書と同年に以下の著書も出版されている。

　Edited by Martin Kenney, *UNDERSTANDING SILICON VALLEY*, Stanford University Press, 2000.

(4)　2003年10月6日（朝刊）の日本経済新聞に掲載された「創業最新事業・シリコンバレー」と題する米スタンフォード大学ジョン・ヘネシー学長とのインタビュー記事によれば，ネットバブルの前と後における技術系学生やMBA（経営学修士）の起業動向に関する変化について次のような同学長の見解が記されている。

■　誇大妄想の時代が終わり，研究者は技術や本当に新しい考え方を注視するようになった。

■　学生は2年で億万長者になるといった雑念にとらわれず，研究や技術革新に専念する健全な姿に戻った。

■　マイナス面として科学技術系専攻の学部生の増加がやや鈍った。

■　1990年代は経済系と理系は企業家として成功するチャンスがほぼ同程度と見られていたが，最近は経済系優位との見方がやや盛り返してきた。

■　バイオ分野の人気は相変わらず強い。

■　経営者には大組織での経験が必要という認識が広がっている。

■　卒業後すぐに起業する学生が減っても，将来は起業を目指すという学生は減っていない。

■　技術やスキルが大切という意識が強まったために，長期的な視野で起業を含むキャリアを考え大学院進学を希望する学生が増えている。

■　ストックオプション（株式購入権）に対する懐疑論も強まったが，不祥事の多くは成長力が弱い大企業が無理やり株価を上げようとしたことに原因がある。したがって，ベンチャー企業の株式活用やシリコンバレーの株式文化自体を批判する声は少ない。

■　上場して大化けするようなベンチャー企業は現在1割もなく，リスクとリターンが釣り合っている。

■　巨大な富を生む可能性がある株やストックオプションは現在，普通の勤

め人以上の犠牲を払って仕事に打ち込む動機づけとして本来の役割を再び果たしている。
■　投資家も短期間で多額の利益を求めて新規上場株に群がることはなくなった。
(5)　Edited by Martin Kenney, *op. cit.*, Preface.
　　丹下博文「ハイテク型ベンチャー企業の創造的活動に関する研究」朝日大学経営学会『経営論集』第15巻第1号，2000年9月，34～40頁。
(6)　Edited by Martin Kenney, *op. cit.*, pp. 1 - 2.
　　なお，基本ソフト（OS）の開発で世界一の大富豪になったマイクロソフトの創業者ビル・ゲイツやデル・コンピュータの創業者マイケル・デルなどはシリコンバレーが輩出した起業家ではない。
(7)　*Ibid.*, pp. 6 -13.
　　参考までに本書の第Ⅳ章第6節（Ⅳ-6）には，シリコンバレーで見られる新しい企業経営の土台として，①フラットで民主的な組織，②企業間のネットワーク，③実行を可能にする文化，④卓越したスピード，⑤才能ある人材の蓄積，が記されている。さらにシリコンバレーから得られる起業で成功するための教訓として，①失敗を許容する文化の形成，②新しいアイデアの試行錯誤，③アイデアの迅速な具体化，④変化への素早い創造的対応，⑤利益を広く分配すること，⑥インターネットの活用，が掲げられている。
(8)　*Ibid.*, pp. 9 -13.
　　参考までにシリコンバレーの新しいビジネス文化については拙著『創造性をはぐくむ』（2000年，国立印刷局，114～125頁，140～143頁）に詳しく記されている。なお，同著の内容は米国で1996年に出版された"*SUCCESS SECRETS FROM SILICON VALLEY*"（Geoffrey James, Times Books）も参考にしている。
(9)　米国の主要なビジネス用語辞典（*Dictionary of Business Terms*, Barron's）によると，日本語の「ベンチャー企業」は英語（または米語）で'start-up'や'business venture'と表され，成功した場合に大きな利益を生む可能性に対して失敗のリスクにもさらされる起業活動（entrepreneurial activity）を指している。他方，「ベンチャー・キャピタル」は「リスク・キャピタル（risk capital）」とも呼ばれ，ベンチャー企業の重要な資金調達先として，投資リスクを負う代わりに将来的には大きな利益を得る潜在性があるため，とくに事業リスクの大きいハイテク型ベンチャー企業の資金調達に向いている。
(10)　エドワード・A・ファイゲンバウム，デイビッド・J・ブルナー著，西岡幸一訳『起業特区で日本経済の復活を！』日本経済新聞社，2002年，18頁，24頁。なお，英文の原典"The Japanese Entrepreneur：Making the

Desert Bloom"は2002年に発表されている。
(11) 同上書，17頁，26〜27頁。
　　また，同書の23頁には次のような記述も見られる。いわく「今，日本経済の救世主の役割を新興企業に期待するのは，原則的にはアピールするアイデアではあるが，実際には非現実的というか，ドン・キホーテ的であることが判明するだろう。シリコンバレーに熱い視線を注いでいるにもかかわらず，日本国内の起業活動は際立って少ない」と。
(12) 丹下博文「米国におけるハイテク型ベンチャー企業の集積」朝日大学経営学会『経営論集』第14巻第1号，1999年6月，7〜9頁。
　　参考までに，シリコンバレーのベンチャー・キャピタル（VC）が審査のうえ投資する事業計画は1,000件に6件（これは167件に1件の割合）というデータがある。
(13) エドワード・A・ファイゲンバウム，デイビッド・J・ブルナー著，前掲書，47頁。
(14) 中小企業庁編『中小企業白書（2003年版）』ぎょうせい，2003年，128〜131頁。
(15) 「空洞化するIT産業」日本経済新聞社，2003年11月5日朝刊。

第Ⅷ章
21世紀の国際マーケティング

Ⅷ-1 マーケティングの多様化

「マーケティング（Marketing）」は20世紀初頭に大量生産に対処するための需要創造（demand creation）活動として米国で発祥し、20世紀前半に米国で発展した実践的な学問領域と言える。しかし、20世紀後半になると経営の国際化、あるいは企業の多国籍化を背景に「国際マーケティング（International Marketing）」という新しい分野が登場してきた。その後、20世紀末になると情報化とグローバル化が急速に進み国際マーケティングにかかわる活動や戦略にも変化が生じ始め、さらに今日の21世紀には新たな展開を余儀なくされている。例えば国際マーケティングにも情報化、グローバル化、社会貢献、地球環境などの諸問題に対応するためにオンライン・マーケティング（Online Marketing）、グローバル・マーケティング（Global Marketing）、グリーン・マーケティング（Green Marketing）、ソーシャル・マーケティング（Social Marketing）などの多様な観点を導入しなければならなくなると予想される[1]。

これらは必然的に国際マーケティングにも反映されるはずであり、それらの動向を研究することは国際マーケティングだけでなく国際コミュニケーション（International Communication）の観点からも21世紀の重要な研究対象になると考えられる。したがって、本章の目的は、マーケティングの発祥地であるとともにマーケティング研究のメッカと呼んでも過言ではない米国において、国際マーケティングに関する最新動向を調査分析することによって、最終的には21世紀における国際マーケティングの新しいパラダイムを考察することにある[2]。

ただし、国際マーケティングに限らず、あらゆる学問領域における専門用語は最初から標準的な専門用語として認識されるわけではなく、俗語（slang）やジャーゴン（jargon）から新しい専門用語として確立される場合が一般的である。この場合の俗語とは通例「くだけた日常会話などで主に話し言葉として用いられてはいるが、まだ洗練された正統な表現として確立されていないもの」と理解される。他方、ジャーゴンは「専門家どうしや特定の組織または職業に属する人たちの間で使用される特殊な専門用語であるため、特定の人たちの間

で使用されればコミュニケーションに支障は生じないが,素人には意味が明確でないもの」を指している。とくにマーケティング自体が市場(market or marketplace)における実践的な問題を取り扱うことが多いことから,このような俗語やジャーゴンも研究対象に含めることが不可欠となる[3]。

また,日本では最近,いわゆる「外来語」やカタカナ英語が氾濫気味であり,専門用語にも混乱や誤解を招く恐れがある。実際,「マーケティング」という用語自体もカタカナ英語のまま使用され続けている好例と言えるが,2003年8月に発表された国立国語研究所の「言い換え語」提案のなかでマーケティングは「市場戦略(市場活動,市場調査,市場分析)」と表示されており,必ずしも説得力のある日本語表現とは言い難い。これらの他にもロジスティクス(logistics),ブランド(brand),ニーズ(needs),サービス(service),カスタマイズ(customize),サプライチェーン(supply-chain)など,カタカナ英語がそのまま使用されているケースが目立つのが実態であり,これらの外来語にも注意を払う必要があろう。

Ⅷ-2 マーケティングの新しい動向

Ⅷ-2-1 21世紀のマーケティングへの示唆

最初に「マーケティング」の概念自体に関する最新の動向に焦点を当ててみたい。例えば米国で最も定評のあるビジネス用語辞典の1つと言われているバロンズ(BARRON'S)の2000年に改訂された「Dictionary of Business Terms (Third Edition)」のなかで「マーケティング(marketing)」は次のように定義されている。それは「モノやサービスの販売を促進することにかかわるプロセス。マーケティングの伝統的(classic)な構成要素は製品(Product),価格(Price),場所(Place),そして促進(Promotion)の4項目から成る"4P(FOUR Ps)"である。すなわち,製品の選択と開発,価格の決定,流通経路の選択と設計,そして製品の需要を創出したり高揚するあらゆる側面の活動(広告を含む)である」と[4]。

他方,2003年に米国で出版された「Dictionary of Business」では,アメリカ・マーケティング協会(AMA:American Marketing Association)の定義

に基づいて「交換（exchange）」の重要性を強調し次のように記されている。つまり，マーケティングとは「個人や組織の最終目的を満たす交換を創出するために，アイデア，モノ，サービスの概念，価格，促進，流通を計画し実行するプロセスである」と。このマーケティングの定義は学問的には経済学と共通しているが，「交換」そのものは個人や組織の目的（goal）を満たすために行われるのであって最終段階ではない。マーケティングでは消費者と顧客，彼らの目的，ニーズ，欲求，動機，習慣，思考，感情などを総合的に理解することが必要になる。こうして経済学的な理論に加え，市場で売買に従事するマーケター（marketer）は心理学や社会学の理論も備えなければならなくなる，と指摘されている[5]。

同じく2003年に改訂されたオックスフォード（英国）の「A Dictionary of Business (Third Edition)」によれば，マーケティングは次のように定義されているが，この定義は上述したAMAに基づく定義と類似している。つまり「個人や組織のニーズを満たすであろう交換を創出するために，アイデア，製品，およびサービスの概念，価格，促進，流通を計画し実行するプロセスである」と。とくに製品のマーケティングには需要の変化の予測（通常はマーケティング・リサーチに基づく），製品の販売促進，製品の品質，入手可能性，および価格が市場のニーズに合致していることの保証，さらにアフターサービスの提供といったような作業まで含まれている[6]。

以上の３種類のビジネス辞典におけるマーケティングの定義はAMAの定義とそれほど大きく変わってはおらず，「４P」の点でも基本的にその考え方を踏襲していると考えられるが，「マーケティング」の付いた見出し語を見るとmarketing mix, marketing plan (or planning), marketing researchという３つの見出し語が共通して掲載されており，マーケティングの分野における最も重要な専門用語となっていることが分かる。

このなかでマーケティングを定義づける際の基本的な構成要素として，これまで頻繁に用いられてきたのが「４P」と呼ばれるマーケティング・ミックス（marketing mix）であることに異論はないであろう。しかし，世界的に著名なマーケティング研究者と言える米国のフィリップ・コトラー（Philip Kotler）は，2001年に米国で出版され話題となった『ポジショニング

(Positioning)』という著書の巻頭前文において以下のように「4P」に関する注目すべき見解を述べている(7)。

「何年間にわたりマーケティングにかかわる我々全員が学生たちに，製品，価格，場所，促進という'4P'にからめてマーケティング・プランを作成するよう教えていた。ところが，私は数年前に4Pに先だって重要な段階が必要になると認識し始めた。あらゆる優れたマーケティング・プランニングは，どの'P'がセットされても，それ以前にリサーチの'R'から始めなければならない。とりわけリサーチは顧客がニーズ（needs），認識（perceptions）および嗜好（preferences）が大きく相違していることを明らかにする。それゆえ顧客はセグメント（Segments）の'S'に区分されなければならない。しかし，ほとんどの企業は全てのセグメントにサービスを提供できるわけではないので，企業は優位性のあるサービスを提供できるセグメントを選択しなければならなくなる。これがターゲティング（Targeting）の'T'である。

さて，4Pプランニング（4P Planning）を行う前にもう1つの段階がある。それがポジショニング（Positioning）の'P'である。これこそがアル・リーズ（AL Ries）とジャック・トラウト（Jack Trout）の2人が，今日の基本的な著書といえる『ポジショニング（Positioning）』のなかで導入した革命的な概念である。ポジショニングは正確には革命的なアイデアである。なぜなら4Pを横断しているからである。ポジショニングはそれぞれの'P'に情報を与え，それらに一貫性を持たせる。この2人の著者によって1972年に『広告の時代（Advertising Age）』と題する一連の論文が発表されて以来，マーケティングという学問は変化してきている。」

Ⅷ-2-2 「ポジショニング」概念の登場

1960年代から70年代にかけては市場の国際化とともに企業の多国籍化が進展した時期でもあるが，このような時代の変化をうけてマーケティングの専門用語にも明らかに新傾向の兆候がうかがえる。それは伝統的な4Pのほかに新たに「セグメント・ターゲティング・ポジショニング」という'STP'がマーケティングに求められるようになってきたからである。実際のところ，マーケティング戦略において「STP戦略」という概念が登場し次のように説明されて

いる(8)。それは「マネジャーが最初に顧客を異なるグループにセグメント（区分け）し，それらのグループのきわだった特徴（attractiveness）を評価し，どのグループがターゲット（標的）となるかを決定し，その後に標的となるグループのニーズに合致するような差別化された製品を提供することを示唆するマーケティング戦略である」と。そのうえで「ニーズは既存製品または（差別化された）新製品を綿密にポジショニング（すなわち差別化）することによって満たすことができる」と付け加えられている。

　この説明によるとポジショニングは差別化（differentiation）とほとんど同義で用いられているようであり，現にコトラー自身も前述の巻頭前文の最後に「ポジショニングは現代において非常に活用されているだけでなく，市場において真の差別化（differentiation）を創出し維持するための有力な手段である」と言及している。ちなみに前掲の『ポジショニング』という著書のなかでポジショニングは以下のように定義されている(9)。

　つまり，ポジショニングは製品から始まるけれども，製品を対象にしてはおらず，見込み客のマインド（mind）を対象にし，見込み客のマインドに製品をポジショニング（位置づけ）することである。したがって，ポジショニングを「製品ポジショニング（product positioning）」と理解するのは間違っており，製品自体に対して何かを行うわけではない。名称，価格，包装などの変更は製品の中身を変化させるものではなく，根本的には見込み客のマインドに価値を構築する目的で行われる表面的な変化をもたらすにすぎない。結局のところ，ポジショニングは「コミュニケーションされすぎな社会（overcommunicated society）」において発生する難しい問題を理解する契機となる思考を指している，と。

　要するに，このポジショニングの考え方によれば，ビジネスの問題に限らず，政府，労働，結婚などのあらゆる問題の根底には「コミュニケーションの失敗（Failure to communication）」という共通した普遍的原因があるためにコミュニケーションこそが問題の核心となる。もし人々が感情を伝えたり理由を説明するのに時間を惜しまなければ，世の中で発生する問題の多くが消え失せてしまうと想定されている。そうはいっても，当事者が向き合って話し合いをしさえすれば問題が解決できるにもかかわらず，現実にはそれが行われていないよ

うである。こうして世界で初めて「コミュニケーションされすぎな社会」が出現し，同著もポジショニングと呼ばれるコミュニケーションの新しいアプローチについて書かれている，というのである。ただし，同著の実例のほとんどは，あらゆるコミュニケーションの形態のなかで最も難しい広告（advertising）に関するものであり，広告は大部分が望ましくないか好ましくないもので，時には嫌悪感さえ持たれる場合があると説明されている。

Ⅷ-3 「国際マーケティング」の誕生と展開

Ⅷ-3-1 「国際マーケティング」誕生の背景

次に本節では米国で1999年に出版された『International Marketing（Tenth Edition）』（written by Philip R. Cateora and John L. Graham）と題する著書の記述に基づいて，主に「国際マーケティング」という概念が誕生する経緯を検証していきたい。なお，この著書は10版を重ねているが，初版は今から40年ほども前の1966年に出版されており，1960年代の半ばに米国ではすでに国際マーケティングに関する専門書が出版され国際マーケティングという学問分野が形成されていたことを推測させる[10]。

最初に国際マーケティングが登場する背景は同書の前文（Preface）のなかで次のように語られている。いわく「今日の世界市場（global market）における好機は，第2次世界大戦後における世界経済の発展とともにある。ところが，こうした好機が存在した競争的環境（competitive environment）は米国の多国籍企業が世界市場で優位を占めていた初期のころとは様変わりしている。1940年代後半から60年代を通して米国の多国籍企業（multinational corporations：MNCs）には競争が少なかったが，今日では世界中のほとんどの国の企業が世界市場で張り合っている」と。

つまり，大企業にせよ中小企業にせよ，歴史的に今日ほど米国企業が国際的で世界的なビジネスに深くかかわり影響をうけた時代はなく，効率性（efficiency）と生産性（productivity），ならびに開かれた規制のない市場（open, unregulated markets）が世界を席巻するにつれ，現代の経済史において前例のないくらいの世界的な経済ブームが起こっているのである。こうして世界規

模の経済成長が市場を拡大する反面,工業国の成熟した市場では消費者の好み (consumer's tastes) が高度化・複雑化するとともに,購買力 (purchasing power) の増大が需要を満たす手段を消費者に提供するようになっていった。

さらに同書の10版においてはとくに次のようなトピックが問題点 (issues) として考慮されているという。それは21世紀に向けての競争,市場構造の変化,倫理と社会的責任 (ethics and social responsibility),交渉,経営者の成長である。なかでも競争 (competition) は品質のグローバル・スタンダード (global standards) を高くし,先端技術や技術革新への需要を増加させ,顧客満足 (customer satisfaction : CS) の価値を増大させた。世界市場は売り手市場 (seller's market) から買い手市場 (buyer's market) に急速に変化しつつあり,これは根本的な社会的,経済的,政治的変化をもたらすことになる。これらに加えてグローバル・コミュニケーション (global communication) の発展とその国際ビジネスの手法への直接・間接の影響も過小評価できない,と記されている。

Ⅷ-3-2 国際マーケティングと不確実性

このような背景のもとに誕生した国際マーケティング (International Marketing) という概念は,同書のなかで「利益を求めて一国以上の顧客やユーザーに対する企業の製品やサービスの提供に関し,計画作成,価格決定,販売促進,管理などのビジネス活動を遂行することである」と定義されており,国内マーケティング (domestic marketing) と国際マーケティングの定義における唯一の相違は,マーケティング活動が国際マーケティングでは一国以上で行われるという点だけである。もっとも,この一見したところ小さな「一国以上 (more than one nation)」という点が,国際マーケティングの作業を遂行する際の複雑さ (complexity) や多様性 (diversity) を物語っている。マーケティングの概念,プロセス,原則等は普遍的に適用されるものであり,マーケティングの仕事は世界のどこでビジネスを行うかに関係なく不変である。ビジネスの目的は市場に向けて製品の販売を促進し,価格を決定し,流通させることによって利益をあげることにあり,そうであれば国内マーケティングも国際マーケティングも何ら変わるところがない,と指摘されている[11]。

そうはいっても国際マーケター（international marketer）の仕事は国内マーケター（domestic marketer）より複雑である。なぜなら国際マーケターは国内マーケターより多くの制御できない不確実性に取り組まなければならないからである。もちろん不確実性（uncertainty）は，あらゆるビジネス環境における制御できない要素によって形成されるが，国外においてはそれぞれの国に特有な制御できない要素が加わることになる。例えば国内マーケティングにとっても国際マーケティングにとっても制御できる要素（controllables）として，マーケティング・ミックスの4Pに当たる製品，価格，販売促進，流通経路が挙げられている。これに対し国内環境のもとで制御できない要素（uncontrollables）として，競争構造，政治的・法的要因，経済情勢の3つが掲げられている。さらに国外環境のもとで制御できないものとしては，上述した国内環境における3つの要因に加え，技術水準，文化的要因，流通機構，地理的要因と社会基盤（インフラ）が指摘されている（表Ⅷ-1参照）(12)。

また，国際マーケティングを成功させる鍵は，異なる市場の間に存在する環境の相違に適応（adaptation）することにある。この場合の適応とは，マーケ

◆ 表Ⅷ-1　マーケティング活動における諸要素 ◆

制御できる要素 (Controllables)	国内環境において 制御できない要素 (Domestic environment : Uncontrollables)	国外環境において 制御できない要素 (Foreign environment : Uncontrollables)
製品 (Product) 価格 (Price) 販売促進 (Promotion) 流通経路 (Channels of distribution)	競争構造 (Competitive structure) 政治的・法的要因 (Political／legal forces) 経済情勢 (Economic climate)	競争要因 (Competitive forces) 政治的・法的要因 (Political／legal forces) 経済的要因 (Economic forces) 技術レベル (Level of technology) 文化的要因 (Cultural forces) 流通機構 (Structure of distribution) 地勢と社会基盤 (Geography and infrastructure)

ティング・ミックスにおける国外および国内の制御できない環境を予測し，マーケティング・ミックスを調整するために行う国際マーケターの意識的な努力（conscious effort）を指している。他方，国際マーケティングを成功させるうえで大きな障害となるのが，人が意思決定する際の「自己参照基準（self-reference criterion：SRC）」であり，この用語は意思決定の基盤となる自己の文化的価値観（cultural values），経験（experiences），および知識（knowledge）を無意識に参照すること（unconscious reference）を意味している。この自己参照基準が，例えば異文化における経験や知識の不足によって海外市場を評価する能力を妨げることになる[13]。

ところで，企業が国際化を指向しようとする場合，どれくらいマーケティングを関係させるかを決定する必要に迫られる[14]。こうした決定は十分な調査，および市場の潜在性（market potential）と企業の能力（company capabilities）の分析を反映する。実際，多くの企業は国際マーケティングに試験的に取り組み，経験を蓄積するにつれて成長し，確信を得るにつれて戦略（strategy）や戦術（tactics）を徐々に変更する。そうでない企業は多くの調査を行った後，綿密に作成した長期計画に基づいてマーケット・ポジション（market position）を獲得するための投資に備える。例えば製品のライフサイクルが短く市場が広範にわたる技術的製品については，多くのハイテク企業は企業規模に関係なく，自国市場を含めた世界市場を１つの市場（a single market）と捉え，できるだけ短期間に購買可能な顧客に販売しようとするであろう。あるいは外国市場に参入する手段に関係なく，企業はマーケティングの観点から市場への投資（market investment）をせず（すなわち，市場の支配を考えることなく）製品の販売のみに限定するかもしれない。

Ⅷ-3-3　国際マーケティングの５段階

　一般的に企業が国際マーケティングにかかわる段階（the stages of international marketing involvement）は以下の５つの段階に分類されている（図Ⅷ-1参照）。ただし，１つの段階から次の段階へ順次進むとは限らず，それらの段階は重複することがあり，同時に複数の段階から始めることもある。むしろ現実には５つの段階のどれか１つの段階にぴったりと当てはまることのほうが

◆ 図Ⅷ-1　国際マーケティングにかかわる5つの段階 ◆

```
┌─────────────────────────────────────────────────────────┐
│      No Direct Foreign Marketing（直接的でない海外のマーケティング）      │
│         企業は積極的に海外市場で製品を販売しようとしない                │
│                            ▼                            │
│    Infrequent Foreign Marketing（めったに起こらない海外のマーケティング）  │
│         企業は一時的な余剰によって海外市場で製品を販売する              │
│                            ▼                            │
│      Regular Foreign Marketing（通常の海外におけるマーケティング）       │
│         企業は継続して海外市場で製品を販売しようとする                  │
│                            ▼                            │
│             International Marketing（国際マーケティング）              │
│         企業は世界中の様々な国の市場に向けて製品を販売する              │
│                            ▼                            │
│              Global Marketing（グローバル・マーケティング）             │
│      企業は世界の市場を1つの巨大な市場と見なして製品を販売する           │
└─────────────────────────────────────────────────────────┘
```

まれである，とまで指摘されている(15)。

　まず第1は「直接的でない海外のマーケティング（No Direct Foreign Marketing）」である。この段階における企業は国境を越えて積極的に顧客を開拓しないが，その企業の製品は海外市場で販売されることになる。販売は取引のある海外の顧客に対して直接行われるか，商社（trading companies）を経由して行われる。あるいは海外で製品を販売する国内の卸売業者や流通業者を通して海外市場へ出回ることもあり得る。もしインターネット上にウェブページ（ホームページ）があれば，その企業は海外から注文を直接受けることも可能である。

　第2は「めったに起こらない海外のマーケティング（Infrequent Foreign Marketing）」で，この要因は生産レベルや需要の変動によって一時的な余剰（temporary surpluses）が発生する現象に求められる。この場合の余剰はあくまでも一時的なもので，海外市場での販売を継続的に行うことは意図されておらず，国内需要が回復し余剰を吸収できるようになれば海外市場における販売活動は中止される。

第3は「通常の海外におけるマーケティング（Regular Foreign Marketing）」である。この段階では企業が海外の市場で販売する商品の生産能力を継続的に備えていなければならない。それと同時に企業は国内または海外の中間業者（middlemen）を雇うか，重要な海外市場において自己の販売要員（sales force）ないしは販売子会社（sales subsidiaries）を擁していなければならない。ただし，生産活動の焦点は国内需要に当てられており，海外での需要が増大した時に初めて生産活動が海外市場に向けられ，製品が個々の海外市場のニーズを満たすよう流通されることになる。

　第4が「国際マーケティング（International Marketing）」になり，この段階の企業は国際的なマーケティング活動に全面的にかかわることになる。つまり，企業は世界中に市場を求め，様々な国の市場に向けて計画的に生産された製品を販売するようになるわけである。それは通例，自国市場以外でマーケティング活動を行うだけでなく生産活動を行うことも余儀なくするであろう。したがって，企業は国際的または多国籍（multinational）なマーケティングを行うようになる。

　最後の第5は「グローバル・マーケティング（Global Marketing）」である。グローバル・マーケティングの段階では市場とその計画に対する企業の志向（orientation）が最も大きく変化し，企業は自国の市場を含む世界の市場を1つの市場と見なすようになる。多国籍または国際的な企業は世界市場を自国の市場を含めた一連の国の市場の集合体と見なし，特質のある市場ごとに開発されたマーケティング戦略を適用していく。これに対し，グローバル企業はビジネス活動のグローバルな標準化（global standardization）によって見返りが最大となるよう，多くの国の市場ニーズに共通性が存在することを反映した戦略を開発する。別言すれば，グローバルな視点から管理，組織構造，資金調達，生産，マーケティングなどが行われることになる。

Ⅷ-4 「グローバル・マーケティング」への進展

Ⅷ-4-1　競争のプレッシャー

　前節に続いて本節では国際マーケティングからグローバル・マーケティング

第Ⅷ章　21世紀の国際マーケティング　213

への進展を2000年に米国で出版された『Global Marketing（Second Edition）』（written by Warren J. Keegan and Mark C. Green）と題する著書の記述に基づいて考察していきたい(16)。最近ではグローバル・マーケティングという用語が国際マーケティングに代わって使用されることが多くなり，グローバル・マーケティングという概念は極めて重要と推測されるからである。

まず同書におけるマーケティングの定義は本章の第2節（Ⅷ-2）に記したマーケティングの定義と基本的にはほとんど同じで，マーケティングという学問には普遍性があり，マーケティング・ミックスの4Pについても現代のマーケターの主要な道具（primary tool）と位置づけられている。また，マーケティングは財務や経営と異なる企業における機能分野（functional areas）の1つであるが，製品設計，製造，流通などとともに企業のバリュー・チェーン（value chain）を構成する諸活動の1つとも考えられている。

とくに現代では競争のプレッシャー（competitive pressures）によって，多くの企業のマーケターは最初から設計や製造などのバリューに関連する意思決定にかかわらざるをえなくなる。このアプローチは「境界のないマーケティング（boundaryless marketing）」として「顧客のニーズと欲求（Customer needs and wants）→調査研究（R&D）→エンジニアリング（Engineering）→製造（Manufacturing）→カスタマー・バリュー（Customer value）」という一連の流れとしても知られており，このようなマーケティング志向は企業のなかに価値創造活動（value-creating activities）を浸透させることになる。企業が競争相手（competitors）よりも顧客に価値（value）を創造することに成功した場合，その企業は1つの産業で競争の優位性（competitive advantage）を得たと言われている(17)。

Ⅷ-4-2　マーケティングのグローバル化

さて，マーケティングという学問は普遍性を備えているけれども，現実問題としてマーケティングの実践面に関しては国によって相違するのが当然であろう。こうした相違は，ある国で成功したマーケティングの手法が他の国で自動的にうまく適用できることを意味してはいない。国によって顧客の選好，競争相手，流通経路，コミュニケーション媒体などが異なるからである。したがっ

て，グローバル・マーケティングの重要な役目は，マーケティングに関するプランやプログラムがどの範囲まで適用されなければならないかとともに，世界的にどこまで拡大することができるかを認識することにある。

例えば清涼飲料のコーク（Coke）はグローバル・マーケティングによって世界的に成功したが，その成功はマーケティング・ミックスの要素を標準化（standardization）したことに基づいてはいなかった。実際，コカ・コーラ（Coca-Cola）は，その国の企業（insider）になるために多くの時間と資金を使うことによって日本で成功を収めた。つまり，販売員（sales force）と自動販売機（vending machine）によってインフラを構築したのである。もっとも，この成功は「グローバル・ローカライゼーション（global localization）」を成し遂げる能力を備えた結果と指摘されている。グローバル・ローカライゼーションとは現地企業として全くその国の企業になるのだけれども，世界的なスケールの経営から生じる利益も同時に得ることができる状態を指している。

簡潔に言えば，このグローバル・ローカライゼーションは優れたグローバル・マーケターに「グローバルに考えローカルに行動する（think globally and act locally）」能力を修得しなければならないことを示唆している。要するに，グローバル・マーケティングでは標準化（standardized）のアプローチ（例えば製品自体）と現地化（localized）のアプローチ（例えば流通とか包装）を組み合わせなければならないわけである。現にグローバルな製品はどこでも同じものであるにもかかわらず相違しているところがあるという。こうしてグローバル・マーケティングはマーケターに対し，世界市場において類似（similarities）と相違（differences）の両方に対応することによってグローバルに行動すると同時にローカルに行動することを求めている。

さらに，このようなグローバル・マーケティングが登場する背景には次のような実態があると指摘されている。今日，世界最大の市場となっている米国市場は，あらゆる製品やサービスに対して世界市場の25％くらいを占めている。したがって，潜在的に世界市場の75％は米国以外の国にあるため，成長を最大化しようとする米国企業は必然的にグローバル化（go global）をはからなければならなくなる。コカコーラは，このことをよく理解していた米国企業であり，海外の子会社でさえもその国の国境を越えて市場の好機を求める強い意欲

◆ 表Ⅷ-2　企業の発展段階と成功要因 ◆

1．生産指向（Production oriented）
作業の効率性（Operational efficiency） 製品の標準化（Product standardization） 大量の流通（Mass distribution）
2．販売指向（Selling oriented）
説得力のある販売（Persuasive selling） 製品の特徴づけ（Product featuring） 大規模な販売促進（Mass promotion）
3．マーケティング指向（Marketing oriented）
市場の効果性（Market effectiveness） 製品の差別化（Product differentiation） バランスのとれた販売促進（Balanced promotion）
4．市場追求（Market driven）
ニッチ選択（Niche selectivity） 製品の専門化（Product specialization） 統合化されたコミュニケーション（Integrated communication）
5．顧客追求（Customer driven）
データベースの信頼性（Database accountability） 製品のカスタマイゼーション（Product customization） 双方向のコミュニケーション（Interactive communication）

参考資料：Warren J. Keegan and Mark C. Green, *Global Marketing*（Second Edition）, Prentice-Hall, 2000.

を持っていた[18]。

　なお，同書のなかで企業の発展段階（company's evolution）は**表Ⅷ-2**のように生産指向から顧客追求まで企業のタイプ（Type of Company）によって5つの段階に分類されており，それぞれの重要な成功要因（Key Successful Factors）が次のように3項目ずつ列記されている。まず第1の「生産指向（Production oriented）」タイプにおける成功要因としては，作業の効率性，製品の標準化，大量の流通，第2の「販売指向（Selling oriented）」タイプでは説得力のある販売，製品の特徴づけ，大規模な販売促進，第3の「マーケティング指向（Marketing oriented）」タイプでは市場の効果性，製品の差別化，

バランスのとれた販売促進，第4の「市場追求（Market driven）」タイプではニッチ選択，製品の専門化，統合化されたコミュニケーション，そして第5の「顧客追求（Customer driven）」タイプではデータベースの信頼性，製品のカスタマイゼーション，双方向のコミュニケーションが掲げられている。

Ⅷ-4-3　マーケティングの5つのタイプ

　加えてマーケティングが5つのタイプに分類され，それぞれのタイプごとに戦略（Strategy），戦術（Tactics），および価値（Value）というマーケティングの要素に大きく分けてられている。この場合におけるマーケティングの5つのタイプとは「マーケティングが行われないもの（No Marketing）」「マス・マーケティング（Mass Marketing）」「セグメントされたマーケティング（Segmented Marketing）」「ニッチなマーケティング（Niche Marketing）」「個別化されたマーケティング（Individualized Marketing）」を指している。さらに「戦略」はセグメンテーション，ターゲティング，ポジショニング，「戦術」は差別化，マーケティング・ミックス，販売，そして「価値」はブランド，サービス，プロセスという3項目ずつ合計9項目に分類されている（**表Ⅷ-3** 参照）。

　このうち例えば**表Ⅷ-4**に示したように，戦略における「セグメンテーション（Segmentation）」はマーケティングの5つのタイプにしたがって順次，地理的（Geographics），人口統計的（Demographics），消費者の傾向や行動様式などに関するサイコグラフィックス的（Psychographics），行動様式的（Behavioral），個別的（Individualized）に決定されることになる。戦術における「差別化（Differentiation）」は「企業にとって良い（Good for company）」「競争相手より良い（Better than competitor）」「顧客に好まれる（Preferred

◆ **表Ⅷ-3　マーケティングを構成する9つの要素** ◆

戦略（Strategy）	戦術（Tactics）	価値（Value）
Segmentation	Differentiation	Brand
Targeting	Marketing mix	Service
Positioning	Selling	Process

第Ⅷ章　21世紀の国際マーケティング　217

◆ 表Ⅷ-4　マーケティングの5つのタイプと構成要素（例）◆

Type of Marketing (マーケティングのタイプ)	No Marketing (マーケティングが行われない)	Mass Marketing (マス・マーケティング)	Segmented Marketing (セグメントされたマーケティング)	Niche Marketing (ニッチなマーケティング)	Individualized Marketing (個別化されたマーケティング)
Segmentation (セグメンテーション)	Geographics (地理的)	Demographics (人口統計的)	Psychographics (サイコグラフィックス的)	Behavioral (行動様式的)	Individualized (個別的)
Differentiation (差別化)	Good for company (企業にとって良い)	Better than competitor (競争相手より良い)	Preferred by customer (顧客に好まれる)	Specialized for niches (ニッチに特化)	Customized for individuals (個別にカスタマイズ)
Brand (ブランド)	Just-a-name (名前だけ)	Brand awareness (ブランドの認識)	Brand association (ブランドの連想)	Perceived quality (品質の知覚)	Brand loyalty (ブランドへの忠誠)
Marketing mix (マーケティング・ミックス)	「4A」 (assortment, affordable, available, announcement) (品揃え、購入可能性、入手可能性、アナウンス)	「4B」 (best, bargaining, buffer-stocking, bombarding) (最良、割引、安定した在庫、集中的な広告)	「4P」 (product, price, place, promotion) (製品、価格、場所、促進)	「4V」 (variety, value, venue, voice) (多種類化、実際の価値、特定地域、顧客の声)	「4C」 (customer solution, cost, convenience, communication) (顧客へのソリューション、消費者へのコスト、買い手の便利さ、双方向のコミュニケーション)

参考資料：Warren J. Keegan and Mark C. Green, *Global Marketing* (*Second Edition*), Prentice-Hall, 2000, p. 42.

by customer)」「ニッチに特化している (Specialized for niches)」「個別にカスタマイズされる (Customized for individuals)」に特徴づけられる。価値における「ブランド (Brand)」は「名前だけ (Just-a-name)」「ブランドの認識 (Brand awareness)」「ブランドの連想 (Brand association)」「品質の知覚 (Perceived quality)」「ブランドへの忠誠 (Brand loyalty)」へと変化していく，と指摘されている。

　しかし何と言っても注目されるのは，マーケティング・ミックスが「セグメントされたマーケティング」における伝統的な「4P」だけでなく，「4P」の内容を構成する「製品 (product)，価格 (price)，場所 (place)，促進 (promotion)」の4項目に対応させて「4A」「4B」「4V」「4C」が掲げられ，それらの内容が4項目ずつ次のように示されている点であろう。すなわち最初に「4A」とは「品揃え (assortment)，購入可能性 (affordable)，入手可能性 (available)，アナウンス (announcement)」，「4B」とは「最良 (best)，割引 (bargaining)，安定した在庫 (buffer-stocking)，集中的な広告 (bombarding)」，「4V」とは「多種類化 (variety)，実際の価値 (value)，特定地域 (venue)，顧客の声 (voice)」，最後の「4C」とは「顧客へのソリューション (customer solution)，消費者へのコスト (cost)，買い手の便利さ (convenience)，双方向のコミュニケーション (communication)」である[19]。

　以上のようなグローバル・マーケティングに関して前提的に行われたマーケティングの5つのタイプにおける分析は，図Ⅷ-1に示した国際マーケティングにかかわる5つの段階とともに国際マーケティングに関する研究において非常に示唆に富む。ただし，「セグメントされたマーケティング」から「ニッチなマーケティング」，さらに「個別化されたマーケティング」への流れは，市場のグローバル化は「世界中のどこでも同じ方法で同じものを販売する」という国際マーケティングからグローバル・マーケティングに向けての世界的な製品標準化への流れと理論的に矛盾している嫌いがあり，この点が1983年にハーバード・ビジネス・レビュー誌（5月・6月合併号）に掲載され，国際マーケティングやグローバル・マーケティングに関する議論の高まる契機となった「市場のグローバル化 (The Globalization of Markets)」(written by Theodore Levitt) と題する画期的論文の発表以来，実践面だけでなく理論的に国際マー

ケティングを論じる際の問題点となっている[20]。

Ⅷ-5 国際マーケティングの新しい展開

Ⅷ-5-1 国際マーケティングの普遍性

　国際マーケティングは国際ビジネスの一環として行われるが、米国で2004年に出版されたバロンズの『国際ビジネス用語辞典 (Dictionary of International Business Terms)』[21]の前文には「グローバル市場 (global marketplace) は急成長し激変する分野であり、世界の一カ所で発生していることが即座に他の地域に影響を及ぼす。国際ビジネスは技術の進歩、急速に拡大する経済、そして国際貿易協定の直接的な結果として発展しつつある」と記されている。そのうえで「国際的 (international)」とは①自国以外の国に関係している状態、または②国境を越える状態を意味していると定義されているのに対し、「グローバル化またはグローバリゼーション (globalization)」は「1990年代に注目された財、サービス、資金に関して拡大する世界的規模の市場統合 (worldwide integration of markets)」と定義されている。

　しかしながら、このように国際ビジネスの分野において国際化とグローバル化、あるいは国際企業とグローバル企業は概念的に異なる内容を表しているけれども、実践面においては両者を区別する意味がそれほど大きくないと言えるのではないだろうか。例えば本章の第3節（Ⅷ-3）において「国際マーケティング (International Marketing)」と「グローバル・マーケティング (Global Marketing)」は異なる定義が付され、後者は前者の発展段階と考えられている。これと対照的に第4節（Ⅷ-4）における「グローバル・マーケティング」は明らかに国際マーケティングを包摂した概念として使われており、実際にも国際マーケティングの定義自体が見当たらない。

　この点は第4節（Ⅷ-4）の基礎となった『グローバル・マーケティング』という著書の索引欄のなかで国際マーケティングという用語が掲載されておらず、しかも「international marketing」が冒頭に付く専門用語は「international marketing research process」の一語だけで、この用語ですら他の専門書からの図表の引用で使用されているにすぎない[22]。他方、第3節（Ⅷ-3）の基

礎となった『国際マーケティング』という著書の索引欄のなかで「global marketing」が冒頭に付く専門用語は「global marketing concept」および「global marketing management」の2語だけである。さらに前述の『国際ビジネス用語辞典』の見出し語に関しては「international marketing channel」の1語だけが掲載されている。

したがって国際マーケティングとグローバル・マーケティングは現在のところ，ほとんど同義で使われていると考えられるわけである。

さて，本質的にマーケティングは世界中で通用する普遍性を備えていなければならないが，敢えて国内マーケティングという概念を用いて国際マーケティングとの違いを明確に表すなら，それは市場を細分化するセグメンテーションが格段に複雑になる点に集約できる。なぜなら国内市場に比べて国際市場は政治・経済面だけでなく言語，文化，民族，宗教，地勢などが大きく相違しているからである。これはグローバル市場——あるいは世界市場とか地球市場と表現することもできるであろう——についても当てはまることで，いくら概念的または理念的にグローバル市場が存在すると唱えても，現実的に世界各国における様々な相違点が市場のセグメンテーションにとって大きな障害になることは避けて通れない。やはり国際市場とかグローバル市場には国内市場と比較して不確実性や不規則性などの変化に対する大きなリスク要因が根底にあると言わざるをえない。

Ⅷ-5-2　リーダーシップと創造性

そこで国際マーケティングに関する研究として最後に指摘しておきたいのが，国際的またはグローバルなマーケティング活動において「リーダーシップ (leadership)」と「創造性 (creativity)」が将来的に必要になってくる点である。なぜなら，これらの概念は21世紀に国際マーケティングの分野において「マーケティング・リーダーシップ (marketing leadership)」とか「マーケティング・クリエイティビティ (marketing creativity)」といった新しい専門用語を登場させる可能性があるからである。ちなみに国際マーケティング活動が国際ビジネス活動の一環であるかぎり，リーダーシップや創造性といった概念が国際マーケティングに関して使われても違和感は生じないであろう。

リーダーシップについてはピーター・ドラッカー（Peter F. Drucker）の著書『The Effective Executive』のなかで「経営幹部の効果性（executive effectiveness）は現代社会の経済的な生産性を高め社会的に成長させる最高の希望（our one best hope）である」と記され，知識労働者（knowledge worker）こそが先進国において急速に主要な資源（major resource）になりつつある，と指摘されている[23]。また，ワレン・ベニス（Warren Bennis）とバート・ナナス（Burt Nanus）の著書『Leaders』では，21世紀に想定されるリーダーシップのモデル変化のなかで成功するのは次のような能力を備えたリーダーであると記されている。つまり，①混乱した時代に方向性（direction）を備えている，②変化を乗り切りながらも優れた顧客サービスと品質を提供する，③資源（resources）を集め新しい顧客層に対して新しい連携（alliances）を推し進める，④グローバルなスケールで多様性（diversity）を身に付けている，⑤後継者のあいだに楽観（optimisum），熱意（enthusiasm），確信（commitment）を持たせられる，⑥知識労働者に対してはリーダーのなかのリーダーになれることである，と[24]。

一方，創造性については2004年に米国で出版された『Creative Intelligence』（Written by Alan J. Rowe）が参考になるであろう[25]。同書の前文（Preface）によれば，ますます複雑で混沌（こんとん）としてくる現代においては創造性（creativity）に焦点を当てることが重要になり，我々が直面している多くの解決不可能に見える問題に取り組む新しいアプローチが必要になってくる。そのような問題の典型例が地球温暖化，テロリズム，暴力，ホームレス，教育，高齢化などである。こうして現代社会のなかに本来的に存在する不確実性（uncertainty）に対し，創造的な知能（creative intelligence）はこれまで以上に有意義な貢献をする機会があり，そうした創造性の発揮はリーダーシップの向上にもつながっていくと考えられる。

結論的に21世紀に国際マーケティングを実践する国際マーケターは，不確実で混沌とした国際市場において成功を収めるために国際マーケティングに関する高度な専門知識に加え創造性やリーダーシップなどの能力を備えることが必要になってくると予想される。

■ 注
(1) これらの詳細は以下の諸文献を参照されたい。
A. W. Shaw, *Some Problems in Market Distribution ; Illustrating the application of A BASIC PHILOSOPHY OF BUSINESS*, Harvard University Press, 1915.
Philip Kotler, *KOTLER ON MARKETING*, The Free Press, 1999.
Philip Kotler, Ned Roberto, Nancy Lee, *SOCIAL MARKETING*, Sage Publications, Inc., 2002.
(2) この点は本書の第Ⅱ章のなかですでに考察されている。
(3) 丹下博文「国際ビジネス・コミュニケーションにおける専門用語の動向研究」『朝日大学経営学会・経営論集（第12巻第2号）』1997年12月，21〜39頁。
(4) Jack P. Friedman, *Dictionary of Business Terms*, BARRON'S, 2000, p. 412.
(5) Graham Bannock, etc., *Dictionary of Business*, Bloomberg Press, 2003, p. 214.
なお，AMAによる「マーケティング」の定義については本書の第Ⅱ章第1節（Ⅱ-1）を参照されたい。
(6) *A Dictionary of Business*, Oxford University Press, 2003, pp. 318-319.
(7) Al Ries and Jack Trout, *Positioning : The Battle for Your Mind*, McGraw-Hill, 2001, New Foreword to the Marketing Classic（by Philip Kotler）.
(8) Graham Bannock, etc., *op. cit.*, p. 337.
(9) Al Ries and Jack Tout, *op. cit.*, pp. 1 - 4.
(10) Philip R. Cateora and John L. Graham, *International Marketing*（*Tenth Edition*）, McGraw-Hill, 1999.
(11) *Ibid.* p.6. 参考までに，国際マーケティングの定義の原文は次のようになっており，1985年に改定されたAMAの定義と基本的にほとんど変わらない——International marketing is the performance of business activities designed to plan, price, promote, and direct the flow of a company's goods and services to consumers or users in more than one nation for a profit.
(12) *Ibid.*, pp. 7 - 8.
(13) *Ibid.*, pp. 13-14.
(14) この点は本書の第Ⅱ章第5節（Ⅱ-5）において「マーケティングの先行的役割」または「マーケティングの先行性」という概念を用いて指摘してある。
(15) Philip R. Cateora and John L. Graham, *op. cit.*, pp. 16-20.

(16) Warren J. Keegan and Mark C. Green, *Global Marketing* (*Second Edition*), Prentice-Hall, 2000.
(17) *Ibid.* pp. 2 - 4. 参考までに同書におけるマーケティングの定義は次のように記されている—*Marketing* is the process of planning and executing the conception, pricing, promotion, and distribution of ideas, goods, and services to create exchanges that satisfy individual and organization goals.
(18) *Ibid.*, pp. 7 -10.
(19) *Ibid.*, pp. 41-44.
(20) Philip R. Cateora and John L. Graham, *op. cit.*, pp. 22-24.
(21) John J. Capela and Stephen W. Hartman, *Dictionary of International Business Terms* (*Third Edition*), BARRON'S, 2004.
(22) Warren J. Keegan and Mark C. Green, *op. cit.*, p. 219.
(23) Peter F. Drucker, *The Effective Executive*, HarperCollins, 2002, pp. 171-172.
(24) Warren Bennis and Burt Nanus, *Leaders*, HarperCollins, 2003, pp. 216-217.
(25) Alan J. Rowe, *Creative Intelligence*, Prentice Hall, 2004.

第IX章
21世紀の
グローバル化と国際経営

IX-1 国際経営の新しい課題

　21世紀になり国際経営にも新しいパラダイムが求められるようになってきた[1]。その1つが「企業の社会的責任(CSR：Corporate Social Responsibility)」という概念の国際化である。もともと企業の社会的責任は1950年代に先進工業国における産業公害の発生を契機に登場した。ところが日本では半世紀後の2000年に雪印乳業による集団食中毒事件や三菱自動車によるリコール隠し事件，さらに2002年には雪印乳業の子会社において牛肉偽装事件が発生し，新しい視点から企業の社会的責任が再び脚光を浴びることとなった。

　他方，米国では2001年にエネルギー大手企業のエンロンにおける粉飾決算，続く2002年には通信大手企業のワールドコムにおいて会計不祥事が発覚し，世界中に企業経営に対する不信感が波及した。その結果，新たに「企業経営の社会性(Social Context of Corporate Management)」が問題視されなければならなくなった[2]。

　しかしながら，国際的には「企業の社会的責任（CSR）」という概念すら明確になっていないのが現状で，国際標準化機構(ISO：the International Organization for Standardization)は2005年1月にようやく企業の社会的責任に関する国際的な規格づくりを始め，2005年10月には企業の社会的責任に関する新しい規格「ISO26000」の素案が明らかになった。その規格の適用要件としては，①法令や規制，文化の尊重，②組織内の透明性の確保，③人権，雇用，環境への配慮，④CSR報告書の信頼性向上，などが掲げられている。

　一方，日本では最近になり①ライブドアによるフジテレビの企業買収劇，②村上ファンドによる阪神電鉄（プロ野球・阪神タイガースの親会社）株の大量取得，③インターネット大手企業の楽天による民放大手TBS株の大量取得にともなう経営統合の申し入れ，④日本企業による買収額では過去最大となるソフトバンクによる国内携帯電話3位のボーダフォン（携帯電話世界最大手の英ボーダフォンの日本法人）買収などにより，日本では企業の合併・買収（M&A：Merger and Acquisition）への関心が急速に高まってきた[3]。

　それとともにM&Aの一形態としてのMBO（Management Buy-Out），LBO

(Leveraged Buy-Out)，さらに敵対的買収（Hostile Acquisition）への対抗手段としてのホワイトナイト（White Knight）とかポイズンピル（Poison Pill）などの新しい専門用語が日本でも使用されるようになってきた。これらの専門用語は主に米国から輸入された外来語であるため，日本では未だに内容が明確に把握されているとは言い難く，それゆえ国際経営の重要な研究対象になるであろう[4]。

以上のような問題認識に基づいて本章では最終的に21世紀における国際経営の新しいパラダイムの構築を目指そうとするものである[5]。

IX－2 「企業の社会的責任」の国際規格化

IX－2－1 企業の社会的責任（CSR）と国際経営

2006年になっても企業の社会的責任にかかわる問題は後を絶たない。例えば2006年7月になると，パロマ工業（名古屋市）が製造しパロマ（名古屋市）が販売した瞬間湯沸かし器による一酸化炭素（CO：carbon monoxide）中毒事故が相次いでいる問題が発覚。同年7月31日にパロマ工業から経済産業省に提出された調査報告書によると，1985年から2005年の間に一酸化炭素中毒が計28件発生し計21人が死亡した。その後，同年8月に入ると他にも死亡事故が起きている可能性が指摘されたり，8月7日にパロマ工業から経済産業省に再提出された調査報告書によると，消費者に事故の危険性を周知して注意を喚起せず，対策が社内や業界向けにとどまっており結果的に不十分であったという。

さらにトヨタ自動車でさえも2006年になり，リコール問題をめぐって同社の従業員が熊本県警から書類送検されるという不祥事が発生した。このため同社は8月3日に，RV車「ハイラックスサーフ」の欠陥を約8年間放置して人身事故を引き起こしたとされる業務上過失傷害事件に対し，顧客の期待を裏切ることがないよう社内における情報の共有化をはかり関連部署の連携を強化することなどを対策として掲げた業務改善に関する報告書を国土交通省に提出したが，これも企業の社会的責任にかかわる不祥事といえよう。

ちなみにパロマ工業にかかわる一酸化炭素中毒事故だけでなく，シンドラー社製のエレベーターによる死亡事故，シュレッダーによる幼児の指切断事故な

どが相次いで発生したことから，2006年11月には消費者に対し製品に関する事故情報を迅速に提供するために改正消費生活用製品安全法が成立している。しかし12月になると，今度はトヨトミ社（名古屋市）製の石油ファンヒーター使用事故，さらに2007年1月には老舗洋菓子メーカーの不二家における品質管理問題，続く2月にはガス器具国内最大手のリンナイ（名古屋市）の製品に関しても一酸化炭素中毒事故が多発していた事実が発覚したのである。

このように日本国内だけを見ても企業の社会的責任にかかわる不祥事は2007年になっても続出しているのが実態であるけれども，国際的には国際標準化機構（ISO）においてCSR（企業の社会的責任）の国際規格化の検討がすでに2001年4月に本格的に開始された。これは企業の国際経営活動に大きな影響をおよぼす動向なので，本章で考察していきたい[6]。その嚆矢は2001年4月に開催されたISO理事会において，CSRの国際規格策定の実現可能性について消費者政策委員会（COPOLCO）で調査・検討しISO理事会に勧告することを決議したことにあると指摘されている。

その後，2002年6月にISO／COPOLCO総会で承認されたISO・CSR諮問報告書（「CSR規格の必要性と実行可能性」報告書）では，消費者の観点からISO・CSR規格の策定が望ましく，かつ可能であると結論づけられた。つまりCSR規格はISO9000（品質マネジメント規格），ISO14001（環境マネジメント規格）に続く第3世代のためのマネジメントシステム規格と位置づけられ，ISO・CSR文書の作成に関する決定を行うために，ISOに対して戦略諮問グループを設立することが勧告されたわけである。

この勧告に基づき2002年9月にISO理事会において技術管理協議会（TMB）のもとにCSR高等諮問委員会（SAG）が新設され，2003年2月に開催されたSAGの会議でISO理事会への提案内容が固まった。その提案の第1は，ISOが社会的責任に関する現状の規範やガイドライン，および仕様についてのテクニカル・レポート（TR）を作成すること。第2は，自己宣言基準のマネジメントシステム規格としての正当化作業を実施することであったが，この時点で同規格は第三者認証（third party certification）基準ではなく自主宣言基準として使用する内容になっている。

Ⅸ-2-2 「ISO26000」規格に関する動向

　SAGでは 5 回の会議を経て2004年 4 月に「社会的責任に関するワーキング・レポート（Working Report on Social Responsibility）」が提出され，同年 6 月のISO国際会議で産業界，労働界，消費者，NGO，政府機関のすべてのステークホルダー（stakeholder）のグループからISOにおけるSR（社会的責任）規格作成の支持を得て，国際的なSR規格の開発を進めることが決定された[7]。ただし，この国際規格（international standard）は，①認証用の規格ではなく，専門家ではない人たちを対象とした平易なガイドライン文書（guidance document）とすること[8]，②ISOでは「社会的責任は企業のみが担うものではない」という観点からCSRではなく「企業の」の'C（Corporate）'を取って'SR（Social Responsibility）'と称すること，などに注意しなければならない。

　なお，ここにいたるまでの検討の過程でSRの本質的な定義や，そもそもISOがSR規格を策定すべきかどうかという疑問についての議論がなかなか収束しなかった点が指摘されている。基本的にSRは広範な社会問題に関連しているため，ISOがこれまで手がけてきた問題とは質的に異なっており，それゆえに広範なステークホルダーのグループから合意を得ることになったわけである。実際，ISOの説明には "There is a range of many different opinions as to the right approach ranging from strict legislation at one end to complete freedom at the other. We are looking for a golden middle way that promotes respect and responsibility based on known reference documents without stifling creativity and development." と記されている。このような過程を経てISOのSR規格策定に関する作業が本格的にスタートすることになったのであるが，経済産業省から2005年10月 4 日に発表された「第 2 回ISO／SR（社会的責任）タイ総会の結果概要」（このタイ総会はバンコクで2005年 9 月に開催された）には，①国際規格「ISO26000（社会的責任のガイダンス）」の骨格となる設計仕様書（Design Specification）が採択されたこと，②最終的な国際規格（ISO26000）の発効は2008年10月の予定であること，などが伝えられている。

　以上のように，ISO26000規格が①第三者の認証基準ではなく自主宣言基準とされたこと，②「CSR」に関する規格ではなく「SR」に関する規格とされたこと，などを考慮すると，21世紀の今日では「社会的責任（SR）」は戦後の

産業公害問題の時代と異なり，企業だけに特有の責任とは捉えにくいと考えるのが合理的であろう。例えば法令遵守（コンプライアンス：compliance）の観点から見ても，企業の社会的責任が「責任」である以上，企業は企業市民として最優先で遂行するのが当然で，企業戦略上の問題にはならないはずである。なぜなら，もし企業戦略上の問題であるなら，企業の社会的責任を遂行しないのも企業戦略の一環と位置づけられる可能性が出てくるからである。そこで「企業の社会的責任」に代わる新しい概念として社会貢献活動に基盤を置く「企業経営の社会性」が重要になってくると考えられる[9]。

IX-3 「サステナビリティ」をめぐる動向

IX-3-1 グローバル化とサステナビリティ

日本では日本経済団体連合会（日本経団連）が1991年に制定した「企業行動憲章」を企業の社会的責任（CSR）の観点から見直し，2004年5月に改定する動きがあった。その時代背景は，改訂版の序文のなかで次のように描かれている。「近年，市民社会の成熟化にともない，商品の選別や企業の評価に際して『企業の社会的責任（CSR：Corporate Social Responsibility）』への取り組みに注目する人々が増えている。また，グローバル化の進展にともない，児童労働・強制労働を含む人権問題や貧困問題などに対して世界的に関心が高まっており，企業に対しても一層の取り組みが期待されている。さらに，情報化社会における個人情報や顧客情報の適正な保護，少子高齢化にともなう多様な働き手の確保など，新たな課題も生まれている。企業は，こうした変化を先取りして，ステークホルダーとの対話を重ねつつ社会的責任を果たすことにより，社会における存在意義を高めていかねばならない」と。

そのうえで社会的責任については次のような見解が示されている。「社会的責任を果たすにあたっては，その情報発信，コミュニケーション手法などを含め，企業の主体性が最大限に発揮される必要があり，自主的かつ多様な取り組みによって進められるべきである。その際，法令遵守が社会的責任の基本であることを再認識する必要がある」と。しかし，法令遵守は法治国家であれば当然または常識であり，社会的責任としてとくに言及する必要がないのではない

だろうか。そこで、前述した「企業経営の社会性」のほかに考察しておきたい概念が「サステナビリティ（持続可能性：sustainability）」である。

「サステナビリティ」は、もともと「持続可能な開発（Sustainable Development）」として地球環境問題に関して使われるようになった概念といえよう[10]。例えば特定非営利活動法人の環境経営学会（2000年10月に設立され2002年にNPO法人となる）の英文名は'Sustainable Management Forum of Japan（SMF）'となっており、「環境経営」の部分が「サステナブル・マネジメント」となっている。さらに環境経営学会の目的のなかにも「マネジメント・フォー・サステナビリティの確立のため」と明記されている。そのサステナビリティが社会情勢の変化によって広く使われるようになってきたようだ。事実、ビジネスや社会のニーズを満たす規格の開発に従事し、国際的な認証市場において大きな影響力と認知度を誇る認証機関といわれている英国規格協会（BSI：British Standards Institution）では以下のように考えられている[11]。

いわく、企業の社会的責任（CSR）の考え方に注目が集まっている。CSRは、事業活動が生み出す経済的価値（よりよい製品・サービスの提供、利益の計上など）だけでなく、社会的価値（ステークホルダーのニーズへの積極的な対応など）を重視して経営を行うことである。ステークホルダーのニーズには、積極的な情報開示や誠実な顧客対応、職場の多様化、地域社会やNGO／NPOとの共生などがあるが、事業活動のグローバル化によって日本企業のステークホ

◆ 図Ⅸ-1 事業活動とサステナビリティ ◆

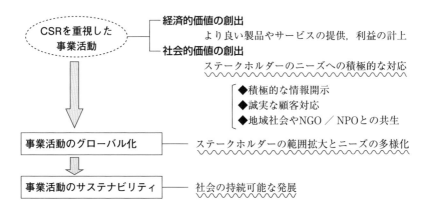

ルダーの範囲が広がり,そのニーズも多様化している。このようなニーズへの対応は,ビジネスのサステナビリティ(持続可能性)の観点から企業にとって重要であるだけでなく,社会の持続可能な発展のために企業が果たすべき責任でもある,と(図Ⅸ-1参照)。

Ⅸ-3-2 注目されるサステナビリティ・レポート

　BSIは1999年に英国貿易産業省(DTI)をスポンサーとして,社会倫理説明責任研究所(AccountAbility)や英国NGOの Forum for the Future とともにSIGMAプロジェクトを立ち上げ,多くの企業の参加と協力を得て2003年9月にサステナビリティ・マネジメントを実践するための「SIGMAガイドライン」を完成・発表した。このプロジェクトはサステナビリティの分野において企業経営に役立つ考え方やルールを提供する目的のもとに,先行するイニシアチブやツールの調査研究を行うことによってサステナビリティ経営へのアプローチにおける課題を抽出し,ツールやガイドラインの開発を進めてきたのである。

　こうして完成されたSIGMAガイドラインは,サステナビリティ経営を実践するためのマネジメントの仕組みを,いかに実現するかを定めたガイドラインであり,その目的は,事業活動の社会,環境,経済という3側面——トリプル・ボトムライン(triple bottomline)と呼ばれることもある——のバランスにおけるジレンマやリスク,ビジネス機会に効果的に対応し,将来にわたって組織が持続可能であり続けることをサポートする点にあった。結局,SIGMAガイドラインは,ビジネスにおける社会・環境・経済的課題に取り組むための新しいマネジメントシステムを一から構築するためのものではなく,組織のなかで既存の規格やフレームワークを矛盾なく関連付け「サステナビリティ・マネジメント」としてたばねるためのガイドラインであると指摘されている。要するに,これまでに広く国内外で使用されてきた品質管理や環境,労働安全衛生などのためのマネジメントシステムやコーポレートガバナンスの仕組みを統合し,CSRマネジメントとして一括りにすることを目指しているわけである。

　なお,SIGMA原則の概要には次の2点が掲げられている。第1は,組織全体のインパクトや経営資源を表す5つの資本(自然資本,社会資本,人的資本,生産資本,金融資本)を全体的にマネジメントすること。第2は,経営の透明

性を高め，ステークホルダーの声に敏感になり，法令を遵守することを通して説明責任を果たすこと，である。さらに上記の5つの資本を維持・強化するためのSIGMAマネジメント・フレームワークには，次の4フェーズを1サイクルとすることが定められている。それは①リーダーシップとビジョン，②計画，③実施，④モニタリング，レビュー，報告，である。また，SIGMA原則のなかにはサステナビリティ・マーケティングとかサステナビリティ会計といった新しい概念も紹介されている。

　ところで，企業経営におけるサステナビリティをめぐって最近注目される動向として，日本を代表する多国籍企業となったトヨタ自動車株式会社の環境部から2006年7月に「Sustainability Report 2006～人，社会，地球の新しい未来へ～」が発行されたことが挙げられる。同社は1998年に「環境報告書」の発行を開始し，5年後の2003年より「Environmental & Social Report」とし，社会的側面の情報開示にも努めてきた。しかし，2006年より社会・経済側面の一層の充実を図り，「持続可能な社会への貢献」といった視点から事業活動をとりまとめた「Sustainability Report」へと改題した。その2006年版の報告範囲と構成は**表Ⅸ-1**のようになっている。つまり，環境側面は従来の網羅性と詳細性を維持しつつ，社会側面にはステークホルダー別に2005年度の活動内容の

◆　**表Ⅸ-1　トヨタ自動車の「Sustainability Report 2006」の報告範囲と構成**　◆

	範　囲	構　成
環境側面	トヨタ単体の取り組みと海外の連結子会社等での活動事例。国内外の連結環境マネジメントの進捗状況	環境マネジメント，開発・設計，生産・物流，リサイクル，その他事業（バイオ・緑化事業，住宅事業）
社会側面	トヨタ単体の取り組みと海外の連結子会社等での活動事例	お客様，従業員，ビジネスパートナー，株主，地域社会・グローバル社会（安全への取り組み，ITS，社会貢献活動，コミュニケーション）
経済側面	アニュアルレポート（2006年8月発行）のサマリー	業績および事業のグローバル展開

注記：対象期間は2005年4月〜2006年3月。大きな進捗のあった事項は2006年6月まで記載されている。なお，ITS（Intelligent Transport System）とは，最先端の情報通信技術の活用により，安全で快適，円滑な交通を目指し，人と道路とクルマを一体として構築する新しいシステムのこと。

記載を充実するとともに海外連結子会社等の活動事例を一層充実させ，さらに経済側面にはアニュアルレポートを要約して紹介したのである(12)。

このトヨタ自動車のサステナビリティ・レポートは事業活動を環境・社会・経済という3つの側面から捉え，しかも持続可能な社会への貢献を目指している点で，上述したSIGMAガイドラインと軌を一にしていると推測される。したがって，21世紀の国際経営におけるパラダイム・シフトを考える際に「サステナビリティ」は重要な概念の1つになると確信される。

Ⅸ-4　グローバル化をめぐる動向

Ⅸ-4-1　グローバル化と反グローバル化

本節では米国において2006年に第4版が出版された『グローバル・マーケティング（Global Marketing）』という最新の文献を参照しながら，国際経営におけるグローバル化（globalization）をめぐる最近の動向を考察していきたい(13)。

今日では多くの企業がグローバル化しつつあるが，10～15年くらい前（ということは1990年代）にはグローバル・ビジネスは主として一部の大規模な多国籍企業（multinational giants）の手中にあり，中小企業は国内市場と1～2国の近隣の外国市場に事業を集中させていた。ところが現在では多くの国の様々な産業において，あらゆる規模の企業が世界市場を対象に活発に競争を展開している。

このように，よりグローバルな市場に向けて事業展開が推進された背景には，コミュニケーション革命があったと指摘されている。電話，テレビ，ファックス，インターネットなどは企業に情報ネットワークの構築を可能にし，とりわけインターネットによるオンライン・メッセージは瞬時かつ低コストなグローバル・コミュニケーションを可能にした。実際，休暇中でも今日の経営者は携帯電話（mobile phone）があれば容易に連絡をとりあうことができる。

21世紀の今日では世界市場が開放され，反グローバル化（anti-globalization）の動きが抑制されている限り，グローバル競争を妨げるものは何もない。あらゆる市場は影響しあっているからである。実際，政府調達（government procurement) でさえ海外のサプライヤーに開放され，電気やガスを供給する公益企業（public utilities）は規制緩和（deregulation）や民営化（privatization）によって新しい競争相手（competitor）に遭遇するようになった。しかも競争相手は同じ経済圏の国や地域からも現れる。主要国の効率化された同業の有力企業が，保護された他国の市場に進出し，その国の企業を駆逐してしまうことすらある。こうしたことから，顧客満足（CS：customer satisfaction）とか絶え間ない技術革新（innovation）に注意を払わなければ，現代企業は市場でポジションを確保できないという教訓が得られる[14]。

　ここで反グローバル化の動きに言及しておきたい。反グローバル化の動きは世界各国で1990年代の後半に勃発するようになった。例えばインドでは反体制派が，地元企業の発展を阻害するとしてケンタッキー・フライドチキン（KFC）の店を破壊したり，ドイツでは環境保護者（environmentalists）たちがマクドナルドに発泡スチロールの入れ物を変えさせたり，フランスでは農夫がマクドナルドの店を襲って投獄されたり，ベルギーでは学校の子どもたちがコークを飲んだ後，奇妙な病気になってコカコーラのボトルが問題になったりした。このような動きのなかで，ついに1999年12月には米国西海岸のシアトルで開催されたWTO（世界貿易機関：World Trade Organization）の会議が，多くの国からやってきた反グローバル化を唱える多くの人たちのデモによって開催を続行できなくなるという事態が発生[15]。2000年になると反グローバル化が活発に叫ばれるようになった。要するに，グローバル化は経済や社会に恩恵をもたらすか否かが問題視されたわけである。

　そもそも反グローバル化の議論には経済的，政治的，社会的な問題点が含まれているが，主流をなしているのは，グローバル化は多国籍企業が巧みに利益をあげているにもかかわらず，多くの第3世界の国々（つまり発展途上国）で生活水準が向上していない，という主張であった。マーケティングの観点から言えば，グローバル化は製品に対する支払能力のない人たちに消費者選択に関する情報を提供していたにすぎなかった。しかし一般的には，経済データにしたがうと，グローバル化は多くの人々の富を増加させており，労働時間が長く労働条件の過酷な国においてさえ，多国籍企業は仕事の数を増やし，地元企業より高賃金を支払う傾向にあったという。

さらに反グローバル化を主張する人たちによって2000年9月には米国の首都ワシントンDCで開催された世界銀行・IMFの会議が中断を余儀なくされた。ところが，それから1年後の2001年9月11日に米国で勃発した同時多発テロによって反グローバル化の運動は勢いを失うことになり，2003年3月の米国によるイラク攻撃の後は反アメリカ主義（anti-Americanism）が世界各地で強く現れるようになるのであった[16]。

Ⅸ-4-2　グローバル化の推進力

今日，企業のグローバル化の推進力（globalization drivers）には①市場（market），②競争（competition），③コスト（cost），④技術（technology），⑤政府（government）というの5つ変数（variables）が掲げられている。これらは重要な研究対象になるので，それぞれの要点を以下に検討していきたい（図Ⅸ-2参照）[17]。

最初に第1の市場における推進力には，共通の顧客ニーズ（Common customer needs），グローバルな顧客（Global customers），グローバルなチャネル（Global channels），移転可能なマーケティング（Transferable marketing）という4項目が挙げられている。最初の「共通の顧客ニーズ」に関しては，異なる国の人たちが同じ製品やサービスに対して同じニーズを持っている場合，

◆　図Ⅸ-2　グローバル化の推進力　◆

```
                    ┌─ 市　場 ─┬─ 共通の顧客ニーズ
                    │          ├─ グローバルな顧客
                    │          ├─ グローバルなチャネル
                    │          └─ 移転可能なマーケティング
                    │
  ┌─────────┐    ├─ 競　争 ── 同業他社の海外進出
  │グローバル化 │────┤
  │ の推進力   │    ├─ コスト ── 「規模の経済」の追求
  └─────────┘    │
                    ├─ 技　術 ── 技術革新とインターネット
                    │
                    └─ 政　府 ── 市場開放政策と貿易自由化
```

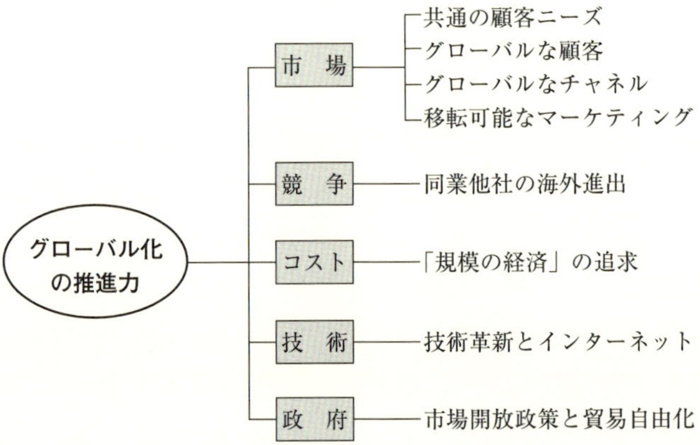

そのニーズは企業にとって受け入れざるをえないものとなる。技術の進歩やコミュニケーションの発達によって多くの国の人たちは，同じようなメッセージや製品に接するようになるからである。しかも多くの産業で自由貿易（free trade）が同質性のある顧客層を創出する。ただし，食料，飲料，アパレル（衣料），娯楽のような文化と関係が深い製品やサービスの市場はグローバル化に抵抗を示し，各国で異なった消費者選好（customer preferences）や差別化された製品（differentiated products）が現れる。

続いて「グローバルな顧客」とは，いくつかの国において同じ製品やサービスを求める顧客が現れる現象を指している。例えば企業がグローバル化すると，グローバルなプレゼンスのある企業の製品やサービスの購入を希望する顧客が増加する。こうしてグローバル化を指向していった企業の典型例が，自動車，ホテル，クレジットカードなどに従事する企業である。次に「グローバルなチャネル」とは，世界中に輸送する配達（distribution）またはロジスティクス（logistics）の会社が登場する現象を指している。多くの場合，企業は流通チャネルにかかわるインフラの整備に呼応して国際事業活動を拡大し，こうして統合された新しいネットワークのもとで世界中に製品を販売するようになる。現実にはスーパーマーケットや百貨店などの小売業までもグローバル化していく。最後の「移転可能なマーケティング」は，異なる国々において同じマーケティングのアイデアを導入する現象を指している。異なる国において同じパッケージ（package），広告，ブランドといったマーケティング・ミックスの要素を取り入れるわけである。実際にもグローバル化した企業は，1つの国で成功したパッケージや広告の手法を他の国でも（多少の修正を加えるかもしれないが）用いようとする。

第2は，競争によるグローバル化の推進力である。多くの産業では，同業他社がグローバル化する先例に動機付けされて企業のグローバル化がはかられる。もちろん失敗から学ぶこともあるだろう。しかし自国市場に同業他社が進出してくると，それだけでその国の企業はリスクがあっても外国市場に進出する必要に迫られる。その際に，製品を外国市場で販売するだけでなく技能や技術の海外移転も同時に行われ，これが自国企業の海外事業展開をさらに容易にすることになる。

第3は，コスト面からの推進力である。例えば自動車製造のような産業では，大規模工場のほうが効率的なうえ，単一の市場を相手にしていては「規模の経済（economies of scale）」を生み出すことが不可能になる。もっとも，規模の経済は生産を大規模化すれば常に生まれるとは限らない点に注意しなければならない。他方，規模の経済が存在しない場合であっても，多様な複数の生産ラインや事業を行うことから生み出される「範囲の経済（economies of scope）」によってグローバル化が促進されるケースもある。さらに低賃金国からの供給，配達やロジスティクスにかかわる物流システムの開発，安価でグローバルな電気通信（telecommunications）の発達などもグローバルなソーシング（調達：sourcing）のメリットとして，コスト面からの推進力に含まれている。

　第4は，技術による推進力である。技術革新は多国籍企業のグローバルな拡大を可能にしてきた。例えば製品やサービスのグローバルな標準化（global standardization）は技術的な革命から始まり，標準化された製品やサービス自体がグローバルな市場を形成する推進力となることが多かった。それらに加え，市場戦略のグローバル化に対する非常に強力な推進力として，インターネット（Internet）によって引き起こされた革命を忘れてはならない。インターネットは本質的にグローバル化しており，WWW（World Wide Web）とホームページは，いつでも，誰でも，どこでもアクセスできるからである。現に国際的な取引コストは大幅に削減され，創業間もないベンチャー企業（start-up frims）でさえオンラインでプレゼンスを高めることが可能になった。さらにインターネット上で展開される電子商取引（E-commerce）は最小のコストでワン・ツゥ・ワン・マーケティング（one-to-one marketing）やカスタマイゼーション（customization）の実現を可能にした。しかし，2000年4月に米国で勃発したネット・バブルの崩壊が示唆するように，従来から存続しているすべての事業がデジタル情報のみで形成される仮想企業（virtual corporations）に取って代わられるわけではない。

　最後の第5は政府のグローバル化に対する推進力であるが，これには貿易政策，外資導入，技術標準化，市場規制撤廃などが考えられる。例えば，これまで政府による市場への参入規制が自国市場を保護し，市場のグローバル化を阻んでいた。現在でも市場開放と自由貿易へ向けて前進してはいるものの，再び

政府によって規制が加えられ，政治的紛糾がグローバル化を阻害する可能性は否定できない。他方，政府によるグローバル化の積極的な推進力の好例として掲げられているのが，第三者の審査に基づく国際的な品質管理システムの認証取得基準「ISO9001」の導入である。なぜなら，この基準は世界共通のものであり，それゆえにこの基準の導入は世界各国・地域における操業の画一性（uniformity of operations）を促進する点で，事業のグローバル化が図られるからである。

IX-5　21世紀の国際経営における新しい動向

IX-5-1　国際化からグローバル化へ

　本節では米国において1982年に初版が出版され2006年に第10版が出版された『国際経営（International Business）』という最新の文献を主に参照しながら，21世紀における国際経営の新しい動向を考察していきたい[18]。

　国際経営は学問（discipline）としては新しいが，実務（business practice）としては商品を販売するために外国に代表（representative）を送った大昔の時代から行われている。1600年になるとイギリスにおいて，株式会社の起源になった新しい形態の貿易会社・東インド会社（East India Company）が設立されてアジア諸国に支店を開設し，1602年にはオランダにも東インド会社が設立された。さらに1700年代になると，アメリカでは植民地貿易に従事する会社が設立されている（ただし，米国は1776年にイギリスから独立）。

　1800年代後半にはすでに多くの多国籍企業が登場していた。例えばシンガーミシン会社（Singer Sewing Company）は1868年（南北戦争は1861〜65年）にアメリカ企業として初めてスコットランドで海外生産に成功し，1880年までに海外での売上を伸ばし，いくつかの海外製造工場を持つ多国籍企業となっていた[19]。さらに20世紀に入った1914年（第1次世界大戦が勃発した年）までに少なくとも37のアメリカ企業が2ヵ国または2ヵ国以上で生産工場を持つようになったと言われている。また，1920年代にはフォード，GM，クライスラーといった3大自動車会社が海外においてかなりの事業活動を展開しており，実際のところ日本で1920年代に販売されていた自動車はすべてフォード製か

GM製であった。

　このような歴史的な発祥経緯を持つ国際経営は，21世紀の今日，グローバル化の潮流の最中にあるが，ここで再度「グローバル化（globalization）」の定義を検証してみよう。実際，グローバル化の定義は幅広くなり続け，社会科学者は政治的，社会的，環境的，歴史的，地理的，文化的，さらに技術的な観点から議論するようになっている。しかし，今日の国際経営におけるグローバル化の一般的な定義は，商品，技術，労働，資本の国際的統合（international integration）という経済的な観点からのグローバル化を指している。言い換えれば，企業が世界をベースとした国際活動にかかわるグローバル戦略を実践することにある[20]。

　ここで注目すべきは，1999年にスイスのダボスで開催された世界経済フォーラム（WEF）において「グローバリティ（globality）」という新しい用語が会議のテーマとして取り入れられた点である。つまり，グローバル化はプロセスであるから，このプロセスの結果として生じる状況を表す概念が必要となり，それが現在起こっていることの経済的局面を予見する「グローバリティ（globality）」である，と。もっとも「グローバリティ」という用語が創造されるのであれば，「インターナショナリティ（internationality）」という用語もあってしかるべきではないだろうか。また，1990年代の後半にはグローバル化と現地化（localization）の合成語である「グローカライゼーション（glocalization）」または「グローカル化」という用語も登場しており，この用語は経営学的意味合いが強いと考えられる[21]。

IX-5-2　国際的な経営環境の変化

　企業を取り巻く経営環境の要素は，経営者が制御可能（controllable）な内部的要素と，制御不可能（uncontrollable）な外部的要素の2つに分けられている。前者の制御可能な要素には資本，原材料，人（people）のような生産要素と，人事（personnel），金融，生産，マーケティングのような組織活動の要素があり，これらを経営者は制御不可能な経営環境の変化に対応させて運営管理（administer）しなければならない。

　一方，制御不可能な要素には次の11項目が掲げられている。それは①同業者

◆ 図Ⅸ-3 企業を取り巻く経営環境の要素 ◆

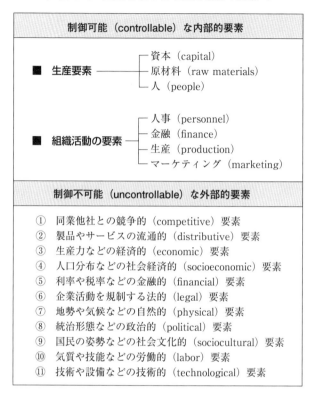

資料：Donald A. Ball, etc., *International Business : The Challenge of Global Competition* (10th edition), McGraw-Hill, 2006, p. 20.

との競争的要素，②製品やサービスの流通的（distributive）要素，③生産力，労働コスト，個人消費支出などの経済的要素，④人口分布などの社会経済的（socioeconomic）要素，⑤利率，インフレ率，税率などの金融的（financial）要素，⑥企業活動を規制する法的（legal）要素，⑦地勢（topography），気候，天然資源などの自然的（physical）要素，⑧ナショナリズムや統治形態といった国家の政治的要素，⑨国民の姿勢（attitudes），信念（beliefs），見解（opinions）といった社会文化的（sociocultural）要素，⑩気質（composition），技能（skills），労働姿勢などの労働的（labor）要素，⑪資源が製品に転換される際に影響を与える技術や設備といった技術的要素，などである（図Ⅸ-3参

照)。

　例えば北米自由貿易協定が締結された場合，制御不可能な要素である政治的要素が変化した——実際には加盟国になる米国，メキシコ，カナダの間に存在していた関税障壁が撤廃される——ことになるので，米国，メキシコ，カナダで事業を展開している企業の制御可能な内部的要素が影響を受け，米国にある生産拠点を賃金の低いメキシコに移転することになるであろう。また，この大きな自由貿易圏に製品を供給するために，ヨーロッパやアジアの多国籍企業は加盟国（米国，メキシコ，カナダ）のなかに生産拠点を創設しようとするであろう[22]。

　また，当然のごとく国際的な経営環境における意思決定は，純粋に国内だけの経営環境における意思決定より複雑になる。多国籍企業の本国で行った意思決定は，他国にある子会社（subsidiaries）に影響をおよぼすからである。同じように例えば外国にある子会社において労働組合の要求に応じた場合，その外国以外の国にある子会社の労働組合も恐らく国境を越えて情報交換が行われているので，他の国の子会社にも早晩同じような条件を提示しなければならなくなると推測される。

　さらに外国における経営環境の複雑さによって引き起こされる典型的な問題として，経営者が他国の文化に精通していない点が指摘されている。例えば外国において受注残に直面した生産担当者が，残業代を支払うことを従業員に提案したとする。もしそれで解決できなければ担当者は困惑し，従業員は残業代をもっと要求しているのだと判断した場合，担当者は従業員がお金（money）よりも休み（time off）をもっと欲しがっていることを理解していなかったかもしれない。このように海外における新しい，または異なる経営環境のもとで自己に馴染みのある文化的価値（cultural values）に無意識に依存する現象を「自己参照基準（self-reference criterion）」と呼び，これが国際経営において発生する失敗の最大の原因と考えられている[23]。

Ⅸ-6　グローバル化へのパラダイム構築

　当初，上述した『国際経営』という最新の著書においてM＆Aに関する記述

第Ⅸ章　21世紀のグローバル化と国際経営　243

が多く掲載されていると想定していた。実際にも2006年上半期（1―6月）における日本企業によるM＆Aだけでなく，世界の企業のM＆Aも半期ベースとしては過去最高水準であったと報じられている。しかし，M＆Aに関する記述はほとんどなかった。やはり実務で関心を集めていても学問の世界で論じられるようになるには少し時間を要するようだ。

　そこで『国際経営』という著書の第10版において初めて掲載された第15章（Chapter 15）「市場参入手法（Entry Modes）」にある流通チャネル（channels of distribution）の項目に注目してみたい。例えば企業が既存の流通チャネルを適切でないと考えた場合，異なる流通ネットワークを組み立てることになる。その好例として，コカコーラは中国やインドだけに関しては広大な都市部への参入に不満を示し，小さな村から参入しようと努力した。このために農村にある非常に小規模の小売店へディーラー（販売業者：dealer）を派遣したのである(24)。

　次に最近日本で注目されている戦略的な物流を意味する「ロジスティクス（logistics）」に関する記述を見てみよう。同書においてロジスティクスとは，原材料，仕掛品，または完成品のようなモノの移動にかかわる経営機能（managerial functions）であると説明されている。したがってサプライチェーン・マネジメント（SCM）の効果は，ソーシング（調達）やマニュファクチャリング（製造）とともに，デザイン，エンジニアリング，マーケティングなどの活動とロジスティクスとの接合部分（interface）をどのように経営者が創出するかによって影響を受けるわけである。例えばジャスト・イン・タイム（just-in-time）方式のもとで在庫の最小化とサプライチェーン（供給連鎖）を強調するケースでは，製品（あるいは部品や半製品）がどのように設計されるかは，製品の配達に大きな影響をおよぼすことがある。実際にも製品のパッケージング（packaging）や輸送はロジスティクスのコストに大きく影響をおよぼす。

　多くの企業はロジスティクスのニーズ，とくに国際的なロジスティクス活動の運営を外部の専門業者に委託（outsource）するようになった。フェデラル・エクスプレス（Federal Express），DHL，UPSのような会社は，コンピュータ技術や輸送トラッキングシステムを含んだ国内外への輸送技術を開発してきたが，これは1990年代の米国で新たな物流サービスとして3PL（サー

ドパーティ・ロジスティクス：third party logistics）という新しいビジネスを生み出した。この背景には，①運輸分野における規制緩和の推進と物流事業者間の競争激化，②荷主企業における本業回帰傾向と物流アウトソーシングニーズの高まりがある，と指摘されている[25]。

さらにサプライチェーンマネジメント（SCM：Supply Chain Management）については近年，国際経営において戦略的に重要な課題になってきたと言及されている。このコンセプトは，原材料や部品の供給者から生産施設や倉庫を経て最終的な消費者やユーザーに至るバリュー・チェーン（value chain）において，企業内および企業間におけるモノ，情報，金融，サービスなどの全体的な流れを調整・統括するプロセスを指し，今日では国際間またはグローバルに展開されるようになってきている。また，最近，時々使われるようになった「オフショアリング（offshoring）」という用語は，企業が事業活動の一部または全部を海外に再配置（relocate）することを指している[26]。

以上のように本章ではSR規格やサステナビリティからグローバル化，そして最後はオフショアリングまでを研究の対象として取り上げてきた。しかし，現実問題として国際経営やマーケティングなどの分野で使用される専門用語はグローバル化の進展とともに無限と言えるほど増え続けているだけでなく，通例，実務面の専門用語は学問としての専門用語よりかなり先行して使用されているのが実態と考えられる。このような認識を踏まえ，次章では国際経営とマーケティングの進化にかかわる物流の研究を通して企業経営のグローバル化に対する新しいパラダイムの構築を目指していきたい。

■ 注

(1) 英語の「パラダイム（paradigm）」は一般に「理論的枠組み，方法論，模範，基本モデル」などと訳されており，理論的な展開に基礎を置く思考の根本的なフレームワークを意味しているようである。なお，「パラダイム・シフト（paradigm shift）」は1962年に哲学者のトーマス・クーン（Thomas S. Kuhn）が提唱した概念で，例えば主要なビジネス用語辞典（Jack P. Friedman, *Dictionary of Business Terms* (*Third Edition*), BARRON'S, 2000）では「ほとんど普遍的（universally）に受け入れられているモデルや様式（pattern）の変化。例えば旅行社からの航空券の購入をインターネッ

トからの購入に切り替える消費者の変化はパラダイム・シフトにあたるであろう」と説明されている。
(2) 伝統的な「企業の社会的責任」と新しい「企業経営の社会性」という概念については以下の文献に詳しいので，参照されたい——
　　丹下博文『企業経営の社会性研究〈第2版〉』中央経済社，2005年。
(3) 周知のとおり，その後，ライブドアは有価証券報告書の虚偽記載（粉飾決算）により証券取引法違反となって上場廃止，村上ファンドは同ファンド代表が証券取引法違反（インサイダー取引）の疑いで逮捕されるという運命をたどった。なお，TBSと楽天の提携交渉については，2006年8月1日付けの日本経済新聞にて次のように報じられた。いわく，2005年10月に楽天がTBS株を水面下で大量取得して以来続く両社の攻防戦は「株売却が提携の前提」とするTBSと「提携が先」とする楽天の主張が平行線のまま膠着（こうちゃく）している。株価下落が交渉を難しくしている反面，市場の圧力が事態打開のきっかけになる可能性もある，と
(4) 「MBO」は経営幹部や従業員がベンチャー・キャピタルなどの投資会社から資金的援助をうけ，主として事業再編成の手段として事業部門や子会社を買収することを指す。「LBO」は米国で1980年代から企業買収の代表的手法として普及した。つまり，買収先企業の資産や将来の利益を担保に銀行から多額の資金を借り入れたり，ジャンクボンドと呼ばれる低格付けで高利回りの社債を発行することによって自己資金の少ない会社が大きな会社を買収できるようにするわけである。
　　一方，「敵対的買収」とは，被買収会社の取締役会における事前の同意を得ずに仕掛けられる買収，すなわち株式の取得を意味し，企業の乗っ取りを行うことになる。ちなみに日本では2006年8月に経営統合を目指して王子製紙による北越製紙に対する敵対的TOB（株式公開買い付け：Take Over Bid）が話題を集めた。
　　「ポイズンピル」は毒薬条項と訳され，敵対的買収を仕掛けられた場合に優先株や新株予約権を発行することによって買収者の持ち株比率（したがって議決権の割合）を下げる防衛策のこと。「ホワイトナイト」とは「白馬の騎士」とも訳され，敵対的買収が仕掛けられた場合に，その対抗策として被買収会社に対し友好的に買収に応じる第三者を指す。
　　なお，近年における外来語の問題については以下の文献に詳しいので，参照されたい——
　　国立国語研究所編『外来語と現代社会』国立印刷局，2006年。
(5) 丹下博文『新版・国際経営とマーケティング』同文舘，1999年。ちなみに同書の副題は「グローバル化への新しいパラダイム」となっている。

(6) 本章の記述は主に「CSR Archives」(http://www.csrjapan.jp/csr/management),BSI Japanの「サステナビリティ」(http://asia.bsi-global.com/japan+Sustainability) およびISOのホームページに基づいて作成した。

(7) この点に関するISOの説明は以下のような英文で表現されている――

The work is intended to add value to, and not replace, existing intergovernmental agreements with relevance to social responsibility, such as the United Nations Universal Declaration of Human Rights, and those adopted by the International labour Organization (ILO). The standard should be usable for organizations of all sizes, in countries at every stage of development.

ISO is taking action to ensure the standard will benefit from broad input by all those with a serious interest in social responsibility. This is being achieved by a balanced representation in the working group, of six designated stakeholder categories : industry, government, labour, consumers, nongovernmental organizations and others, in addition to geographical and gender-based balance.

(8) 実際,ISOの説明は以下のような英文になっている――

The objective is to produce a guidance document, written in plain language that is understandable and usable by non-specialists, and not a specification document intended for third party certification.

(9) 丹下博文『企業経営の社会性研究〈第2版〉』前掲書,2～28頁。なお,その後,ISO26000の発効は2009年末に変更されている。

(10) 地球環境問題に関して提唱されている「持続可能な開発(Sustainable development)」については以下の文献を参照されたい――
同上書,175～179頁。

(11) 前掲のBSI Japanのホームページを参照しているため,日本企業への言及が見られる。参考までに,BSIは1901年にイギリスで設立され,現在,BSIグループは世界86カ国に2,000名を超えるスタッフを擁し,これまで品質マネジメントシステム規格ISO9001のベースとなったBS5750,環境マネジメントシステム規格ISO14001のベースとなったBS7750,情報セキュリティマネジメントシステム規格ISO27001のベースとなったBS7799等の規格を作成するなど,BSIが発行した規格の95%がISOの国際規格の原案として採用されているという。

(12) なお,トヨタ自動車は創業以来確立されたトヨタ独自の経営上の考え方・価値観・手法を踏まえ,「どのような会社でありたいか」をまとめた「トヨタ基本理念」を1992年に制定(1997年改正)し,その解説書として2005年1

月に「社会・地球の持続可能な発展への貢献」を策定。すべてのステークホルダーを重視し，社会・地球の調和のとれた持続可能な発展に貢献することが明記された。他方，トヨタ基本理念のもとに2002年には，2010年におけるトヨタの将来の目指すべき企業像を描いた「2010年グローバルビジョン」が策定された。

(13)　Johny K. Johansson, *Global Marketing : Foreign Entry, Local Marketing, & Global Management*, McGraw-Hill, 2006.

(14)　*Ibid.*, p. 5.

(15)　このように反グローバル化を唱える人たちが世界中から多数集結した背景には，IT革命による世界的なインターネットの普及現象があると言われている。ただし皮肉なことに，2000年4月になると米国でハイテク株の比重が高いナスダック（米店頭株式市場）総合指数が暴落する「ネット・バブル」または「ドットコム・バブル」と呼ばれるバブル現象が崩壊した。

(16)　*Ibid.*, pp. 8-10.

　なお，同書の11頁には「グローバル（global）」という用語の定義として，必ずしも世界中の全部またはほとんどの国を包含する必要はなく，重要なのは数カ国におよぶ統合化が見られるか否かにあり，原則的には10カ国に及ぶ場合でも50カ国におよぶ場合でも同じようなものである，と説明されている。他方，「国際化（international）」とは外国（foreign countries）において行われることを指している。したがってグローバル化と国際化の相違点は，標準化（standardization）と統合化（integration）の程度問題と考えられているようである。ちなみに多くのグローバル企業では「外国の（foreign）」という用語は「異質の（separate and strange）」といったイメージを与える懸念があることから，その用語の使用を禁止しているという。従業員に，世界は1つに統合されており，他国より自国を優遇するようなことはない，と見て欲しいからである。

(17)　*Ibid.*, pp. 17-21.

(18)　Donald A. Ball, etc., *International Business : The Challenge of Global Competition*（10th edition）, McGraw-Hill, 2006.

(19)　丹下博文『企業経営の社会性研究〈第2版〉』前掲書，29頁。参考までに，米国は1880年代に工業生産高においてイギリスを抜き，世界第1位を占めるに至っている。

(20)　J.J. Capela and S.W. Hartman, *Dictionary of International Business Terms*, BARRON'S, 2004.

　上記の国際経営用語辞典によれば，「グローバル化（globalization）」は経営（business）の観点から次のように定義されている。つまり「商品，サー

ビス，および資本に関し市場において増大しつつある世界的な統合（worldwide integration）で，1990年代の後半に特に注目を集めた」と．
(21) Donald A. Ball, etc., *op. cit.*, pp. 9 -11.
(22) 実際，北米自由貿易協定（NAFTA：North American Free Trade Agreement）は1992年に米国，メキシコ，カナダの3カ国間で合意され，1994年1月に発足した．ちなみに域内の人口は約4億人で，国内総生産（GDP）の合計は約11兆ドルに達する市場が形成されたことになる．
(23) *Ibid.*, pp. 21-23.
参考までに「自己参照基準」については前章第3節（Ⅷ-3-2）でも触れられている
(24) *Ibid.*, p. 440.
(25) *Ibid.*, p. 612.
「3PL人材育成研修（概論研修）」3PL人材育成促進事業推進協議会，2005年3月，1頁．なお，同書には次のように背景が詳述されている．「米国では1980年以降，トラック運送事業をはじめとする運輸分野において徹底した規制緩和が行われたことにより，新規参入や弾力的な運賃・料金の設定が可能になったが，既存の物流事業者にとっては，これまでの市場区分のなかでのすみわけが崩れて激しい市場競争にさらされることとなった．物流事業者は，生き残りをかけて荷主ニーズに合致した付加価値（added value）の高い新たな物流サービスへの取り組みに迫られることとなったのである．一方，荷主企業側では，競争力強化へ向けて経営資源を自社の得意分野に集中させる「選択と集中」を進め，本業回帰傾向が強まった．そして，本業以外の分野については外部の専門業者へ委託するアウトソーシングを進め，物流分野もその対象となった」と．
(26) *Ibid.*, p. 593 & p. 595.
バリュー・チェーンについては『新版ビジネス・経営学辞典』（二神恭一編著，中央経済社刊）のなかで「価値連鎖」という項目のもとで次のように説明されている．つまり，製品が最終的に消費者の手にわたるまでには，研究開発，生産，マーケティング，流通，アフターサービスなどの幾多のビジネス・プロセスを経ていくが，この一連の流れは，それぞれの工程ごとに付加価値が追加されていく過程でもある．これを価値連鎖という，と．

第 X 章
物流に関する国際経営的視点からの考察

X−1 「物流」という概念の変遷

　21世紀になって企業経営の分野では「物流」や「ロジスティクス」に対する関心が急速に高まってきており，「物流改革」あるいは「ロジスティクス・ルネサンス」という用語まで使われるようになってきた。実際，物流やロジスティクスの分野にも効率化や合理化，さらに国際化やグローバル化を目指して革新的な変化を予感させる現象が見られる。

　例えば荷主企業から一貫または包括して物流業務を受託したり請け負ったりする「3PL（サードパーティ・ロジスティクス）」と呼ばれる高度なサービス業務が現れた。この新しい物流サービスは，米国で1990年代に運輸部門における規制緩和や競争激化，あるいは物流業務のアウトソーシング（外部委託）へのニーズの高まりを背景に登場して大きな成長セクターとなり，日本では1990年代後半に荷主企業や物流業者の間で認知されるようになったと言われている。

　他方，グローバル展開を進める荷主企業からは物流機能の効率化が求められるようになり，陸・海・空の垣根を越えて国際輸送網を組み合わせた一貫輸送体制を築く必要に迫られ，物流業界のなかで国際物流ないしは総合物流を推進するために再編やグループ化が加速してきている。現に国際インテグレーターと呼ばれる国際的な総合物流事業者が米欧では出現している。

　さらに物流合理化の観点から「サプライチェーン・マネジメント（SCM）」も想定されるであろう。サプライチェーンは「供給連鎖」とも呼ばれ，供給先（サプライヤー：supplier）がメーカーや小売店などとEDI（電子データ交換：Electronic Data Interchange）により情報を共有することを通して在庫削減やリードタイム（lead time）短縮がはかられ，物流が効率化されるからである。

　そもそも「物流」という概念は，一般に商品や製品などのモノ（物）を生産者のところから消費者やユーザーのところへ流通させるために行われる包装・荷役（にやく）・輸送・保管・情報処理などの経済活動を総体的に指して使われる。しかし近年，情報化とグローバル化の急速な進展だけでなく輸送手段の発達などによって，戦略的な経営管理を示唆する「ロジスティクス（logistics）」として認識されるようになってきた。

以上のような問題意識を踏まえ，本章では主として物流の変遷に関する国際経営的視点からの考察を研究対象とする。

X-2 物流からロジスティクスへ

X-2-1 「物流」の発祥と発展

物流またはロジスティクスの研究はマーケティング研究の一環として発展してきたと言われているが，物流の発祥については「マーケティング論の父」と称され，1915年にマーケティングに関する古典的名著と評される『市場流通に関する諸問題（Some Problems in Market Distribution）』を著したA. W. ショー（A. W. Shaw）の時代までさかのぼることができる。同著のなかでショーは主として企業経営者の立場からマーケティングにアプローチしているが，とりわけ流通経路の短縮化を初めとする流通問題に焦点を当てて考察している点が注目される[1]。例えば中間業者（middlemen）の数を減少させる傾向に関しては以下のような記述が見られる。

物々交換制度から工場制度の初期の数10年間にいたるまでの長い期間にわたる発展過程は，生産者と消費者との間に介在する中間業者（middlemen）の数が常に増加傾向にあったことを示している。ちょうどそれと同じように，最近では連続する流通過程における段階の数が減少する傾向を強く示している。この傾向はほとんどすべての産業ではっきりと見られ，明確に特徴づけられるようになった。生産者と消費者との間に数多くの中間業者が介在する伝統的流通機構（orthodox type in distribution）のもとでは，生産者の立場は有利ではない。生産者は操業に要する固定費があるために，継続して操業しなければならない。しかし，商品の販路は中間業者によって支配されている。それゆえ，中間業者は生産者に圧力をかけて，生産者の利ざやを小さくすることができる。力のある生産者が中間業者を迂回する方法を探し出して消費者と直接的な接触をはかろうとするのは，この圧力があるためであり，さらにこの圧力から自己を解放するためでもある，と。

つまり，18世紀にイギリスで始まった産業革命の影響で生産効率が徐々に高まっていき，19世紀後半になると人々が必要とする以上の製品が市場に出回る

兆しが現れた。こうなると,それまでの「造れば売れる」という生産志向に片寄った観点だけではやっていけなくなり,「いかにして売るか」という販売志向の観点も取り入れざるをえなくなった。そこでショーは,流通活動を需要創造（demand creation）および物的供給（physical supply）という2つの活動に分類した。このうち需要創造活動は消費者に対して行われるもので,その目的は購買意欲を起こさせるような「商品に関するアイデア（idea about the goods）」を伝達し,消費者の購買行動を普及・継続させることにある。しかし,たとえ需要が喚起されたとしても現実問題として商品が消費者自身の手元へ届かなければ,その需要は商業的または経済的に価値あるものとはならないであろう。また,需要創造と物的供給のどちらかの活動に重点が置かれすぎて調和を失っても両者の連携はうまくいかず,結局は円滑な流通活動が阻害されることになる[2]。

　この物的供給から進化した「物的流通（physical distribution）」という機能が日本に導入されたのは戦後の1960年代前半とされており,1970年代には物的流通を略した「物流」という新しい日本語として定着することになる。日本では高度経済成長期に,大量生産と大量消費とを結ぶ大量流通の効率化の実現が求められたからである。その後,経済が成長期から成熟期に転じると,今度は多品種少量生産と多頻度即納流通が求められるようになり,トータルな物の流れを戦略的に効率化することが必要になってきた。これが1980年代に「ロジスティクス（logistics）」という概念の登場を促すわけであるが,ロジスティクスは競争激化とともに顧客満足（CS：Customer Satisfaction）を実現する経営戦略の重要課題と認識されるようになり,1990年代には「物流を制するものは企業,そして社会を制する」とまで言われるようになるのであった。

Ⅹ-2-2　「ロジスティクス」概念の定着

　以上のような流通から物流,そしてロジスティクスへの変遷過程は図Ⅹ-1のようになるのではないかと考えられるが,現代における物流やロジスティクスの定義は最も新しいJIS（日本工業規格）の物流用語（Z0111：2006）において次のように示されている[3]。最初に物流（physical distribution）は「物資を供給者から需要者へ,時間的及び空間的に移動する過程の活動。一般的には,

◆ 図Ⅹ-1　ロジスティクスへの変遷過程 ◆

包装，輸送，保管，荷役，流通加工及びそれらに関連する情報の諸機能を総合的に管理する活動。調達物流，生産物流，販売物流，回収物流（静脈物流），消費者物流など，対象領域を特定して呼ぶこともある」と記され，物流機能の詳細については**表Ⅹ-1**のように明示されている。

また，消費者物流や共同物流という新しい動向を背景とする用語については次のような定義が加えられている点が注目される。消費者物流とは「宅配，引越し，トランクルームなど，個人に対する物流サービス。通信販売・ネット販売に対する納品も含まれる」と。そして共同物流とは「複数の企業が，物流業務の効率化，顧客サービスの向上，交通混雑の緩和，環境負荷の軽減などのために，物流機能を共同化すること」とされ，共同物流の関連用語として，共同受発注，共同輸送，共同保管，共同物流センター，共同配送，一括納品などが掲げられている。

一方，ロジスティクス（logistics）は「物流の諸機能を高度化し，調達，生産，販売，回収などの分野を統合して，需要と供給との適正化を図るとともに顧客満足を向上させ，併せて環境保全，安全対策などをはじめとした社会的課題への対応を目指す戦略的な経営管理」と定義されたが，用語の混乱を避けるために次の2点に解説が加えられている。第1は，物流の対応英語の"physical distribution"は海外では使われなくなりつつあり，"logistics"が「物流」の意味で使われているとの意見があったが，「物流」の対応英語を"logistics"とすると，日本語の「ロジスティクス」と混同すると考えられるため，対応英語は"physical distribution"から変更しないこととした点である。第2は，ロジスティクスの定義改正前は定義の文末が「経営活動」となっていたが，ロ

◆ 表X-1　物流機能の定義 ◆

機　能	JISの定義（Z0111：2006）
包　装 (packaging)	物品の輸送，保管，取引，使用などに当たって，その価値及び状態を維持するために，適切な材料，容器などに物品を収納すること及びそれらを施す技術，又は施した状態。これを個装，内装及び外装の3種類に大別する。パッケージングともいう。
輸　送 (transportation)	貨物をトラック，船舶，鉄道車両，航空機，その他の輸送機関によって，ある地点から他の地点へ移動させること。
保　管 (storage)	物資を一定の場所において，品質，数量の保持など適正な管理の下で，ある期間蔵置すること。
荷　役 (materials handling)	物流過程における物資の積卸し，運搬，積付け，ピッキング，仕分け，荷ぞろえなどの作業及びこれに付随する作業。マテリアルハンドリングともいう。
流通加工 (----)	流通過程の倉庫，物流センター，店舗などで商品に加工すること。生鮮食品又は繊維品の二次加工，小分け商品化包装，値札付け，鉄鋼・ガラスなど生産財の裁断，注文に対応する機器の組立て・組替え及び塗装替えなどをいう。
物流情報 システム (logistics infomation system)	物流を対象とした情報システム。このシステムには，物流の各機能を効率化，高度化するための機能分野，受発注から配送，保管から在庫，更に調達及び回収の業務分野，これらに関連した計画・実施・評価の経営過程の分野，更に，運輸業，倉庫業などの物流事業者と荷主との関連を含めた分野がある。

資料：日本規格協会編集『JISハンドブック　62　物流』日本規格協会，2008年，21～26頁。
なお，同ハンドブックに流通加工の英文名は掲載されていない。

ジスティクスは活動を実践する前提となる経営戦略や経営管理のレベルに位置づけられるべきであるとの意見があり，「戦略的な経営管理」と定義が変更された点である[4]。

　米国の大学では1960年代初期からロジスティクスに関する教育が始まったといわれているが，米国におけるロジスティクスの定義はロジスティクス管理協議会（CLM：Council of Logistics Management）における1991年のものがある。同協議会は1963年に発足した全米物流管理協議会（National Council of Physical Distribution Management）が1985年に改称された組織で，この改称自体が1980年代における"physical distribution"から"logistics"への用語の

変遷を裏付けている。その定義とは「顧客の要求に適合させるために，産出地点から消費地点まで，財，サービスおよび関連情報の効率的かつ効果的な流通と保管を計画，実施，統制するプロセス（the process of planning, implementing, and controlling the efficient, effective flow and storage of goods, services, and related information from point of origin to point of consumption for the purpose of conforming to customer requirements）」である，というものであった[5]。

X-3 ロジスティクスとSCM

X-3-1 市場環境の変化とロジスティクス

ロジスティクスは本来，兵站（へいたん）を意味する軍事用語で，戦場の後方にあって連絡や交通を確保し，軍需物資（武器・弾薬）や食糧などの運搬・補給を行う重要な任務を指していた。それが企業のビジネス活動で使われるようになり，すでに戦前の1920年代後半には現在使われているような意味での定義付けが行われていたという。したがって「ビジネス・ロジスティクス（business logistics）」と呼ばれることがある。あるいはロジスティクスの研究がマーケティングに端を発していることから「マーケティング・ロジスティクス（marketing logistics）」とも称され，次のような説明が加えられている。「ビジネスでは，需要創造（demand creation）すなわちマーケティングと，需要遂行（demand fulfilment）すなわちロジスティクスとは，別の機能と捉えられるべきではなく，サプライチェーン・マネジメントのメカニズムを通して統合されるべきである」と。また，このように考えられるようになった時代背景は以下のように説明されている。

最近になり伝統的に行われてきたマーケティングの効果について疑問が沸き起こってきた。マーケティングの基本的原則—供給者が利益とともに顧客のニーズや満足を確認できること—が適用されている反面，ブランドやポジショニングに基づく伝統的なマーケティングに焦点を当てる手法が依然として適切であるか否かについては若干の疑問がある。この従来型のモデルでは，競争の優位性（competitive advantage）へのルートは，典型的に強力なブランド，

◆ **表Ⅹ-2　市場環境の変化要因（1960年代以降）** ◆

```
1. 洗練されて目の肥えた顧客の出現
     （消費者やユーザーのニーズが多様化）
2. 製品の機能に対する均等性の認知
     （製品の差別化が技術的に難しくなった）
3. 売り手市場から買い手市場への移行
     （市場のグローバル化や貿易自由化が背景）
4. 供給過剰による価格競争の激化
     （大量販売圧力と消費者パワーの増大）
```

　企業イメージ，メディア広告，そして場合によっては価格に依存していたが，それらは従来のマーケティング戦略の伝統的要素である。しかしながら，乱気流のように揺れ動く今日の市場では，魅力的な製品，競争的な価格，創造的な広告だけでは，もはや十分ではなくなった。顧客がより高度なサービスを求める傾向が強く現れるようになったからである。

　こうして顧客サービス（customer service）は多くの産業において競争の戦場となった。サービスに敏感な顧客が消費市場だけでなく産業市場にも現れてきたからである。例えば自動車産業への供給業者は，流れ作業にジャスト・イン・タイム（just-in-time）で配送できなければならなくなった。同様に大規模スーパーマーケット・チェーンに供給する食料生産者は同じようなロジスティクスの能力を有して，在庫を最小限に抑えながら小売業者の棚を製品で満たさなければならない。時間（time）というものが競争のプロセスにおいて極めて重要な要素となり，あらゆる市場においてより短いリードタイム（lead time）が求められるようになった，と。

　要するに，1960年代初期にマーケティングが支配的になって以降，市場が成熟して市場環境が大きく変化し，その要因には**表Ⅹ-2**に示すように，①洗練されて目の肥えた顧客の出現，②製品の機能に対する均等性の認知，③売り手市場から買い手市場への移行，④供給過剰による価格競争の激化の４点が指摘されているわけである[6]。

Ⅹ-3-2 「ＳＣＭ」という概念の登場

　ここで注目したいのが，サプライチェーン・マネジメント（SCM：supply chain management）という概念である。実際，米国の業界団体であるロジスティクス管理協議会（CLM）は1998年にロジスティクスの定義を見直し，ロジスティクスをサプライチェーン・マネジメントの一部であると捉えるようになった。さらにロジスティクス管理協議会は2005年にサプライチェーン・マネジメント専門業者協議会(Council of Supply Chain Management Professionals：CSCMP）に名称変更され，ロジスティクス・マネジメントとサプライチェーン・マネジメントが以下のように定義された(7)。
「ロジスティクス・マネジメントは，顧客の要求を満たすために，産出地点から消費地点まで，財，サービスおよび関連情報の効率的かつ効果的な前方向と後方向の流通と保管を計画，実施，コントロールするサプライチェーン・マネジメントの一部である（Logistics management is that part of supply chain management that plans, implements, and controls the efficient, effective forward and reverse flow and storage of goods, services and related information between the point of origin and the point of consumption in order to meet customers' requirements)」と。他方，「サプライチェーン・マネジメントは，調達，獲得，転換，およびあらゆるロジスティクスマネジメント活動にかかわるすべての活動を計画・管理することを含む。重要な点は，それが供給業者，中間業者，サードパーティ・サービスプロバイダー，および顧客となりうるチャネルパートナーとの調整や連携をも含んでいる点である。本質的にサプライチェーン・マネジメントは，企業内および企業同士における需要と供給の管理を統合している（Supply chain management encompasses the planning and management of all activities involved in sourcing and procurement, conversion, and all logistics management activities. Importantly, it also includes coordination and collaboration with channel partners, which can be suppliers, intermediaries, third party service providers, and customers. In essence, supply chain management integrates supply and demand management within and across companies)」と。
　さらに次のような説明が加えられている。「ロジスティクス・マネジメント

は統合する機能であり，マーケティング，販売製造，金融，およびIT（情報技術）を含む他の機能に加えてロジスティクス活動を統合するとともに，あらゆるロジスティクス活動を調整し最適化する（Logistics management is an integrating function, which coordinates and optimizes all logistics activities, as well as integrates logistics activities with other functions including marketing, sales manufacturing, finance, and information technology）」と。これに対し「サプライチェーン・マネジメントは，企業内および企業同士の主要なビジネス機能とビジネスプロセスを，一貫性があり好業績を示すビジネスモデルに関連させる重要な責任をともなう統合機能である（Supply chain management is an integrating function with primary responsibility for linking major business functions and business processes within and across companies into a cohesive and high-performing business model）」と。そしてサプライチェーン・マネジメントは，製造業務とともにロジスティクス・マネジメントのすべてを含んでいることが明記されている。

また，2008年に米国で第2版が出版されたサプライチェーン・マネジメントに関する最新の著書には，サプライチェーンが次のように定義されている。「製品を原料段階から最終ユーザーへと移転または移動させるために協働する製造業者とサービス提供者のネットワーク。これらの製造業者とサービス提供者は，モノの流れ，情報の流れ，お金の流れを通して連結している」と[8]。

他方，ロジスティクス・マネジメントについては，前述したサプライチェーン・マネジメント専門業者協議会の定義が引用されており，次のような解説が加えられている。「企業はサプライチェーンのパートナーの間で製品や物資を移動させ，この業務を遂行するうえで必要な情報の流れを管理するために，それぞれの企業のロジスティクスシステムに依存している。ロジスティクスは広範囲におよぶビジネス活動をカバーしており，それには①輸送（transportation），②倉庫保管（warehousing），③マテリアルハンドリング（material handling），④包装（packaging），⑤在庫管理（inventory management），⑥ロジスティクス情報システム（logistics information systems）などが含まれる」と。

Ⅹ-3-3 「SCM」をめぐる諸問題

　英語のビジネス辞典の辞書的な定義においても，ロジスティクスは「サプライチェーンの最初から最後までの関連情報の流れとともに，商品の移動と保管を意味する。製造業企業にとって，サプライチェーンは原材料部品の獲得から全生産工程を通して最終製品の配達にいたるまで最終的なユーザーまたは小売業者へと伸びている」と記されており，あたかもサプライチェーンがロジスティクスの上位概念であるかのようである[9]。事実，米国には「サプライチェーン・マネジメントはロジスティクスより広い概念である（Supply chain management is a wider concept than logistics)」と明記している文献も見られるが[10]，この点については次の説明が参考になるであろう。

　いわく「サプライチェーンとは，商品の供給に関係するすべての企業を指す。具体的には，小売業，卸売業，製造業さらに製造業に原材料等を提供する製品メーカーなどの供給者（サプライヤー）のことである。従来のロジスティクスとは，それぞれの企業の中でモノの流れを統合的に管理して最適な状態を追求することであった。しかし，サプライチェーン・マネジメント（SCM）は，これらの企業すべてを通じて情報の共有化を行い，在庫削減や物流の効率化を図ることを指す」と。

　そのうえでロジスティクスだけでなくSCMが必要とされる理由については次の2点が指摘されている。その第1は，ロジスティクスは一つの企業の内部だけの改革であり，市場の変化が極めて激しい状況のなかでは不十分である。第2は，サプライチェーンの各企業間では，小売業の店頭での小さな需要変動が実際よりも大きく増幅されて卸売業や製造業に伝わるブルウィップ効果という現象が見られるからである，と[11]。

　ただし，サプライチェーンは日本語では一般に「供給連鎖」と訳されており，情報化の進展を背景に主として製造業企業において用いられるようになった。ちなみにJISの物流用語に関しては「サプライチェーン・ロジスティクス／サプライチェーン・マネジメント」という用語の使用について次のような解説が加えられている[12]。つまり，"サプライチェーン・マネジメント"は物流の分野で頻繁に用いられる用語であるが，商取引を中心としてロジスティクスをとらえる考え方であり，物流用語のJISには馴染まないと考えられる。一方，"サ

プライチェーン・ロジスティクス"については，ロジスティクスを中心とした考え方であるが，現時点では一般的な用語とはいえない。また，"サプライチェーン・ロジスティクス"が意味する，サプライチェーン（供給連鎖）全体の最適化を図るという考え方は"ロジスティクス"の定義に含まれるため，あえて用語を分けて定義する必要性は小さいと考えられる，と。

なお，次のように説く文献もある。これまでの物流は，輸送，保管，在庫管理などの物流機能について個別に「部分最適」を考えていた。これに対しロジスティクスは，企業の原材料調達から製品の販売までを含めて，部分最適ではなく「全体最適」を目指して企業全体の効率化の達成を目指すものである。さらにロジスティクスがメーカー，卸売業者，小売業者など単一企業における物流の効率化を目指すものであるのに対し，SCMは一企業の物流統合にとどまらず，サプライチェーン（供給連鎖）という商品の流れに関係する諸企業を包摂して物流の統合化を図ろうとするものである，と。

そうだとすれば，物流はそれぞれの機能における最適化，ロジスティクスは一企業全体における物流の最適化，そしてサプライチェーンでは複数企業にわたるロジスティクス全体の最適化を目指していることとなる[13]。

X-4 「3PL」ビジネスの成長

SCMが日本に導入されたのは1990年代といわれているが，ほぼ同じ時期に日本で関心を集めるようになったのが「サードパーティ・ロジスティクス（3PL：third party logistics)」であり，JISの物流用語では次のように定義されている。「荷主企業でも物流事業者でもない第三者が荷主のロジスティクスを代行するサービス。倉庫，車両などの施設・設備がなくても事業化できる運営ノウハウをもとに，情報システム及び業務改革の提案を中心に長期的な管理目標を定め，達成した改善利益の配分を受けるものであるが，物流事業者が荷主企業のアウトソーシングニーズに広範に対応して一括受注するケースも含まれる」と。

ただし，この定義に関しては次のような解説が加えられている。「"third party"という本来の語義からすると，荷主でも物流事業者（実運送事業者）

◆ 表X-3　米国における「3PL」登場の背景（1900年代）◆

```
1．運輸部門における規制緩和の推進
      ⇨ 新規参入や弾力的な運賃・料金の設定が可能になった
2．物流事業者間の競争激化
      ⇨ 市場区分のなかでの棲み分けが崩れ市場競争にさらされた
3．荷主企業の本業回帰傾向
      ⇨「選択と集中」により経営資源を自社の得意分野に集中させた
4．物流アウトソーシングへのニーズの高まり
      ⇨ 本業以外の物流業務は外部の専門業者へ委託するようになった
```

でもない第三者が担うロジスティクスを指す言葉である。しかし，実態としてはいわゆる3PL事業者が自社で物流実務を実施する場合が多く，この場合を含めるかどうかが問題となった。JISの定義では本来の語義に戻すべき，との意見もあったが，我が国に限らず米国や欧州でも，実際にはアセットを持つ物流事業者（実運送事業者）が3PLを実施する場合が多いことから，荷主でもなく，物流事業者でもない第三者が担うという本来の意味で定義したうえで，実態としては物流事業者が担う場合が多いということを付記することとした」と(14)。

この3PL登場の背景と要因については次のように説明されている（**表X-3**参照）。3PLは1990年代に米国で登場した新たな物流サービスで，米国の物流市場における大きな成長セクターとなったが，その背景には①運輸分野における規制緩和の推進と物流事業者間の競争激化，②荷主企業における本業回帰傾向と物流アウトソーシング（outsourcing）ニーズの高まりがある，と。

実際，米国では1980年代以降，トラック運送事業をはじめとする運輸分野において徹底した規制緩和が行われたことにより新規参入や弾力的な運賃・料金の設定が可能となった反面，既存の物流事業者にとっては，これまでの市場区分のなかでの棲み分けが崩れて激しい市場競争にさらされることとなった。他方，荷主企業側では，競争力強化に向けて経営資源を自社の得意分野に集中させる「選択と集中」を進めたために本業回帰傾向が強まり，本業以外の分野については外部の専門業者へ委託するアウトソーシングを進め，物流分野もその対象となったわけである。こうして「規制緩和による市場競争の激化にさらさ

れた物流事業者が，生き残りを図るための新たなサービス展開を模索するなかで，荷主企業の物流アウトソーシングニーズの受け皿としての機能を果たす物流機能代行業として取り組まれたのが3PLビジネスであるといえる」と言及されている[15]。

このあたりの米国における物流やロジスティクスを取り巻く状況の変化は，次の記述からも推測できる。1980年以前に米国の鉄道，トラック，航空機による輸送は政府によって厳しくコントロールされていた。規制によって，運送業者（carriers）の運賃，運送業者がサービスを展開できる地域，特定地域における同業者の数が決められていた。例えばオレンジ1箱をオーランド（フロリダ州）からデトロイト（ミシガン州）へ出荷する場合，コストは政府によって設定されており交渉の余地はなかった。さらに地域のトラック業者の実績に不満があり自らオレンジを出荷する場合ですら，政府によるさらなる障害に突き当たった。

このような悪夢のような規制が1980年から変化し始めた。連邦政府は自動車運送業者改革・近代化法（Motor Carrier Regulatory Reform and Modernization Act），ならびにスタガー鉄道法（Staggers Rail Act）を制定し，トラック運送業と鉄道業における規制緩和（deregulation）の端緒を開いた。同様な変化は航空運送業においても始まった。ついにロジスティクス担当者は運送業者とコスト以外の分野—配達スピード，柔軟な対応，そして追加のサービスなど—についても交渉できるようになった。つまり，ロジスティクスは事務的な機能の領域から，有能な企業が同業者に対し戦略的な優位性を得ることができる領域に素早く変身したわけである。このようにしてロジスティクス・ルネサンス（Logistics Renaissance）が開始されたのである，と[16]。

さて，3PL事業者は一般的に①アセット型（asset-based）事業者と，②ノン・アセット型（non-asset-based）事業者の2種類に分類できると指摘されている。この場合のアセット型とは，トラックや航空機などの輸送手段を自ら保有して輸送サービスを提供したり，自ら倉庫などを保有して保管サービスを提供する事業者を指している。これに対し，ノン・アセット型とは，輸送手段や倉庫などの資産（asset）を保有しておらず，情報や管理などを中心としたサービスを提供する事業者を指しているが，自社もしくは親会社で施設や車両を保

有していても，顧客にとって最適と考えられる場合には，競合他社の施設・車両を利用するケースも含まれるという。ただし，3 PLが単なるコンサルティングとは異なり，オペレーションの管理運営まで責任を負い，提案内容の実現が求められるビジネスである以上，物流拠点やトラックなどのハードなしには成立しない。したがって，ノン・アセット型事業者の場合も物流拠点やトラックなどのハードの調達は必要不可欠であると明記されている[17]。

X-5 国際インテグレーターの出現

X-5-1 物流の総合化と国際化

以上のように，これまで物流，ロジスティクス，サプライチェーン・マネジメント，サードパーティ・ロジスティクスという物流やロジスティクスにおける歴史的な変遷を中心に考察してきたが，21世紀になりこれらの分野において国際的な研究対象として注目されるのが，「国際インテグレーター（international integrator）」または「グローバル・インテグレーター（global integrator）」と呼ばれるコングロマリット型の巨大総合物流企業である。この種の新しい物流メジャーとも呼べる国際企業またはグローバル企業は，貨物の集荷から配送まで一貫して行うだけでなく，世界各国へ物流ネットワークを拡大し，郵便事業，エクスプレス（急送便）事業，ロジスティクス事業，さらには金融サービス事業まで多角化している[18]。

この背景には，1990年代に米欧諸国において規制緩和が進んで業界再編が活発化し，グローバル化を目指してM&A（合併・買収）や企業間提携，異業種参入などが加速した動向が指摘されている。他方，国際インテグレーターの登場によって，その国際戦略に協力する形で世界最大規模の物流施設ネットワークと物流サービスを提供するプロロジス（Prologis）という米国のグローバル物流施設プロバイダーが事業を拡大してきている。事実，同社は北米，欧州，日本，中国を中心に世界各国・地域に物流施設を所有・運営・管理または開発している[19]。

さて，具体的には米欧で次の4つの国際インテグレーターが活動している。欧州では伝統的な郵便事業に見切りを付けてエクスプレス便を軸に総合物流企

業へと脱皮を図ったドイツのドイツポスト（Deutsche Post）とオランダのTNTの2社である。欧州では1992年末の欧州市場統合以来，共通の運輸・交通政策の流れが加速し，これが1993年以降のトラック運賃の自由化の流れにつながり，欧州の物流業界における規制緩和が本格化した。特にドイツでは1990年の東西ドイツ統一を契機に郵政民営化への道を歩みはじめ，オランダでは1980年代末から郵政民営化が推進されたという。他方，世界最大の国内市場を抱える米国では，末端の集配作業まで一貫して自社管理するドア・ツー・ドアのエクスプレス便から，一般貨物，3PLへとサービス範囲を拡大して成功した国際インテグレーターとしてフェデックス（フェデラルエクスプレス：FedEx）とUPS（United Parcel Service Inc.）の2社がある。

X-5-2　国際インテグレーター発展の課題

　米国では1980年代初頭に宅配便市場が自由化され，1994年に当時のクリントン大統領が州内運送事業の規制を大幅に緩和したことで状況が一変し，フェデックスやUPSなどの民間物流企業が活躍して巨大化・多国籍化した。この2社がエクスプレス便を基盤に急成長できた根底には次のような現象が指摘されている。「もともとエクスプレスはビジネス書類やサンプル品など，急を要する小さな荷物の個建て輸送を対象とした，高額でニッチなサービスに過ぎなかった。ただし，日本の宅急便と同様にインフラビジネスであるため，物量の増加に伴い生産性は高くなる。規模がそのまま収益に直結する。勝ち組が利益を輸送ネットワークやITなどインフラの拡充につぎ込めば，さらに格差が広がり，上位集中が進む」と[20]。

　このように海外で巨大な国際インテグレーターが登場するなかで，外資に門戸を閉じていた日本市場だけが取り残されているようである。そうはいうものの，これらの国際インテグレーターはすでに日本に進出を果たしており，ドイツポストの相次ぐ買収戦略で傘下に収められた国際宅配便大手のDHLは1969年，TNTとフェデックスは1984年，そしてUPSは1987年に日本に進出している。他方，日本の代表的な大手物流企業には日本郵船，日本郵便（2007年10月1日に郵政民営化とともに設立された郵便事業株式会社），日本通運，ヤマトホールディングスなどがあり，2007年10月5日には日本郵政（日本郵便の持株

会社）と日本通運は宅配便事業の統合を含めた包括的な業務提携を結ぶことで合意している[21]。2008年4月1日には和製インテグレーターといえる株式会社オールエクスプレス（All Express Corporation）が設立された。同社の資本金は2億1千万円で，全日本空輸（出資比率36.38％），日本通運（同30.38％），近鉄エクスプレス（同30.38％）などが出資し，商品ブランド名は「ALLEX（アレックス）」となっている。

しかしながら，国際インテグレーターの事業は未だ必ずしも成功したとはいえず，自前の物流ネットワークを運用しフルラインのサービス商品をメニューに並べる国際インテグレーターのビジネスモデルは，世界市場ではまだその有効性が証明されておらず，現状では自国内で稼いだ利益を海外への投資で食い潰しているのが実態とまで指摘されている。現に次のような見解も見られる。いわく「国際インテグレーターは現在，エクスプレスとフォワーディング，3PLという全く性格の異なる事業を同じグループ内に抱えている。日本の宅配便と同様に，エクスプレスは高度にパッケージ化された商品で，サービス品質と集荷力が勝負になる。それだけに自国で培ったノウハウを海外に移転するのは容易ではない。一方，フォワーディングと3PLには顧客仕様にカスタマイズした柔軟なソリューションが求められる。顧客の懐に深く入り込む営業力と，高度なロジスティクス管理のノウハウを兼ね備えたエリート人材を，どれだけ社内に確保できるかで事業規模が左右される。人事制度から収益構造まで装置産業のエクスプレスとは正反対のビジネスだ。これらすべての統合に成功した事例は今のところ見当たらない」と[22]。

X－6　21世紀における物流の重要性

物流の発祥は今から約1世紀前の20世紀初頭において企業の流通活動が需要創造と物的供給に分類された時代までさかのぼり，概念的には前者がマーケティング，後者が物流へ進化したと考えられる。しかしマーケティングが理論的に大きく発展したのに対し，物流はマーケティングに比べて実務的な要素が強く現れ，マーケティングのように学術的に幅広く研究されてこなかった嫌いがあるのではないだろうか。あるいはマーケティング論のなかのチャネル論と

して考察が加えられてきたと言えるかもしれない。

　実際，日本では戦後の1950年代に物流業は「運送屋さん」と呼ばれていたが，ようやく高度経済成長が始まった1960年代に「物的流通」という概念が導入されて近代化への道を歩み始めた。続く1970年代にはヤマト運輸が宅急便を開始して物的流通を略した「物流」という概念が定着するとともに，企業利益の源泉は第1に売上げ増，第2に製造原価低減，そして第3に物流コスト削減と主張されるようになった。こうして1980年代には物流を戦略的な経営管理の一環と捉える「ロジスティクス」という概念が導入され，1990年代は情報化とグローバル化が急速に進展するとともに，SCMや3PLへの関心が高まっていった。その後，21世紀になり経済の一層のグローバル化を背景に国際インテグレーターが活躍する時代になった[23]。

　しかし，激変する世界市場において国際インテグレーターのビジネスモデルが有効であるのか否か，すなわち国際経営学で取り上げられてきた「経営資源の戦略的結合」の成功事例となるのか否かは今後の経過を見なければならないであろう[24]。他方，日本でも物流の分野でインテグレート（統合化：integrate）や戦略的提携の動きが加速してきており，国際インテグレーターに対抗する事例が見られるようになってきた。さらにアジアにおける日中韓の物流の協調と競争の必要性については以下のような見解すら見られる。

　それは20世紀が産業・製造業中心の経済であったのに対して21世紀は消費者中心の経済になると位置づけたうえで，次のように述べている。「20世紀型経済では良い品質の商品を，消費者に安く販売することが最も重要だった。最高レベルの品質を維持するために最善を尽くす一方，原価を低減するため，労働力が豊富で割安なところに工場を移し，大量生産する必要があった。しかし，多様なし好を持ち，刻々変化する消費者を満足させるためにはパラダイム（基準）を変える必要がある。素早く消費者のトレンドを読み，新しい製品を開発し，迅速に消費者に供給しなければならない。それを可能にする重要な基盤の一つが物流だ。21世紀に成功するためには生産者中心の思考から物流中心の思考に変わらざるを得ない」と[25]。

　ところで，2005年にコトラーが出版した『コトラーによれば（According to Kotler)』という文献のなかで，現代企業において行われている効果的なマー

ケティングに関して次のような重大な誤解が指摘されている。いわく「企業は，マーケティングは製造をサポートする，すなわち企業の製品を片づけるために存在すると考えているが，実際は逆である。製造はマーケティングをサポートするために存在している。企業はいつでも製造をアウトソーシング（外部委託）できるからである。企業を形成しているのはマーケティングが提供するものとアイデアである。製造，購買，研究開発，金融，その他の企業の機能は，企業が顧客市場において目標を達成するのを助けるために存在している（Companies think that marketing exists to support manufacturing, to get rid of the company's products. The truth is the reverse: Manufacturing exists to support marketing. The company can always outsource its manufacturing. What makes a company is its marketing offerings and ideas. Manufacturing, purchasing, R&D, finance, and the other company functions exist to help the company achieve its goals in the customer marketplace)」と[26]。

そうであれば21世紀は企業の製造活動やマーケティング活動が物流活動をサポートする時代になるのではないだろうか。要するに，製造業のグローバル展開やマーケティングにおける顧客満足を推進するために，物流の進化形としてのロジスティクス，SCM，3PLが国内だけでなく国際的な経営戦略の中核に位置づけられるようになってくるわけである。20世紀の終わりころに語られた「物流を制するものは企業，そして社会を制する」という主張は，21世紀の今日，より現実味を帯びてきたと言えよう。

■ 注
(1) このあたりの事情については次のアメリカにおけるマーケティングのテキストが「物的流通に要する莫大なコストは，60年以上にわたりマーケターに特別な関心を持たせてきた。事実，最初のマーケティングの文献は流通に関するものであった」と述べて，その最も初期のころの著作としてショーの『市場流通に関する諸問題』を挙げている点からも容易に推測できる。
　Williams G. Nickels, *Marketing Principles*, Prentice-Hall, Inc., 1978, p. 308.
(2) A. W. ショー著，丹下博文訳・解説『市場流通に関する諸問題《新版》』白桃書房，2006年，64～65頁および106～118頁。

なお，引用部分における「最近」とは，同書が執筆された20世紀初頭を指している。ちなみに同書の原典は以下のようになっている——
　A. W. Shaw, *Some Problems in Market Distribution*, Harvard University Press, 1915.
　参考までに，同様のことは本書の第Ⅱ章・第2節（Ⅱ-2，27～29頁）においても言及されている。

(3) 日本規格協会編集『JISハンドブック　62　物流』日本規格協会，2008年，21～35頁。

(4) 同上書，29～30頁。

(5) 参考までに日本物流学会の英文名は（Japan Logistics Society：JLS）となっている。同学会は1983年（昭和58年）に設立され，会員数は2009年12月現在で510名（正会員，準会員，法人賛助会員を含む）を数える。全国大会をはじめ各地での定期的な研究会や若手研究者による研究会などを開催するほか，学会誌「日本物流学会誌」を毎年刊行している。その目的は「ひろく物流研究を行うとともに，物流研究にたずさわる者の研究成果の発表と相互交流を通じて物流に関する学問体系の確立に資することを目的とする」と記されている。

(6) Martin Christopher & Helen Peck, *Marketing Logistics*（*Second Edition*），Butterworth-Heinemann, 2003, Preface & pp. 1-3.
　なお，リードタイムとは一般に注文（order）を受けてから最終製品を配達（delivery）するまでに要する時間を指すが，このリードタイムが航空機のように多年にわたる場合もある。

(7) サプライチェーンマネジメント専門業者協議会（CSCMP）の次のホームページを参照した —— http://cscmp.org

(8) Cecil C. Bozarth & Robert B. Handfield, *Introduction to Operations and Supply Chain Management*（*Second Edition*），Pearson Education, Inc., 2008, pp. 3-4 & pp. 363-364.

(9) Graham Bannock, etc., *Dictionary of Business*, Bloomberg Press, 2003, p. 202.

(10) Martin Christopher, *Logistics and Supply Chain Management*（*Third Edition*），Pearson Education Ltd., 2005, pp. 4-5.

(11) 中田信哉，橋本雅隆，嘉瀬英昭編著『ロジスティクス概論』実教出版，2007年，26～27頁。
　なお，ブルウィップ効果については次のような説明が加えられている。つまり，商品流通に関わるサプライチェーンの企業間で実需や在庫情報を共有できない状況では，小売業の店頭での小さな需要変動が実際よりも大きく増

幅して卸売業や製造業に伝わる現象が表れ，これを避けるために最終市場となる小売業での店頭の売上げ情報をサプライチェーン間で共有して製品の供給を行うことが必要とされる，と。

(12) 日本規格協会編集，前掲書，29頁。
(13) 『3PL人材育成研修』3PL人材育成促進事業推進協議会，2005年，3～4頁。
(14) 日本規格協会編集，前掲書，21頁および30頁。
(15) 『3PL人材育成研修』前掲書，1～2頁。
(16) Cecil C. Bozarth & Robert B. Handfield, *op. cit.*, p. 363.
参考までに米国で1980年（当時の大統領はジミー・カーター）に制定された自動車運送業者改革・近代化法は，単に自動車運送業者法（Motor Carrier Act of 1980）とも呼ばれることがあり，トラック運送業界（trucking industry）の規制緩和を実施した連邦法である。他方，同じ1980年に制定されたスタガー鉄道法は，鉄道業の規制緩和を実施したが，この法律は1887年の「州際通商法（Interstate Commerce Act）」以来存在していた規制構造を変革したと言われている。
(17) 『3PL人材育成研修』前掲書，8～16頁。
(18) 『日本物流学会第25回全国大会予稿集』日本物流学会，2008年9月，61～64頁。例えば上記の文献では郵便・エクスプレス・トラック事業における経営多角化について「企業は，費用節約，リスク分散，シナジー効果の追求を図ることを目的として経営多角化を実施している。郵便，エクスプレス，トラック業界においても，本業における需要構造の変化，技術革新や競争の進展等が大手事業者による多角化の背景となっている」とか「物流事業者は，経済構造の変化，荷主ニーズの高度化という継続的に変化する事業環境の中で自らが活動する事業領域（ドメイン事業）において優位性を持つサービスを効率的に提供することが求められている。一方，主力事業に過度に経営資源を集中しすぎると，当該市場における競争の進展，需要構造の変化の下で収益・リスク管理の観点から問題がある。このような背景のもとで物流事業者は，主力事業以外の分野にも戦略的に経営資源を投入してきた」と分析されている。
(19) 中田信哉，橋本雅隆，嘉瀬英昭編著，前掲書，168～186頁および225～244頁。
　　プロロジズ（Prologis）の次のホームページを参照 ― http://www.prologis.com
(20) 月刊『ロジスティクス・ビジネス』2008年6月号，ライノス・パブリケーションズ，12～27頁。

中田信哉,橋本雅隆,嘉瀬英昭編著,前掲書,168～186頁。
なお,宅配便と宅急便の違いは後述の注(23)を参照されたい。

(21) その時点での合意事項として,2009年4月1日に日本郵便と日本通運の出資によって新会社を設立し,小包の「ゆうパック」事業と宅配便の「ペリカン便」事業を移管するとが決められた。ところが,日本郵政がグループの郵便事業会社（日本郵便）と日本通運との間で進めている宅配便事業の統合は,09年8月の衆議院議員選挙で民主党が圧勝し,郵政民営化の見直しを掲げる民主党政権が誕生したことを背景に,09年11月には抜本的に見直される方針になったと報じられている。

(22) 月刊『ロジスティクス・ビジネス』前掲誌,12～27頁。
なお,フォワーディング（forwarding）を行う業者をフォワーダー（forwarder）と呼び,㈳ロジスティクスシステム協会監修『基本ロジスティクス用語辞典［第3版］』（2009年,白桃書房刊）には次のように定義されている。「輸送機関の経路（リンク）で活動するのがキャリア（船会社や航空会社）であり,リンクの結節部分（ノード）を基盤として活躍するのが運送取扱等を行う業者でフォワーダーと称し,欧米のフレートフォワーダー（freight forwarder）に相当する。わが国ではこのようなフォワーダー業としては運送取次業,利用運送事業,航空代理店業,海運代理店業,海運仲立業,港湾運送事業,倉庫業などがある」と。

(23) 『LOGISTICS SYSTEMS（Vol. 17）』2008年4・5月号,㈳日本ロジスティクスシステム協会,26～31頁。
ちなみに「宅配便」は一般的に,家庭などの不特定多数の届け先に対して小口の軽量物品を配達する輸送サービスを指している。宅配便のうち大和運輸（現・ヤマト運輸）によって1976年1月に開始された小口貨物の特急宅配システムを特に「宅急便」と呼び,これが日本における宅配便の先駆けと言われている。ただし,この宅急便は宅配便の一般的な名称ではなく,ヤマト運輸の登録商標されたサービス名（商品名）である点に注意しなければならない。

(24) 丹下博文『企業経営のグローバル化研究』中央経済社,2007年,62～64頁。
なお,この場合の「経営資源の戦略的結合」とは,相互の経営資源の強みを活かして相乗効果を狙った戦略的な国際提携を指している。

(25) 『ジェトロセンサー』2008年6月号,ジェトロ（日本貿易振興機構）,4～5頁。

(26) Philip Kotler, *According to Kotler*, AMACOM, 2005, pp. 3-4.

第XI章
マーケティングから ロジスティクスの時代へ

XI-1 企業経営におけるロジスティクス指向

　本章では前章の問題認識に基づいてマーケティングからロジスティクスの時代へのパラダイムシフトに関する考察を試みる。これにより，グリーン・マーケティング（green marketing），インターネット・マーケティング（internet marketing），ソーシャル・マーケティング（social marketing），グローバル・マーケティング（global marketing）等が伝統的なマネジリアル・マーケティング（managerial marketing）から派生したと同じようにして，ロジスティクスとマーケティングの両分野にまたがる，ないしは両分野を融合する新しい研究領域を形成することができるのではないかと考えられるからである。

　実際のところ，すでにロジスティクスに関しては1990年代の後半に「ソーシャル・ロジスティクス」という概念まで唱えられ，次のように言及されている。いわく，21世紀に向けてロジスティクスでは，企業戦略としての「ビジネス・ロジスティクス（business logistics）」のみならず，社会全体への円滑な物資の供給を実現する社会システムとしての「ソーシャル・ロジスティクス（social logistics）」が問われており，さらに世界的市場共有化と大競争の時代を迎えて多元的ネットワークの形成が必要とされる「グローバル・ロジスティクス（global logistics）」が大きな課題になってきている，と[1]。

　それはまた，企業経営のグローバル化研究にとっても注目すべき革新的な観点を創出することになると予想される。その手がかりとなる海外の先行研究として，1975年にイギリスで出版された『Effective Marketing Logistics（効果的なマーケティング・ロジスティクス）』（著者は Graham Buxton）を最初に取り上げる[2]。ちなみに「マーケティング・ロジスティクス」という概念を提唱した同書の前書き（Foreword）には，その当時までの時代の変遷過程が以下のように描かれている。

　企業経営における思考の論理的発展の第1段階は産業革命による生産力（production）への集中とその向上，第2段階は資本の集中による資金力または財務力（financial resources）に関心が集まった。続く第3段階ではマーケティングに対する努力（marketing efforts）が注目されるようになった。生産

が機械的に順調に行われるようになると,供給不足から需要不足の時代に移行したからである。具体的には1950年代初頭までに,最も先進的なほとんどの工業国では第1段階と第2段階を終えており,多くの国は1930年以前と1945年以後に2度にわたり第1段階を経験した。そのころに生産能力の増大に対応してマーケティング・コンセプト(marketing concept)が確立されたが,この場合のマーケティング・コンセプトとは,消費者やユーザーの満足(consumer or user satisfactions)を最大化する需要に見合うように生産を有益にバランスさせることを示唆する概念であった。

　企業経営の観点からマーケティングの業務を遂行するには,需要創造(demand creation)と物的供給(physical supply)という2つの目的を達成しなければならない[3]。しかし,物的供給という概念は以前から存在したものの,企業経営者の間で物的供給がマーケティングの総体的な業務を遂行するうえで重要であるとの認識が高まったのは1960年代半ばになってからのことであるという。この企業経営者の関心が,モノの効率的な流れや保管(efficient flow and storage of materials)に対する認識が高まった第4段階を形成することになり,これがイギリスだけでなく欧米諸国や日本におけるロジスティクス指向の源泉になったと主張されている。

　このように伝統的に経営(management)に関する文献は,マーケティング(marketing),生産(production),財務(finance),人事(personnel)などの機能分野(functional areas)について論じたものが多く,生産から消費までの効率的な製品の流れや保管を論じたものは少なかった。そこでマーケティング・ロジスティクスが注目されるようになったわけであるが,昨今では総合的な経営プロセスに対するアプローチは,システム的な観点に重点が置かれるようになってきている。言い換えれば,組織や意思決定に対するアプローチは1つの機能や部署に限るのではなく,むしろ企業内の様々な機能や部署の間の関係性(relationships)を重要視するようになった。この場合には利益をあげるという企業目的を達成するために生産とマーケティングを最も効率的,すなわち経済的に行うベストな意思決定(best decision)を追求するのではなく,生産コストを最小にし売上げを最大にする最適な解決法(optimum solution)を探ることになる。こうして生産とマーケティングの関係を認識したシステム

を考えるようになっていった[4]。

XI-2 マーケティング・ロジスティクスの提唱

　企業経営に対してシステム・アプローチをとった場合，製品の生産から消費までの効率的な移動や保管（efficient movement and storage）といった製品の流れ（flow）を表す概念には，最初にビジネス・ロジスティクス（business logistics）が掲げられており次のように定義されている。それは「原料の調達から最終消費にいたる製品の流れを円滑にする全ての移動や保管，ならびにそれに付随する情報の流れを計画，組織化，コントロールすること」である，と。他方，マーケティング・ロジスティクス（marketing logistics）は物流システム（またはPDM：physical distribution management）の同義語と考えられることが多かったようである。少し厳密に表現すれば，物流システムが流通活動における物理的な製品の流れに関係しているのに対し，マーケティング・ロジスティクスは物的な施設に加えて製品の流通における制度的なチャネル（institutional channel of distribution）の選択や管理をも含む点で，物流システムより広義の概念と捉えられている，あるいは制度面から物流業務は一般にチャネル管理（channel management）と称されることさえある，とも指摘されている。

　以上のような考察から同書ではマーケティング・ロジスティクスの定義を次のように提案している。それは，生産ラインの最後から市場に完全に届く完成品の流れに関わる全ての移動や保管の作業，ならびに企業と選択された市場との間の取引を調整・遂行するために求められる流通チャネルを分析し，計画し，組織化し，コントロールすることである，と。さらに前述したシステム的な観点からマーケティング・ロジスティクスに関する意思決定（decision）は，施設立地（facility location），輸送（transportation），在庫管理（inventory management），コミュニケーション（communication），マテリアル・ハンドリングとパッケージング（material handling and packaging）の5つに分類されている。要するに，システム論では流通チャネル（distribution channel）のなかでの小売業者や卸売業者の個々の機能ではなく，流通チャネルに関わる生

産者や消費者を含む全ての者の間の関係性パターン（pattern of relationships）に重点が置かれなくてはならないわけである(5)。

なお，同書によれば，マーケティング・ロジスティクス活動を企業における役割の観点から理解するために，在庫の流れ（inventory flow）をビジネス・ロジスティクスのシステムとして表示すると図Ⅺ-1のようになる。在庫の流れはロジスティクスの動的側面および時間的経過を適切に反映しているからである(6)。ただし，ここで注目したいのは，この場合のビジネス・ロジスティクスは日本で使われている「物流」や「ロジスティクス」の概念と，そしてマーケティング・ロジスティクスは「流通」という概念と極めて意味が近いのではないかと推測される点である。

たとえば日本工業規格（JIS）の物流用語の定義（Z0111：2006）によれば，物流（physical distribution）は「物資を供給者から需要者へ，時間的及び空間的に移動する過程の活動。・・・調達物流，生産物流，販売物流，回収物流（静脈物流），消費者物流など，対象領域を特定して呼ぶこともある」と記されている。また，ロジスティクスは「物流の諸機能を高度化し，調達，生産，販売，回収などの分野を統合して・・・」と示されているように，物流と同様に

◆ 図Ⅺ-1　マーケティング・ロジスティクスにおける企業の役割 ◆

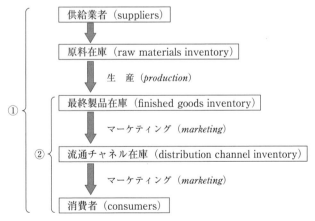

注記：①ビジネス・ロジスティクス
　　　②マーケティング・ロジスティクス
資料：Graham Buxton, *Effective Marketing Logistics*, The Macmillan Press Ltd., 1975, p.17.

調達から販売までの活動が含まれており、これらは**図Ⅺ-1**のなかのビジネス・ロジスティクスに該当すると考えられる。

これに対し、マーケティング・ロジスティクスは日本の「流通」に意味が近いのではないだろうか。企業経営に関して使用される日本語の「流通」は、一般に「生産者から消費者までの販売過程」（新村出編『広辞苑（第6版）』岩波書店、2008年）とか「生産セクターから消費セクターにいたる商品の社会的移転」（二神恭一編著『新版ビジネス・経営学辞典』中央経済社、2006年）を指し、流通業と言えば生産者から消費者へ製品や商品を届けるまでの過程で関わる卸売業、運送業、倉庫業、小売業などを含み、マーケティングの分野では主に小売業を指している。したがって、同書におけるマーケティング・ロジスティクスは流通とほとんど同義語と考えられるわけである。

Ⅺ-3 グローバルなロジスティクス戦略の必要性

Ⅺ-3-1 マーケティングとサプライチェーン

海外における次の先行研究として取り上げたいのが、前書と同じイギリスで約30年後の2003年に第2版が出版された『Marketing Logistics（マーケティング・ロジスティクス）』（著者はMartin Christopher and Helen Peck）である[7]。特に1990年代には3PL（Third Party Logistics）やSCM（Supply Chain Management）が発祥して日本に導入されるようなった動向が注目されるが、同書のはしがき（Preface）には同書執筆の背景となる時代的な変遷過程が以下のように描かれている。

20世紀末になるまでは需要が供給を上回っている市場があったけれども、その後は供給が需要を上回るのが常態となり、マーケティングの本来の枠組みや原則が大きく変化した。売り手市場から買い手市場に移行したわけである。これにともない伝統的なマーケティング・ミックスとしての製品（product）、価格（price）、販売促進（promotion）、流通チャネル（place）からなる「4Ps」が見直されることとなった。今日では何をするか（what they do）ではなく、どのようにするか（how they do it）によって企業は競争するようになったという認識が広まり、重要なビジネス・プロセスをどのように管理するかが重要

になってきた。別言すれば，このプロセスが市場のニーズにどのように適合するかが，製品の品質や価格と同じくらい重要になってきた，と。

このような競争状況の変化によって，より迅速かつ的確に需要を満たすプロセスが市場で成功を果たすうえで必須になる，という見解が注目されるようになった。つまり，企業の上流と下流の両方で関係性を管理する手法が重要になり，応答性（responsiveness），信頼性（reliability）および関係性（relationships）という「3Rs」がマーケティング・ロジスティクスという考え方の土台になってきたのである。こうしてマーケティング・ロジスティクスは，顧客サービス（customer service）が競争優位を一段と向上させる方法に焦点を当て，より広範なサプライチェーンのなかでマーケティング活動とロジスティクス活動の共通領域（interface）の管理を指向するようになっていった（図Ⅺ-2参照）。

従来，マーケティングとロジスティクスは多くの企業において別々に取り扱われていたため，両者の関連は充分に理解されておらず，顧客サービスの戦略的重要性も最近まで必ずしも認識されてはこなかった。ところが市場に商品が増えて顧客が時間とサービスに一層敏感になるにつれ，マーケティングとロジスティクスの繋がり（marketing and logistics interface）を管理する必要性が

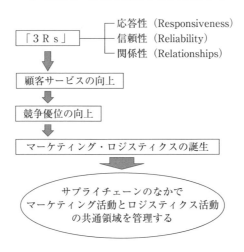

◆ 図Ⅺ-2 市場で成功するプロセス ◆

高まり，両者を収れんするうえで①消費者参加（consumer franchise），②顧客価値（customer value），③サプライチェーン（supply chain）という3つの重要な領域から戦略的に結びつけるビジネスモデルを形成しなければならなくなった。

そこで同書では，企業内において需要創造（demand creation）すなわちマーケティングと，需要遂行（demand fulfilment）すなわちロジスティクスという2つの機能分野を別々にではなく，サプライチェーン・マネジメントのメカニズムを通して統合的に捉えられるようにすべきであるという考え方を追求しようとした。その目的は，顧客や消費者の価値が最も効率的かつ効果的に伝えられる市場指向のサプライチェーン戦略（market-driven supply chain strategy）を創出することにある，と明示されている(8)。

この根底には，1960年代にマーケティングが支配的となって以降，市場環境が激変したという現実がある。企業は50年前は，お金のある顧客がいて急成長している市場から収穫を得ることができたため，マーケティングに対する努力が成功するうえで主要な推進力になると考えた。実際，企業の成功は市場の成長に依存していた。ところが，競争していた市場が成熟期を迎えたために顧客を獲得するうえでサービスが決定要因となり，今日の顧客は供給業者から，より高度な成果—とりわけ配達サービス（delivery service）—を求めるようになってきた。

XI - 3 - 2　マーケティング戦略とロジスティクス戦略

多くの企業では在庫削減（inventory reduction）のため，あるいはマーケティング・チャネル（marketing channel）の最後に位置する消費者も同じように高度な配達サービスを要求するようになった。たとえばファスト・フードやコンビニエンス・ストアの時代には消費者は待とうとせず，スーパーマーケットにおける購入の意思決定の3分の2は購入時点で即座に行われるという調査結果すら見られる。結果的に，即時に入手できるか否かがブランド選好を凌駕することが多くなってきた。こうして優れた顧客サービス（customer service）という差別化（differentiation）が価格競争を避ける機会を提供するようになり，価格指向の顧客が常に存在する反面，かなり多くのサービス指向

の—とりわけ時間に関するサービスに敏感な（time-sensitive）—顧客も存在するようになってきたのである。

ただし，顧客との関係性に関しては，顧客が受けるサービスに対する満足度（degree of satisfaction）が重要な決定要因となるものの，顧客サービスは幅広い概念のため簡単に定義することが難しい。供給者と購買者との間に存在するあらゆる接点とともに，有形的な要素と無形的な要素の両方を含んでいるからである。そのなかでもロジスティクスの成果（logistics performance）は顧客満足（CS：customer satisfaction）を達成するうえで重要な側面となり，企業の長期的利益（long-term profitability）に結び付く推進力のモデルが図XI-3のように示されている[9]。

一方，一様で同質的なマス・マーケットの考え方から，消費者が個々の購買ニーズに合った個別のソリューション（individual solutions）を追求する小規模なセグメント（segments）の考え方へと移行すると，もはやマス・マーケティング（mass marketing）の手法は同じような効果をもたらさなくなり，マスメディアを用いた伝統的な広告手法に消費者は次第に影響を受けなくなった。それに代わって特定の特徴や属性を備えた消費者を理解しコミュニケーションをはかるには，コンピュータやIT（情報技術）を使ったデータベース・マーケティング（DBM：Data Base Marketing）が効果的になりサービス産業で広まった。他方，企業間マーケティング（business-to-business market-

◆ 図XI-3 長期的利益への推進力 ◆

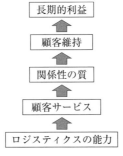

出典：Martin Christopher and Helen Peck, *Marketing Logistics*（*Second Edition*），Butterworth-Heinemann, 2003, p.32. ただし，訳出は筆者が行った。

ing）では，このデータベース・マーケティングを拠り所に顧客関係マーケティング（CRM：Customer Relationship Marketing）が注目されるようになったが，このマーケティングは「主要な顧客や顧客セグメントとの適切な関係性の開拓を通して株主価値（shareholder value）を推進する戦略的アプローチである」と定義されている[10]。

以上のような経緯を経て，現代の競争的環境（competitive environment）のもとで成功するマーケティング戦略は，次の3つの要素を備えていることが次第に明確になってきたという。その第1は，問題を解決して顧客に便益（benefits）をもたらす革新的な製品（innovative products）の創出であり，これは企業イメージや個々の製品のブランド訴求力（brand appeal）を強める。第2は，明確な経済的便益があるため，中間業者が取引をしたくなるほどの強い顧客関係（customer relationship）を築くことである。そして第3は，より少ないコストで優れたサービスを提供するサプライチェーン効果（supply chain effectiveness）である。これらのマーケティングの優位性（marketing advantage）の源泉を図表化すると図Ⅺ-4のようになる[11]。

さて，多くの企業では機能分野にまたがって（cross-functional）管理される中核的なプロセスがいくつかある。たとえば①新製品開発を含むブランド開発，

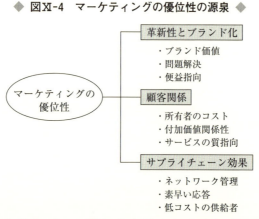

◆ 図Ⅺ-4　マーケティングの優位性の源泉 ◆

出典：Martin Christopher and Helen Peck, *Marketing Logistics*（*Second Edition*），Butterworth-Heinemann, 2003, p.16. ただし，訳出は筆者が行った。

②最終ユーザーの忠誠（end-user loyalty）に焦点を当てた顧客開拓，③中間業者との関係を創出する顧客管理，④上流との関係性を強化する供給業者開拓，⑤注文遂行プロセスを含むサプライチェーン・マネジメントなどが挙げられている。そのうえで同書ではマーケティング・ロジスティクスを管理するための重要課題として**表XI-1**のような4点が示されている。

　さらに，このような観点は市場，企業，産業のグローバル化という最近の顕著な動向に適用され，製品だけでなくサービスにも波及することが指摘されている。また，グローバルな顧客にサービスを提供する際の課題となるグローバルなロジスティクス戦略を開発するうえでの重要課題としては，①中央で管理するか各国・地域で管理するか，②グローバルな相乗効果（synergy）を探る，③基本的問題として標準化（standardize）するかカスタマイズ（customize）するか，などが掲げられており，その根底にはコスト削減に対する動機が指摘されている[12]。

◆ 表XI-1　マーケティング・ロジスティクス管理の課題 ◆

■**組織的な変化に対するニーズ**
・機能からプロセスへ
・製品から顧客へ
・利益から実績へ
■**機能ではなくプロセスの管理**
・プロセスが競争力となる
・プロセスは優れた機能を求める
・プロセスが顧客価値を創造する
■**製品ではなく供給と需要の管理**
・製造業者と小売業者のギャップを埋める
・共通領域における計画を通して知識を共有する
・販売促進に対する消費者の反応を理解する
■**測定されたものの管理**
・業績測定の重要性
・非財務業績指標の利用
・内的および外的な顧客満足への集中

出典：Martin Christopher and Helen Peck, *Marketing Logistics* (*Second Edition*), Butterworth-Heinemann, 2003, p.127. ただし，訳出は筆者が行った。

XI-4 マーケティング・ロジスティクスの発展

XI-4-1 サプライチェーンにおける展開

　前述した2つの先行研究ではマーケティングとロジスティクスを融合する概念として「マーケティング・ロジスティクス」が使用されていたが，最新の権威ある著書のなかで同じ用語が用いられて非常に注目される文献として，米国で2009年に13版（Thirteenth Edition）が出版された大著『Principles of Marketing（マーケティングの諸原理）』（著者は Philip Kotler & Gray Armstrong）の記述に考察を加えてみたい[13]。ただし，同書は完全にマーケティングを中核とするアプローチをとっている点が，ロジスティクス重視のアプローチをとっている前述した2つの先行研究とは少し異なるといえよう。

　最初に同書の第12章「マーケティング・チャネル：顧客価値の伝達（Marketing Channels：Delivering Customer Value）」[14]では次のように言及されている。つまり，製品やサービスを生産し，それを購買者に入手できるようにするには，顧客だけでなく企業のサプライチェーンのなかで供給業者（suppliers）や転売業者（resellers）とも関係を構築しなければならない。このサプライチェーンは企業の上流と下流（upstream and downstream）のパートナーから構成されており，上流とは製品やサービスを創出するのに必要な原材料，部品，情報，金融，技能を供給する一連の企業を指している。しかしながらマーケッターは伝統的にサプライチェーンの下流，すなわち顧客の方を向いたマーケティング・チャネル（または流通チャネル：distribution channel）に焦点を当ててきた，と。

　さらに同章には「マーケティング・ロジスティクスとサプライチェーン・マネジメント（Marketing Logistics and Supply Chain Management）」という項目があり，マーケティング・ロジスティクスは物流（physical distribution）と同義語と捉えられているようだが，実際には物流より重要で複雑かつ洗練されている，というコメントが付され，その背景が次のように説明されている。今日のグローバル化した市場では，製品を販売するほうが，販売した製品を顧客のところへ届けるよりも容易な場合がある（In today's global marketplace, selling a product is sometimes easier than getting it to customers)。こうしてロジスティクスの効果が顧客満足と企業コストの両方に大きな影響力を持つようになった，と。また，「サプライチェーンにおけるロジスティクス管理の性質と重要性（the nature and importance of logistics management in the supply chain）」という表現があることから，物流に非常に近い概念であるロジスティクスよりサプライチェーンのほうが広義の概念と捉えられていることが推測される。

企業経営者にとってマーケティング・ロジスティクスはトラックや倉庫だけを意味することがあるけれども，それ以上の意味付けが現代のロジスティクスにはあるという。マーケティング・ロジスティクスとは「利益を得るために顧客の要求に応じて生産地点から消費地点までモノや製品，およびそれらの関連情報の物理的な流れを計画，実行，コントロールすること（Planning, implementing, and controlling the physical flow of materials, final goods, and related information from points of origin to points of consumption to meet customer requirements at a profit）」にかかわっている。簡単に言えば「適切な時間に適切な場所へ適切な顧客に適切な製品を届けること（getting the right product to the right customer in the right place at the right time）」を指している。

さらにマーケティング・ロジスティクスは図XI-5のように，製品が工場から転売業者や最終的には消費者へと動く外的物流（outbound distribution）だけでなく，製品やモノが供給業者から工場へ動く内的物流（inbound distribution）も含んでおり，加えて消費者や転売業者から返品される破損して不要と

◆ 図XI-5　サプライチェーン・マネジメントの構図 ◆

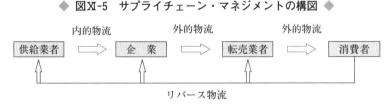

出典：Philip Kotler & Gary Armstrong, *Principles of Marketing*（*Thirteenth Edition*），Pearson Education Inc., 2010, p. 381. ただし，訳出は筆者が行った。

なった製品や余剰となった製品の動きを指すリバース物流（reverse distribution）をも含んでいる。すなわちサプライチェーン・マネジメント全体とかかわっているわけであるが，サプライチェーン・マネジメント自体は「供給業者，企業，転売業者，最終消費者の間で，モノ，最終製品，関連情報が付加価値をともなって上流および下流へと流れるのを管理すること（Managing upstream and downstream value-added flows of materials, final goods, and related information among suppliers, the company, resellers, and final consumers)」と定義されている。また，サプライチェーンのマネジメントには顧客中心の考え方（customer-centered thinking）が求められ，顧客価値伝達システム（customer value delivery system）とも呼ばれているという(15)。

XI-4-2 ロジスティクス重視の新しい動向

今日，企業がロジスティクスを重視するようになった理由には次の諸点が指摘されている。その第1は，顧客に優れたサービスの提供や低価格を可能にするロジスティクスの改善が企業に強力な競争優位（powerful competitive advantage）をもたらす点である。第2は，ロジスティクスの改善が企業と顧客の両方にとって莫大なコスト削減になる点である。現に平均的な製品価格の20％もが出荷や輸送（shipping and transport）の費用に充当されており，これは広告費用等のマーケティング・コストをはるかに上回っている。そのうえ輸送コスト（transportation costs）は過去10年間で50％以上も上昇している。第3は，製品の爆発的な多様化がロジスティクスの改善に対するニーズを創出してきた点である。このような製品の多様化は注文，出荷，保管，コントロールの面で大規模なロジスティクスを必要とする。これらに加えて第4に，情報技術（IT：Information Technology）の進歩によって物流効率化（distribution efficiency）が推進され，SCMのソフトウェアが使われるようになった点である。最後の第5に，ロジスティクスは環境に影響をおよぼし，運輸，倉庫，包装などのロジスティクスの機能が環境の持続可能性に対する努力という観点から考えられるようになった点である。これらを図表化すると**表XI-2**のようになる。

企業のなかにはロジスティクスの目標（goals）は最小のコストで最良の顧

◆ 表XI-2　ロジスティクス重視の根拠 ◆

> 1．サービスや価格面で競争優位をもたらす。
> 2．莫大なコスト削減につながる。
> 3．製品の多様化に対応しなければならない。
> 4．情報技術によって物流を効率化できる。
> 5．環境問題の解決に結び付く。

客サービスを提供することと主張するところがあるけれども，不幸なことに最良の顧客サービスと最小の物流コストの両方を同時に達成できるロジスティクスのシステムは存在しない。最良の顧客サービスとは素早い配達，大量の在庫，柔軟な品揃え（flexible assortments），返品自由などのようなサービスを示唆し，これらはどれも物流コストを増大させるからである。対照的に，最小の物流コストは遅い配達，少量の在庫，大量の出荷単位（larger shipping lots）を示唆しており，これらは顧客サービスのレベル低下につながるものである。したがってマーケティング・ロジスティクスの目標は，最小のコストで目標レベル（targeted level）の顧客サービスを提供することとなり，それぞれのセグメント（segments）で望ましいサービスレベルを設定しなければならなくなる。目的は売上げではなく，利益を最大にすることだからである（The objective is to maximize profit, not sales）[(16)]。

ロジスティクスの目的が設定されたら，企業は目的を達成するために必要なコストを最小化するロジスティクス・システム（logistics system）を設計することになるが，主要なロジスティクスの機能（logistics functions）には，倉庫保管（warehousing），在庫管理（inventory management），輸送（transportation）およびロジスティクス情報管理（logistics information management）が含まれる。とりわけ倉庫保管に関しては，保管より移動に重点を置いて設計された物流センター（distribution centers）が設立されるようになったが，これは工場や供給業者からモノを受け取り，注文を受けたら，できるだけ早く顧客に配送するために設計された，大型の高度に自動化された倉庫（warehouse）を指している。

XI－5 「ロジスティクスの時代」へのパラダイムシフト

　以上の考察からマーケティング・ロジスティクスは1970年代から使用され始めており,「マーケティング」という名称が冠せられているけれども, 実際には「ロジスティクス」に近い意味で使われていたと言えよう。例えば本稿で取り上げた1970年代の先行研究ではSCMという用語は使われていないが,「物的供給という概念は以前から存在したものの, 企業経営者の間で物的供給がマーケティングの総体的な業務を遂行するうえで重要であるとの認識が高まったのは1960年代半ばになってからである」と指摘されている。

　さらに21世紀になってから出版された先行研究においては「競争していた市場が成熟期を迎えたために顧客を獲得するうえでサービスが決定要因となり, 今日の顧客は供給業者から, より高度な成果—とりわけ配達サービス—を求めるようになってきた」と記され[17],「企業内において需要創造すなわちマーケティングと, 需要遂行すなわちロジスティクスという2つの機能分野を別々にではなく, サプライチェーン・マネジメントのメカニズムを通して統合的に捉えられるようにすべきである」と主張されている。

　一方, 上述した最新のマーケティングに関する著書のなかでは「製品やサービスを生産し, それを購買者に入手できるようにするには, 顧客だけでなく企業のサプライチェーンのなかで供給業者や転売業者とも関係を構築しなければならない」と述べたうえで,「今日のグローバル化した市場では, 製品を販売するほうが, 販売した製品を顧客のところへ届けるよりも容易な場合がある。こうしてロジスティクスの効果が顧客満足と企業コストの両方に大きな影響力を持つようになった」と指摘されている。そうであれば, ますますグローバル化する21世紀の市場環境のもとではサプライチェーンを念頭において, より一層ロジスティクスを重視する必要があるのではないだろうか。

　このように今後は, 情報化の進展, 輸送機関の発達, 生産能力の拡大, 経済のグローバル化などとともに, 21世紀に急速に進みつつある経営や市場のグローバル化を背景に, 顧客満足, 顧客関係, SCMという視点からマーケティングにロジスティクスの要素を多く取り入れなければならないであろう。それ

はまさに企業経営のグローバル化研究にとっても，20世紀のマーケティングの時代から21世紀に到来するロジスティクスの時代へのパラダイムシフトを示唆することにほかならないと考えられる(18)。

XI - 6　米国の混載システムに関する考察

XI - 6 - 1　直接輸送と混載輸送

　物流，ロジスティクス，SCM（サプライチェーン・マネジメント）に関する分野の理論的および実務的側面を考察する場合，それらの発祥地であり学術的な研究面で最も先進的な米国の状況に言及しておかなければならないであろう。例えば日本の共同配送を表すjoint distributionという英語は，米欧で出版された物流関連の専門書のなかでは見ることができないのが通例であるけれども，日本語の「混載」に相当するconsolidationが共同配送や共同物流に最も近い用語ではないかという指摘がある。そこで本節では英語のconsolidation，あるいは連携を表すcollaboration，輸送を表すtransportation，配送を表すdistribution，倉庫を表すwarehouseなどの用語を中心に考察を進めていきたい。

　なお，consolidationは一般的には物事を効果的にしたり扱いやすくするために強化したり組み合わせたりすること（to combine things in order to make them more effective or easier to deal with），すなわち日本語では連結や統合や合同などを意味し，特に物流分野に関しては小口の貨物を複数の荷主から集荷して大口の貨物に仕立てることを指している。例えば米国で普及しているビジネスと経営の専門用語辞典を調べてみると，確かにconsolidationの他にconsolidator, consolidated carrier, consolidated container, consolidated shipmentが見出し語として掲載されている。ただし，日本では「貨客混載」という用語まで使われるようになってきたが，これは路線バスが乗客とともに宅配荷物も運ぶ仕組みを指し，広大な過疎地のバス路線の維持とともに貨物の輸送効率を高めるだけでなく，トラック・ドライバー不足の解消にも繋がると期待されている(19)。

　最初にロジスティクスの集積（logistics clusters）に考察を加えたSheffi (2012) の研究(20)では，輸送経済（transportation economics）という項目の

なかで次のように記されている。ロジスティクスの集積の発展を最も強くけん引するもののいくつかは輸送の経済問題から発生し，この輸送は直接輸送（direct operations: DO）と混載輸送（consolidated operations: CO）に分類することができる。前者の直接輸送では，運送人（carrier）は集荷地点から配送地点までの2つの地点間を1個の貨物を1回輸送するだけである。これに対し後者の混載輸送では，地方で複数の荷物を集荷し，それらの荷物を目的地に向けてより大きな貨物として混載してから目的地において複数の配送を行うことになる。したがって，輸送途中で混載で出荷された貨物は数回にわたり別々の輸送のために積卸しされる。つまり，直接輸送ではノンストップで出荷地点と目的地点の間を最も短い距離で輸送するのに対し，混載輸送では途中で止まって作業をするため遠回りをすることになる。こうして直接輸送では1回の輸送で全てのコストが発生するのに対し，混載輸送では輸送コストを共有しなければならなくなる。

　一般的に輸送コストは貨物を積んでいなくても満載していてもほとんど変わらない。また，輸送機関（conveyance）が大型になればなるほど輸送コストは輸送機関の大きさに比例して低くなっていくことから，荷主（shipper）は輸送コストを低減するために混載を指向するようになる。したがって荷主がトレーラー（trailer：他の動力付きの車にけん引される付属車）のような輸送機関に満載できるほどの貨物を持っていれば，荷主は運送人と直接輸送（DO）契約を結ぶであろう。他方，荷主にトレーラーを満載できるほどの十分な貨物がなければ，他の小口の貨物を混載しトレーラーを満載状態にして混載輸送を行う運送人を利用するであろう。この種の運送人にはLTL（less-than-truck-load）が含まれ，その輸送形態は「積合せ輸送」と呼ばれて日本では以下のように解説されている[21]。参考までにtruckloadとはトラック1台分の積み荷を表す。

　「複数の荷主の貨物を同一車両に混載することで，混載の一形態であるが，主にトラック輸送の場合にいわれる。かつての道路運送法では，原則的に区域トラックには積合せ輸送は認められておらず，路線トラックの特権であった。しかし，緊急の場合とか路線の集荷を委託される場合などの例外があった。その中で路線トラックの能力が地域的に不足する場合には区域トラックにも積合

せ許可が出されていた。共同配送を行う場合や急便などは，この積合せ許可を活用したものである。1989（平成１）年の貨物自動車運送事業法により，すべてのトラック業に積合せ輸送が認められた」と。なお，路線トラックとは旧道路運送法において認められた一般路線貨物自動車運送事業のことで，免許で定められた路線（ルート）において混載輸送を行うトラック事業者を指す，と説明されている。

　次にBenton（2014）の研究[22]によれば，貨物輸送のコストは製造業者にとって重要で，出荷の頻度，出荷する製品のタイプ，出荷のサイズは輸送コストに大きな影響をおよぼす可能性がある。輸送サービスはより一層多量の輸送，あるいはUPSやFedExには適さない多頻度の輸送をも含んでおり，出荷のサイズが増大すればするほど，重さ１単位当たりの輸送費は下がっていく。この料金の経済性を活用するために，荷主は出荷を混載化すべきであり，１日ごとの出荷に換えて数日分の貨物を累積してから出荷するほうがよい，と。

　このように米国の混載（consolidation）という輸送方式は，輸送の経済性という合理的な観点から論じられることが多い。

XI‐6‐2　配送センターと混載倉庫

　さらにHugos（2011）の配送拠点（delivery sources）に関する研究[23]では，顧客への配送は単品製品拠点（single-product locations）からと配送センター（distribution centers）からの２つの方法がある。前者の単品製品拠点は，単品とそれに関連する狭い範囲の製品が出荷される工場や倉庫のような施設を指し，需要が強い場合や出荷単位が大きい場合に適しており，効果的に使用されれば規模の経済（economies of scale）を追求できる。

　これに対し配送センターは大きな貨物が単品製品拠点から届いた場合の施設になり，サプライヤー（供給業者）が顧客から遠方に位置している場合には，配送センターは規模の経済のメリットを提供することになる。配送センターは出荷に備えて在庫を補完することができ，主にクロスドッキング（cross-docking）のために用いられる。このクロスドッキングという手法はウォルマート（Wal-Mart）によって開発されたもので，トラック１台分（truckload）の単品の貨物が到着した際に積卸すと同時に大きな貨物が小分けされ，他の小さな貨物と

混載されて最終拠点へと出荷される仕組みになっている。

　しかしながらクロスドッキングは手間のかかる技術（demanding technique）であるため，外部的および内部的な出荷（inbound and outbound shipments）に際してかなりな程度の調整（coordination）が必要になる。注目されるのは，その事例として掲げられているもののなかに，同じ荷主が同じ顧客に製品を配送する際に連携（collaboration）することがあり，この場合の積合せ貨物（combined freight）という新しい解決策（new solution）は協力企業のトータルな輸送コスト（total transportation costs）を25%削減すると推測される，という記述が見られる点である。

　そのうえで「貨物の混載という概念は新しくはないが，連携という方法で競争相手とパートナーを組むよう求められた際に企業は理解するのに少しとまどう（The concept of freight consolidation is not new, but it is tricky for companies to grasp when they are being asked to partner with competitors in a collaborative way）」と。そうはいっても「特に配送センターに出入りするトラックの数を減らしたいと考えている同一の小売業者に配送する際は，競争相手と手を組むことに合理性がある（Working with competitors makes sense, especially when their deliveries are going to the same retailers who prefer to have fewer trucks pulling in and out of their own distribution centers）」と分析されている。

　続いてMangan et al. (2012) の研究[24]では，サプライチェーンの統合（integration）には連携（collaboration）が基盤となるものの，統合が製品やプロセスを指向するのに対し，連携では関係性（relationship）に焦点が当てられる，と述べて配送センターの役割を以下のように論じている。

　つまり，過去30年間にわたりサプライチェーンの輪郭は，一層高度なロジスティクスの成果と顧客サービスを達成するために変化してきた。例えば1970年代と80年代に小売業界に配送センター（distribution centers：DCs）が導入され，小売業は各店舗へ配送する責任を負うようになった。この配送センターは時々，地域的な配送センター（regional distribution centers：RDCs）と全国的な配送センター（national distribution centers：NDCs）に分類されることがある。配送センターとは数多くの製品が異なる供給業者によって配送される

倉庫の一形態（a type of warehouse）で，配送はトラック1台に貨物を満載（in full truck loads）するのが望ましい。各配送センターは各地域にある多くの小売店舗にサービスを提供するけれども，1990年代になると混載センター（consolidation centers：CC）が新たに出現し，複数の供給業者からの配送を混載化する（consolidate deliveries）ようになるが，トラックに満載された貨物が地域の配送センター（RDCs）へ向けて配送されることもある，と。

XI－6－3　クロスドッキングの普及

　Jacobs & Chase（2011）の研究[25]では，図XI-6のように輸送モード（transportation modes）が高速道路（トラック），水上（船舶），空（飛行機），鉄道（列車），パイプライン（液体や気体用），手渡し（hand delivery）の6種類に分けられ，このなかで最後に掲げられた製品を顧客に手渡しする作業が労働集約的で時間とコストのかかることが多いと指摘されている。そのうえで倉庫の設計（warehouse design）が以下のように考察されている。

　様々な拠点からの積み荷（shipments）が集められて同じ目的地へ向けてより大きな積み荷にまとめられる場合には特別な混載倉庫（consolidation warehouse）が使用され，これが全体のシステムの効率性を向上させる。これらの混載倉庫で用いられるアプローチがクロスドッキングで，より大きな積み荷をつくるのではなく，大きな積み荷は地域で配送されるよう小さな積み荷に分割される。これは商品が在庫として蓄積されないように調整して行われることがある。実際，小売業者は地域の倉庫で多くの供給業者から積み荷を受け取り，

◆　図XI-6　輸送モードの分類　◆

注：最後の製品を顧客に手渡しする作業が労働集約的で時間とコストのかかることが多い，と指摘されている。

コンピュータ化されたコントロール・システムによって調整されたクロスドッキング・システムを使用し，これらの積み荷は個々の店舗へ配送するために直ちに仕分けられる。その結果，倉庫に運ばれる在庫が最小になる。

一方，ハブ・アンド・スポーク・システム（hub-and-spoke system）とは混載の考え方とクロスドッキングの考え方とを結合したもので，倉庫はハブと呼ばれ，その唯一の目的は商品の仕分けにある。入庫された商品は直ちに混載エリアへ仕分けられ，そこでは特定の地域に出荷されるよう明示されている。ハブは商品が最短距離で届く地域の近くに戦略的に配置されているからである。

こうした混載倉庫，クロスドッキング，ハブ・アンド・スポーク・システムなどに関する同じような考察はBozarth & Handfield（2008）の研究[26]にも見られるが，例えばRushton et al.（2014）の研究[27]のなかでは混載センター（consolidation centre）が次のように説明されている。それは「顧客は多種類の製品を注文することが多く，一緒に配送されることを好むのが通例である。この場合，倉庫業者は保管されている在庫か，あるいはサプライチェーンのどこかからのどちらか一方から一緒に持ってくるであろう」と。そのうえでクロスドック・センター（cross-dock centre）の役割を次のように述べている。「もし商品が顧客の注文を遂行するためにサプライチェーンのどこか（例えば製造業者か倉庫業者のどちらか）から運ばれてくる場合，それらはクロスドックされる傾向が見られる。これは商品が倉庫に保管されることなく，入庫する運搬車両から出庫する運搬車両へ直接積み換えられることを意味する」と。

参考までに，JIS（日本工業規格）の物流用語（Z 0111）ではクロスドッキング（cross-docking）が次のように定義されている。それは「物流センターの荷受場（ドック）で，入荷品を事前出荷通知に基づき保管するか出荷するか識別して，出荷品を出荷場（ドック）に通過（クロス）させること」である，と。

XI-7 戦略的提携とM&Aの時代

XI-7-1 求められる変革型リーダーシップ

最後にIT（情報技術）や無人飛行機（ドローン）を活用した物流の高度化

とともに最近注目を集めるようになった事例として，かつてライバルであった大企業同士の共同物流や共同配送が実現するようになり，戦略的提携という新しい戦略的な視点から捉えられようとしている動向に触れておきたい。

実際，2013年に次のような画期的な事例が現れた。それは路線トラック大手企業どうしの連携として注目される事例で，これまで競争相手であった西濃運輸（岐阜県大垣市）と福山通運（広島県福山市）は2013年7月から両社の同一配達先を集約して一括配送するサービスを，家電や食品などの大口配送を対象に関東・中部・関西地区で試験的に開始し顧客を開拓し全国に拡大していく，というケースである。

続いて2014年6月にはヤマト運輸，西濃運輸，トナミ運輸，札幌通運，名鉄運輸，中越運送，第一貨物，カンダコーポレーションなどの大手を含む物流8社が，企業向けの幹線輸送トラックを共同運行し，都市間を長距離トラックで結ぶ幹線輸送のうち，荷物を届けた後の帰り便に空きスペースができやすいために輸送費が割高になりがちな地方路線を対象に，トラックの空きスペースや集配拠点を相互活用する事例である。さらに2015年7月には，大塚製薬グループの医薬品物流を担う大塚倉庫と医薬品・医療品メーカーの陽進堂とが輸液・透析分野で共同物流を開始することとなった。本質的に医薬品は物流コスト比率が低いため共同物流を考える企業が少ないなかで，ライバルである医薬品メーカーどうしが共同物流を始める珍しいケースと報じられている。この背景には，生活雑貨や食品業界など様々な業界で共同物流が行われるようになったものの，トラックドライバー不足という物流業界が抱える深刻な問題が横たわっていると指摘されている。

このような戦略的提携と呼べるような事例は国内だけでなく国際的にも見ることができる。例えば2015年になると商業物流に強い西濃運輸グループが，国際物流事業で航空輸送と海上輸送を組み合わせた複合一貫輸送サービスを行うために，ドイツの物流大手DBシェンカーとの合弁会社を通してアジアと欧州・北米を結ぶ貨物輸送に取り組む動きが報じられた。さらに西濃運輸の持ち株会社となるセイノーホールディングスは東南アジアにおけるトラック輸送業務を拡大するために，タイの総合消費財メーカー最大手のサハ・グループとの合弁に続き，インドネシア最大の財閥となるサリム・グループとともに成長が

見込まれるインターネット通販事業の鍵となる物流で合弁設立に合意し、アジアでの戦略拠点を確保した動向も報じられている(28)。

　他方、中国家電大手のハイアールは東芝と東南アジアで家電の共同配送に乗り出し、物流網を共同活用してトラック輸送費などの物流コストの約2割削減を目指すこととなり、輸出入品を載せる貨物コンテナの共同利用も始めるという。特に東南アジアでは大型の家電量販店より零細小売店で家電を扱うことが多く、メーカーが単独で少量の製品を運ぶのは非効率だった実態が背景にあると指摘されている。また、これは日本の家電大手と外資大手が海外の共同物流を手掛ける珍しいケースになると報じられており、国際的な戦略的提携の典型例といえるだろう(29)。

　そもそも戦略的提携とは、提携相手となる企業の強みを活かすという意味で、人・物・金・技術・情報などの経営資源を戦略的に結合して一種の相乗効果（シナジー効果）を期待する点が特長と考えられている。例えば国際経営に関して本書の第Ⅲ章第1節（Ⅲ－1－2）では、日本企業が海外市場において合弁企業を設立した事例が取り上げられている。しかし物流企業の共同物流における戦略的提携を想定する場合は、提携相手となる企業の強みや有利な点を相互に活用し合うだけでなく欠点や弱点をも補完し合い、しかも付加価値を一層高めて企業経営にプラスの相乗効果をもたらす工夫が必要になってくる。このため、かなり高度な経営戦略の策定とともに企業規模の大小を問わず必ず企業経営に変革型リーダーシップが求められることになる(30)。

　例えば最近注目されるようになってきた都市における共同配送の推進モデルを図示すると**図Ⅺ－7**のようになり、ここでも変革型リーダーシップが求められることになると想定される。とりわけ都市における建物内部の物流は館内物流とも称され、東京都内にある東京ミッドタウンの事例では人・物・車・情報を一元管理し、共同配送の促進や直接納品車両を含めた入館車両の管理を行って館内物流を効率化することにより施設周辺の貨物車両や路上の荷捌き車両を削減し、最終的には交通混雑の改善と歩行者の安全確保を図ることが館内物流推進の目的に掲げられている。

　参考までに変革型リーダーシップは次のように解説されている。いわく「本格的にボーダーレスな大競争（mega-competition）の時代に向けて経営環境が

◆ 図Ⅺ-7　都市における共同配送の推進モデル ◆

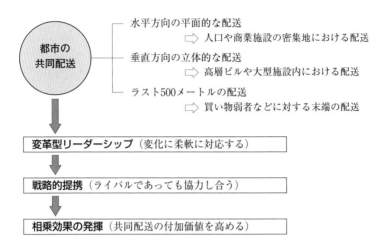

急変し競争が激化すればするほど，企業のなかに自己変革のパワーをどれほど蓄積しているかが重要な要素になってくる。こうして自己変革を企業文化として継承していくことこそが，21世紀に超優良企業が存在するとすれば，その決定的な条件になるであろう。そして，企業文化として継承していくためには自己変革を新しい企業理念として確立し，それを浸透させることが必要になる」と(31)。

Ⅺ-7-2　注目される大型M&Aの動向

2015年には世界的な株高や潤沢な企業の資金力，あるいは有効な資金活用を求める株主の圧力などによってM&Aの案件が巨大化する傾向を見せるなかで，国際物流を目指して戦略的提携をさらに進めた海外物流企業の大型M&A（合併・買収）が活発化してきた動向が注目される。例えば同年2月に日本では航空会社からスペースを買い取って荷主から集めた荷物を輸送する混載貨物事業（フォーワーダー：forwarder）大手の近鉄エクスプレスが，国際物流事業を拡大するためにシンガポールの物流会社で北米などで倉庫や配送車両に強みを持つAPLロジスティクスを買収する見通しが報じられた(32)。

それに加えて日本郵政グループが，出遅れていた海外物流事業に本格参入す

るグローバル企業として，国際インテグレーター（第Ⅹ章第5節参照）と呼ばれる巨大なドイツポスト，フェデックス，UPSなどとの国際競争に臨む転機とするために，オーストラリアの物流大手でアジア地域の企業間物流に強みを持つトール・ホールディングスを買収する方向であることが報じられた。なお，シンガポールの郵便大手シンガポール・ポスト（シングポスト）は，インターネットの普及で減少している郵便への依存から脱却するため，アジアで急拡大する電子商取引（EC）への需要を取り込む物流部門の売上を伸ばす戦略が奏功しつつあると伝えられている[33]。

一方，国際インテグレーターで第1位はドイツポスト，第2位はUPS，第3位はフェデックスであるが，2015年4月になると北米やアジアなどの航空貨物に強い米国のフェデックスは，欧州事業が売上高の8割を占め小口輸送に強いオランダの同業大手TNTエクスプレスを買収することで合意したと報じられた[34]。この背景には，世界的にインターネット通信販売を軸とする電子商取引の市場規模が拡大を続けているため，ニーズが急増している一般消費者向けの小口配送ネットワークを構築する必要に迫られている情勢があるという。一般に小口輸送は消費者が多く住む地場の物流企業が得意とする分野であるけれども，海外の物流企業が独自に取り組むには大きなコストがかかるためM&Aが有効と考えられているからである。

このような強みを伸ばし弱みを補うためのM&Aは，物流業界だけでなく他の多くの業界においても日本企業が世界企業へ脱皮するために必要となる情勢変化は言及するまでもないであろう。実際にも2015年の後半になってから「日本企業による海外企業のM&A（合併・買収）が拡大している」「海外の成長市場を取り込もうと金融や物流といった内需企業がM&Aに動く事例が目立つ」「世界のM&A市場で日本企業の存在感は高まっている」という動向に加え「国内市場の縮小などを考えれば，M&Aで国際戦略を加速するのは合理的だ。広く世界で成長の芽を探すべきだ」と指摘されている[35]。

以上のような動向を考慮すると，日本で20世紀末に「物流を制する者は企業，そして社会を制する」と唱えられ，21世紀には本書のように副題で「マーケティングからロジスティクスの時代へ」と主張するように，物流やロジスティクスの分野における新しい現象は経済のグローバル化やインターネット通信販

売市場の急拡大を背景に，もはやあらゆる企業や企業グループ全体の成長に必須となる高度な経営戦略上の課題，さらには社会全体の発展にかかわる重要な政策的課題と位置づけられなければならなくなったといえよう(36)。

以上のような基本認識に立つと21世紀の国際経営に必須となるグルーバルな観点から，これまでのマーケティングの時代から，企業経営に変革型リーダーシップが強く求められる新しいロジスティクスの時代が到来しつつあると結論づけられるわけである。

■ 注
(1) 丹下博文「ロジスティクスとマーケティングの概念的融合に関する研究」愛知学院大学経営管理研究所紀要（第16号），2009年12月。
　　日本ロジスティクスシステム協会監修『基本ロジスティクス用語辞典［第3版］』白桃書房，2009年，序文。
(2) Graham Buxton, *Effective Marketing Logistics*, The Macmillan Press Ltd., 1975.
(3) この需要創造と物的供給という概念の発祥については以下の著書に詳しいので参照されたい。
　　A. W. ショー著，丹下博文訳・解説『市場流通に関する諸問題《新版》』白桃書房，2006年。
(4) G. Buxton, *op. cit.*, p.3. なお，この場合の「昨今」という表現は，同書が執筆された1970年代初頭のころを指している点に注意されたい。
(5) *Ibid.*, pp. 4-6.
(6) *Ibid.*, pp. 15-18.
(7) Martin Christopher and Helen Peck, *Marketing Logistics*（*Second Edition*），Butterworth-Heinemann, 2003.
　　なお，同書の初版は1997年に出版されている。
(8) *Ibid.*, Preface.
　　なお，サプライチェーンは「供給連鎖」と邦訳されることがある。
(9) *Ibid.*, p. 32.
(10) この場合のセグメント（segments）とは，異なるマーケティングの戦略やミックスが求められるであろう異なったニーズ，特徴，行動様式に従って，より小さなグループに分割された市場を指している（See Philip Kotler & Gary Armstrong, *Principles of Marketing*（*Thirteenth Edition*），Pearson

Education Inc., 2010, p. 215)。
(11)　M. Christopher and H. Peck, *op. cit.*, pp. 1-16.
(12)　*Ibid.*, p. 107, p. 127, p. 128 & p. 150.
(13)　P. Kotler & G. Armstrong, *op. cit.*
　　なお，同書の著作権（copyright）のところには2010年と記されているが，実際にはすでに2009年に出版されている。
(14)　*Ibid.*, pp. 360-387.
(15)　*Ibid.*, p. 380.
(16)　*Ibid.*, p. 382.
(17)　参考までに，2009年に出版された中田信哉著『運輸業の市場開拓と競争：トラック業のサービス・マーケティング』（白桃書房刊）の「はじめに」には，物流，運輸というのが一種の無形のサービスである以上，「サービス・マーケティングに入り込む必要がある」と考え，特に運輸業，なかんずくトラック運送業をとり上げ，サービス・マーケティングとして書いてみたい，と思ったのである，と記されている。
(18)　この点は次のインタビュー記事のなかに詳細に語られているので，参照されたい。
　　「ロジスティクスとマーケティングの融合で新たな価値の創出へ」月刊マテリアルフロー（2015年4月号），流通研究社，26-30頁。
(19)　中田信哉『FLASH BACK』自費出版，2014年，44-46頁。
　　Dictionary of Business Terms (Fourth Edtion), Barron's Educational Service, Inc., 2007.
　　Dictionary of International Business Terms (Third Edtion), Barron's Educational Service, Inc., 2004.
　　LONGMAN Dictionary of Contemporary English, Pearson Education Limited, 2003.
　　「貨客混載，地域の足守れ」日本経済新聞，2015年7月20日付。
(20)　Yossi Sheffi, *Logistics Clusters*, The MIT Press, 2012, pp. 88-96.
　　参考までにJISの物流用語（Z0111）では積卸し（loading and unloading）が「輸送機器などに対して物品を積み込む作業及び取り卸す作業」と定義されている。
(21)　日本ロジスティクスシステム協会監修，前掲，119頁，211頁。
(22)　W.C. Benton, Jr., *Purchasing and Supply Chain Management*, McGraw-Hill Education, 2014, p. 349 & p. 363.
(23)　Michael H. Hugos, *Essentials of Supply Chain Management (Third Edition)*, John Wiley & Sons, 2011, pp. 92-107.

⑭　J. Mangan, C. Lalwani, T. Butcher, & R. Javadpour, *Global Logistics & Supply Chain Management*（Second edition）, John Wiley & Sons Ltd., 2012, pp. 127-131.

⑮　F. Robert Jacobs & Richard B. Chase, *Operations and Supply Chain Management*（Fourteenth Global Edition）, McGraw-Hill Education（UK）Ltd., 2014, pp. 376-378.

⑯　Cecil C. Bozarth & Robert B. Handfield, *Introduction to Operations and Supply Chain Management*（Second Edition）, Pearson Education, Inc., 2008, pp. 369-372..

⑰　Alan Rushton, Phil Croucher & Peter Baker, *The Handbook of Logistics and Distribution Management*（Fifth Edition）, Kogan Page Limited, 2014, p. 257.

⑱　「空・海　複合の国際輸送」日本経済新聞, 2015年2月27日付。
　　「ネット通販, 次の主役に：セイノーと物流で合弁」日本経済新聞, 2015年9月17日付。

⑲　「東芝と家電共同配送」日本経済新聞, 2015年5月2日付。
　　「競合同士が共同物流へ」物流Weekly, 2015年7月13日付。

⑳　「攻めの物流高度化」日本経済新聞, 2015年4月7日付。
　　丹下博文『企業経営の社会性研究〈第3版〉』中央経済社, 2014年, 80-83頁。

㉑　同上書, 82頁。なお, 企業文化や企業理念についても同書を参照されたい。

㉒　「シンガポールの物流会社　近鉄エクスプレスが買収」日本経済新聞, 2015年2月17日付。
　　「巨額M&A　世界で続々」日本経済新聞, 2015年4月10日付。
　　「日本企業, 海外M&A加速」日本経済新聞, 2015年4月12日付。

㉓　「日本郵政, 豪物流を買収」日本経済新聞, 2015年2月18日付。
　　「国際物流で成長へ」日本経済新聞, 2015年2月19日付。
　　「ネット通販の黒字に活路」日本経済新聞, 2015年3月13日付。

㉔　「オランダ物流大手を買収」日本経済新聞, 2015年4月8日付。

㉕　「日本企業の海外M&A：初の10兆円乗せ」日本経済新聞, 2015年11月10日付。
　　「企業は長期の成長へ投資をためらうな」日本経済新聞, 2015年11月19日付。
　　「M&Aで世界トップ10へ」日本経済新聞, 2015年9月9日付。
　　「企業は新興国の変調も念頭に世界戦略を」日本経済新聞, 2015年10月24日付。

参考までに，この社説のなかには次のような最新の動向を示唆する興味深い記述が見られる。いわく「中国など新興国の景気が減速するなか，米欧企業の世界戦略の方向性に違いが見え始めた。グローバル化で先行した米企業が分社化などを進める一方，欧州勢はM&A（合併・買収）で巨大化を目指すという構図だ。米欧の企業と競う日本企業はより柔軟な世界戦略が求められている」と。

　「世界のM&A最高：8年ぶり更新」日本経済新聞，2016年1月20日付。

(36)　「配達員の不足を物流高度化の好機に」日本経済新聞，2015年9月10日付。

　なお，この社説のなかには次のような注目すべき記述が見られる。つまり「身近な小売店が消える中，外出が難しい独居老人や働く女性の増加で家庭向け配達の重要性は今後も高まる」「国土交通省が先月まとめた試算によれば，宅配便を配達する車の走行距離の25%は，不在による再配達のためのものだ」「高度な物流サービスはアジアなどでの展開も期待できる」と。

索　引

〔和　文〕

■あ　行

アーチ・クラインガートナー……… 121
アイデア………………………… 100, 193
相手先商標製造……………………… 63
アイデンティティ………………… 112
アウトソーシング…………… 113, 250
握手………………………………… 163
アセット型事業者………………… 262
アップル・コンピュータ………… 149
アメリカ・マーケティング協会…26, 203
アメリカ・ロジスティクス管理協議会
　………………………………………37
アメリカン・ドリーム…………94, 143
アルカリ乾電池……………………… 55
アルテア8800……………………… 137
アンゾフ……………………………… 16
アンドリュー・グロウブ………… 125
イーストマン・コダック社……… 53
イエスマン…………………………… 89
異業種交流………………………84, 98
意思決定………………… 16, 156, 242
意思決定サークル…………………… 18
以心伝心…………………… 152, 158
委託加工…………………………… 108
一時解雇…………………………… 134
一時的な余剰……………………… 211
一酸化炭素中毒…………………… 227
移転可能なマーケティング……… 237
イニシアティブ…………………… 164
異文化インターフェイス………… 107
異文化コミュニケーション……… 154
インサイダー取引………………… 245

インターナショナリティ………… 240
インターネット…………… 100, 211, 238
インテル…………………………… 125
インフラの整備……………………… 58
ウィン・ウィン型の知識交換…… 188
ウェブ・サーチエンジン………… 185
ウォール・ストリート……………… 99
ウォルマート……………………… 289
失われた10年……………………… 182
内なる国際化………………………… 74
運送業者…………………………… 262
運送人……………………………… 288
英国規格協会……………………… 231
エナジー社…………………………… 76
演歌の心……………………………… 59
エンジェル
　…………… 96, 97, 100, 118, 143, 147, 191
円高不況…………………………… 145
エンロン…………………………… 226
欧州連合……………………………… 21
応答性……………………………… 277
オフショアリング………………… 244
オペレイティング・システム…… 136
オペレーション・クラッシュ…… 132
オラクル…………………………… 185
オンライン・マーケティング…… 202

■か　行

海外現地生産………………………… 85
海外子会社…………………………… 61
海外市場…………………………38, 212
海外進出戦略…………………… 21, 60
海外生産……………………………… 15
海外生産比率………………………22, 92

海外直接投資	7, 9, 11, 85	環境要因	45
海外投資環境調査	88	関係性	273, 290
外国為替法改正	85	関税	87
外資系企業	8, 69	関税障壁	242
改正消費生活用製品安全法	228	完成所有形態	61
快適さ	189	完成品	12
外的物流	283	間接費	104
外部問題	16	完全所有	62
開放的なビジネス環境	188	幹線輸送	293
外来語	203	環太平洋圏	158
価格競争	36	乾電池	74
価格政策	31	カンバン方式	66
科学的管理の父	35	官僚制	104
科学的方法	29	関連会社	62
書き言葉	174	起業家	
貨客混載	287		95, 101, 110, 114, 125, 136, 148, 184
学習経験	187, 197	起業家精神	101, 183, 194
加工組立型	15	企業間競争	4
加工貿易	2	企業間提携	54, 188
貸し渋り	146	企業間マーケティング	279
過剰流動性	145	企業求心力	67
カスタマイズ	203	企業経営の社会性	226, 230
カスタマイゼーション	238	企業行動憲章	230
仮想企業	238	企業市民	230
カタカナ英語	203	企業市民としての現地化	71
価値観	121	企業戦略論	16
価値創造活動	213	企業統治	186
価値連鎖	248	企業内分業	12
合併・買収	11, 263, 295	企業内貿易	12, 42, 63, 75
株式	61	企業の合併・買収	226
株式公開	106	起業のシーズ	81
株式公開買い付け	245	企業の社会的責任	226, 230
株式投資	96	企業の乗っ取り	245
環境経営	231	企業の発展段階	215
環境経営学会	231	企業文化	16, 77, 134
環境変数	46	企業メセナ	69
環境報告書	233	企業誘致	59
環境マネジメント規格	228	帰国子女	71

技術	20, 50, 136
技術革新	183, 235
技術戦略	21
規制緩和	50, 92, 94, 111, 235, 262
機能語	159
機能分野	213
基盤技術	193
規模の経済	238, 289
規模の利益	34
基本戦略	18
逆輸出	7, 63, 66
逆輸入	14, 41
キャピタル・ゲイン	93
休職許可	188
牛肉偽装事件	226
供給連鎖	243, 250, 259
競争	16, 111, 115, 208
競争相手	213
競争上の地位	61
競争戦略論	17
競争的環境	207
競争のプレッシャー	213
競争の優位性	213, 255
共同の意思決定	156
共同配送	287, 293
共同物流	253, 287, 293
虚構的な友人関係	167
均衡の原則	28
近代工場制度	30
金融ビッグバン	84
グリーン・マーケティング	202
グローカライゼーション	240
グローバリゼーション	8, 50, 52, 66
グローバリティ	240
グローバル・インテグレーター	263
グローバル・コミュニケーション	208, 234
グローバル・スタンダード	208
グローバル・マーケティング	41, 202, 234
グローバル・ローカライゼーション	214
グローバル・ロジスティクスシステム	37
グローバル化	8, 64, 234, 240
グローバル企業	7, 212
グローバル経営	8, 53
グローバル市場	220
グローバル戦略	240
グローバルな標準化	212, 238
黒字拡大要因	15
黒字削減効果	15
クロスドッキング	289, 292
訓練ニーズ	167
経営改革	183
経営学修士号	101
経営革新	96
経営管理	103
経営管理システム	67
経営機能	243
経営構造の変化	66
経営資源	53, 75
経営資源の現地化	71
経営資源の最適配分	9
経営者の戦略的地位	23
経営戦略	62
経営組織	8
経営のグローバル化	16
経営の現地化	67
経営理念	67
景気後退	133
経験則	153
経験的方法	29
経済競争	110
経済成長	183
経済大国	4

経済的合理性……………………33
経済ナショナリズム……………9, 61
経済のグローバル化……………37
計算されたリスク・テイキング…… 187
ケース・スタディ………………152
結果指向の実力社会………187, 190
言い換え語………………………203
限界コスト………………………193
研究開発費………………………130
言語的要因………………………157
言語の障壁………………………154
ケンタッキー・フライドチキン…… 235
現地化……………………………77
現地生産……………6, 9, 11, 38, 42, 63, 65
現地調達率………………………14, 66
現地に適した商品開発…………85
現地法人…………………………53
現地マーケティング……………41
現場離れ…………………………84
公益企業…………………………235
交換経済…………………………30
公共政策…………………………144
広告…………………………34, 207
広告業者…………………………29
広告費……………………………34
交際費……………………………179
交渉…………………………152, 154, 155
交渉能力…………………………152
公聴会……………………………160
工程間分業………………………5
行動的要因………………………161
購買欲求…………………………35
購買力……………………………208
高付加価値………………………66
合弁会社…………………………54
合弁事業…………………………60, 62
合弁事業プロジェクト…………53
広報活動…………………………132

効率性……………………………207
コーチング………………………191
ゴードン・モーア………………125
ゴールドカラー…………………120
子会社……………………………62, 242
コカコーラ………………………243
顧客価値…………………………278
顧客関係マーケティング………280
顧客サービス………………256, 277
顧客満足………208, 235, 252, 279
国際インテグレーター……250, 263, 296
国際化……………………………52, 247
国際規格…………………………229
国際企業…………………………7
国際競争力………………………7
国際経営…………………………2, 239
国際経営戦略……………………21
国際契約交渉……………………152
国際コミュニケーション……154, 202
国際標準化機構…………………226
国際分業…………………………3, 66
国際マーケティング……41, 42, 202, 208
国際マーケティング戦略………43
国際労働機関……………………182
国内総生産………………………9
国内マーケティング………37, 41, 208
個人主義…………………………100
個人主義的な意思決定方式……168
個人的信頼関係…………………165
個人投資家………………………100
コスト・ベネフィット関係……61
言葉の障壁………………………158
コネクション……………………144
コミュニケーション……………155
コミュニケーション革命………234
コミュニケーション行動………175
コミュニケーションされすぎな社会　206
コミュニケーションの失敗……206

コミュニティ・リレーションズ………71
米店頭株式市場…………………… 247
混載……………………………… 287
混載倉庫………………………… 291
混載輸送………………………… 288
コントロール戦略…………………20
困難の程度…………………… 127
コンピュータ言語…………… 137, 139
コンプライアンス……………… 230

■さ 行

サードパーティ・ロジスティクス
 ………………… 243, 250, 260
サービス・マーケティング………… 298
再起業………………………… 187, 197
最高経営責任者…………… 140, 191
在庫管理……………………… 258
最終消費者………………………33, 135
最小取引総数………………………33
最適化…………………………………16
最適な解決法………………… 273
最適な戦略…………………………20
最適なマーケティング・ミックス…46
最適配分………………………………34
財務戦略……………………………19
サステナビリティ……………… 231
サステナビリティ・マーケティング 233
サステナビリティ・マネジメント… 232
サステナビリティ会計…………… 233
サステナブル・マネジメント…… 231
サプライサイド・エコノミックス……94
サプライチェーン………… 203, 243, 250
サプライチェーン・マネジメント
 ……………… 243, 250, 257, 259, 286
サプライチェーン・マネジメント専門業
 者協議会………………… 257, 258
差別化………………………31, 206, 278
差別化された製品……………… 237

産学連携…………………… 146, 188
産業革命………………… 3, 182, 193
産業公害……………………… 226
産業構造の転換………………………80
産業創出プロセス……………… 193
産業団地………………………………59
産業の空洞化…………………… 84, 92
シード・キャピタル…………… 143
シード・マネー………………… 105
ジャスト・イン・タイム………… 256
シェア…………………………………40
ジェトロ………………………………22
ジェネラル・モーターズ社………36
ジェリー・ヤン………………… 185
時間……………………………… 256
事業機会……………………… 55, 94
事業計画………………… 106, 143, 195
資金調達……………………… 196
資源…………………… 19, 34, 124
試行錯誤………………… 100, 193
自己管理……………………… 121
自己参照基準………………… 210, 242
自己制約………………………………17
自己宣伝……………………… 135
自己変革……………………… 295
自己満足……………………… 142
自主宣言基準………………… 228
市場………………………… 17, 203
市場外の偏向…………………………20
市場開放……………………… 238
市場価格………………………………32
市場価格政策…………………………31
市場価格プラス政策…………………32
市場価格マイナス政策………………31
市場戦略……………………… 203
市場の国際化………………… 205
市場の細分化…………………………43
市場の潜在性………………… 210

市場の不完全性	34
市場流通に関する諸問題	27
視線回避	163
持続可能性	189, 231
持続可能な開発	231
下請企業	80, 98
実運送事業者	260
実践	193
実物経済	10
実物資産	190
自動車産業	15, 197
自動販売機	214
品揃え	33
地場産業	112, 182
資本移動	10
資本財	12
資本財輸出促進効果	11
資本主義	96
ジャーゴン	202
社会環境	94
社会性	43
社会的競争意識	32
社会的責任	229
社会的責任に関するワーキング・レポート	229
社会問題	229
社会倫理説明責任研究所	232
社交儀礼	164
ジャスダック	107
ジャスト・イン・タイム	243
ジャック・ウェルチ	103
ジャック・スミス	103
ジャンクボンド	245
終身雇用制	68
集積回路	56, 126, 185
集団主義	168
集団主義志向	53
集団食中毒事件	226
集中在庫	33
自由貿易	237, 238
自由貿易圏	242
主観的交換価値	32
熟練労働者	193
需要遂行	255, 278
需要創造	28, 202, 278
需要の所得弾力性	44
準言語	174
商業銀行	190
商業倫理	29
少子高齢化	230
商社	211
小集団活動	59
消費財	12
消費者参加	278
消費者選好	36, 237
消費者物流	253
消費者余剰	32
消費パターン	44
商品知識	34
商品に関するアイデア	28
商品の効用	29
情報革命	99
情報化社会	230
情報技術	185, 186
情報産業	197
情報ネットワーク	234
職業訓練	97
植民地貿易	239
所得水準	4, 5
所得の階層化	36
所有戦略	19, 60
シリコン・グラフィックス	185
シリコン・チップ	126
シリコンバレー	96, 99, 112, 126, 185
シリコンバレーの地域特性	189
シリコンバレーのデトロイト化	197

シリコンフォリスト	148
シンガーミシン会社	239
新規株式公開	190
人権問題	230
新興企業	96, 194
新興工業経済地域	21
人口統計的変数	44
人材の流動性	97
人事戦略	19, 23
人種差別	67
進取の精神	100
信賞必罰	124
身体言語	174
人的資源	190
人的資源管理	125
シンドラー社	227
信頼関係	165
信頼性	169, 277
垂直貿易	3, 37
水平貿易	3, 37
スケール・メリット	31
スタート・アップ	119
スタートアップ・キャピタル	105
スタンフォード大学	97
ステークホルダー	26, 229
ストックオプション	97, 198
スピード	192
スピンアウト	97
スピンオフ	97
制御可能	240
制御できない要素	209
制御できる要素	209
制御不可能	240
成功モデル	197
成功要因	215
政策決定	110
生産活動	28
生産性	207
政治的合理性	110
税制上のメリット	87
製品設計	45
製品の現地化	66
製品ポジショニング	206
製品ミックス	17
政府調達	234
世界企業	7
世界経済フォーラム	240
世界雇用報告	182
世界貿易機関	235
セグメンテーション	220
セグメント	205, 206, 279, 297
セグメント・タッゲティング・ポジショニング	205
説明書販売	29
説明責任	233
ゼネラリスト	113
先行的な役割	40
全国的な配送センター	290
戦術	18, 210, 216
先進工業国	4
全体最適	260
全米物流管理協議会	254
専門品	30
専門知識	20, 192
専門的労働者	121
専門用語	202
戦略	16, 20, 23, 210, 216
戦略的結合	53
戦略の決定	16
戦略的提携	54, 293, 294
戦略的な経営管理	254
創業者利益	91
相互依存の原則	28
相互コミュニケーション	156, 157, 164
倉庫保管	258
相乗効果	53, 83, 192

創造性……………… 109, 122, 124, 220, 221
創造的環境…………………………… 123
創造的な知能………………………… 221
創造的ネゴシエーション…………… 157
創造的労働者………………………… 121
ソーシャル・マーケティング……… 202
ソーシャル・ロジスティクス……… 272
ソーシング…………………………… 238
ソーシング戦略……………………… 18
俗語…………………………………… 202
組織行動……………………………… 156
組織戦略……………………………… 18
ソフトウェア…………………… 136, 139

■た　行

ターゲティング……………………… 205
タイ・バーツ下落…………………… 10
大学発ベンチャー…………………… 146
大企業神話…………………………… 103
大企業離れ……………………… 101, 104
大企業病……………………………… 150
大規模小売業者……………………… 35
大規模生産…………………………… 31
大競争…………………………… 113, 294
対境関係戦略………………………… 20
第三国輸出………………………… 9, 41
第Ⅹ章第5節………………………… 296
代替効果……………………………… 12
大量生産……………………………… 5
大量生産体制………………………… 36
大量販売……………………………… 34
ダウンサイジング…………………… 112
宅配便………………………………… 270
多国籍化……………………………… 9
多国籍化戦略………………………… 61
多国籍企業………… 2, 7, 8, 16, 36, 41, 207
宅急便………………………………… 270
建前…………………………………… 53

男女差別……………………………… 67
団体交渉………………………… 155, 177
ダンピング……………………… 41, 45
地域間競争…………………………… 111
地域社会……………………………… 69
地域的な配送センター……………… 290
チーム・ワーク……………………… 124
地球温暖化…………………………… 221
知識…………………………… 120, 210
知識集約型………………………… 90, 91
知識労働者………………… 120, 148, 221
知性…………………………………… 143
チップ…………………………… 131, 171
地方分権……………………………… 111
チャネル管理………………………… 274
中間業者………………… 29, 212, 251
中間財………………………………… 12
中小・ベンチャー国会……………… 146
中小企業……………………………… 80
中小企業基盤整備機構…… 88, 107, 114
中小企業経営………………………… 83
中小企業投資育成会社……………… 93
中小企業の海外進出………………… 88
中小企業の国際化…………………… 84
中小ベンチャー企業………………… 91
注文生産……………………………… 38
超国籍企業…………………………… 72
調整…………………………………… 290
直接投資型…………………………… 9
直接輸送……………………………… 288
地理的変数…………………………… 43
沈黙の言語…………………………… 175
通貨危機……………………………… 10
積合せ貨物…………………………… 290
積合せ輸送…………………………… 288
積卸し………………………………… 298
積み荷………………………………… 291
程度の問題…………………………… 12

定年退職者……………………… 169
データベース・マーケティング…… 279
デービッド・パッカード………… 184
テキサス・インストールメンツ… 134
敵対関係………………………… 164
敵対的TOB ……………………… 245
敵対的買収………………… 227, 245
テクニカル・レポート…………… 228
デジタル・デバイド……………… 182
デジタル情報……………………… 238
テスト・マーケティング………… 49
撤退戦略…………………………… 21
デトロイト………………………… 99
デュラセル社……………………… 56
デリカシー………………………… 47
デル・コンピュータ……………… 199
テロリズム………………………… 221
手渡し…………………………… 291
電子商取引…………………… 238, 296
電子メール……………………… 100
店頭登録特則銘柄制度…………… 145
ドイツポスト……………………… 263
動機……………………………… 142
統合……………………………… 290
動作研究…………………………… 35
投資銀行………………… 93, 126, 190
投資事業組合方式………………… 145
同時多発テロ……………………… 236
投資リスク……………………… 199
道徳的判断……………………… 173
東南アジア諸国連合……………… 21
毒薬条項………………………… 245
特恵関税…………………………… 87
ドットコム・バブル……………… 182
トップ・ダウン………………… 104
トヨタ基本理念………………… 246
トヨタ自動車……………… 227, 233
トラック・ドライバー不足…… 287

トランジスター…………… 126, 129
トリプル・ボトムライン………… 232
トレード・マーク………………… 30
トレーラー……………………… 288
ドローン………………………… 292

■な 行

内外一体経営………………… 52, 64
内的物流………………………… 283
内部問題………………………… 16
内容語…………………………… 159
流れ作業…………………… 36, 128
ナスダック……………… 107, 145, 247
浪花節…………………………… 87
南北戦争………………………… 239
ニクソン・ショック……………… 145
日米貿易摩擦…………………… 57
ニッチ…………………………… 127
荷主……………………………… 288
荷主企業…………………… 244, 250
日本工業規格…………………… 252
日本的思考……………………… 52
日本通運………………………… 264
日本物流学会…………………… 268
日本貿易振興機構………………… 22
日本マーケティング協会………… 47
日本郵便………………………… 264
ニューエコノミー論……………… 182
人間関係的要因………………… 164
認識的な知識…………………… 141
根回し…………………………… 152
ネゴシエーション……… 152, 154, 157
ネゴシエーター………………… 156
ネット・バブル………………… 182
ネットスケープ………………… 185
ネットワーク……………………… 98, 99
ネットワーク化…………………… 37
農耕文化………………………… 53

ノン・アセット型事業者……… 262

■は 行

バーゲン……………………… 177
バージョン…………………… 139
ハードウェア………………… 136
パートナーシップ……………… 98
バーノン………………………… 5
ハーバード・ビジネス・レビュー… 141
配送センター………………… 289
配達サービス………………… 278
買い手市場…………………… 208
ハイテク型ベンチャー企業
　　　　………96, 135, 141, 195, 199
ハイテク分野………………… 123
売り手市場…………………… 208
白馬の騎士…………………… 245
派遣社員………………………… 67
パソコン……………… 125, 129, 132
パソコン革命………………… 125
ハッカー……………………… 140
はったり……………………… 162
話し言葉……………………… 174
パナソニック株式会社………… 76
ハブ・アンド・スポーク・システム
　　　　……………………………… 292
パブリック・ヒアリング…… 160
パラダイム・シフト……… 234, 244
ハリウッド……………………… 99
バリュー・チェーン……… 213, 244
バルク販売……………………… 29
反アメリカ主義……………… 236
範囲の経済…………………… 238
反グローバル化……………… 234
半導体………………………… 185
販売機関………………………… 29
販売業者……………………… 243
販売経路………………………… 63

販売子会社…………… 39, 41, 212
ヒアリング…………………… 160
ピーター・ドラッカー……… 221
非営利組織…………………… 188
非価格競争……………… 36, 45
比較生産費の原理……………… 2
比較優位………………… 3, 183
東インド会社………………… 239
非言語行動…………………… 162
ビジネス・インキュベーター… 185
ビジネス・スクール…… 147, 152
ビジネス・チャンス…………… 94
ビジネス・ネゴシエーション… 152, 154
ビジネス・プラン…………… 106
ビジネス・ベンチャー……… 119
ビジネス・ロジスティクス 255, 272, 274
必需品………………………… 31
ヒューレット・パッカード社… 184
標準化………… 31, 36, 214, 247, 281
標的市場………………… 38, 45
ビル・ゲイツ………………… 136
ビル・ヒューレット………… 184
貧困問題……………………… 230
品質管理システム…………… 239
品質マネジメント規格……… 228
フィランソロピー……… 69, 76
フィリップ・コトラー……… 204
フェアチャイルド・セミコンダクター
　　　　……………………………… 126
フェデラル・エクスプレス… 243, 264
フォーチュン…………… 101, 123
フォード社……………………… 36
フォーワーダー……………… 295
不可解な日本人……………… 162
付加価値………………… 81, 248
不確実性………… 21, 209, 221
不確実プーリング……………… 33
不祥事………………………… 227

付属語	159
賦存比率	3
物的供給	28
物的流通	252, 265
物流	36, 250, 263, 275
物流アウトソーシングニーズ	244
物流改革	250
物流機能	254
物流効率化	284
物流事業者	248, 260
物流システム	238
物流センター	285
部分最適	260
ブランド	30, 39, 203
プログラミング言語	150
プログラム	128
プロダクト・ライフサイクル論	5
プロダクトアウト	37
プロフェッショナリズム	120
プロフェッショナル	113
プロロジス	263
フロンティア精神	70, 94
文化	100, 142
分業の原則	33
粉飾決算	226
ヘクシャー＝オリーンの定理	3
ヘッドハンター	189, 191
変革型リーダーシップ	294, 297
弁護士	170, 191
変数	43, 236
ベンチャー・キャピタリスト	118, 191
ベンチャー・キャピタル	93, 96, 118, 143, 190
ベンチャー・ビジネス	90, 118
ベンチャー・ブーム	145
ベンチャー企業	90, 105, 118, 148, 199, 238
ベンチャー支援バブル	147
ベンチャー精神	91
ヘンリー・フォード	36
ポイズンピル	227
貿易収支	11
貿易摩擦	4, 38
貿易立国	4
法務戦略	20
法令遵守	230
ポーカーフェイス	162
ボーダフォン	226
ボーダレス化	64
ボーダレス時代	7, 52
ポートフォリオ	186, 191
ポートフォリオ投資	62
ポール・アレン	137
北米自由貿易協定	242
保護主義	57
ポジショニング	204
ポスト産業時代	141
ボランティア活動	69
ホワイトナイト	227
本音	53

■ま 行

マーケター	204
マーケット・シェア	100, 131
マーケット・ポジション	17, 210
マーケット・リサーチ	100
マーケットイン	37
マーケティング	26, 48, 135, 155, 202
マーケティング・クリエイティビティ	220
マーケティング・チャネル	278
マーケティング・プランニング	205
マーケティング・ミックス	43, 44
マーケティング・メソッド	33
マーケティング・リーダーシップ	220
マーケティング・リサーチ	204

マーケティング・ロジスティクス
　………………………… 255, 272, 274
マーケティング戦略……………… 18, 43
マーケティングの先行的役割………43
マイクロ・コンピュータ………… 137
マイクロソフト……………… 136, 140
マイクロプロセッサー…………… 125
マイケル・デル…………………… 199
マザーズ…………………………… 146
マス・マーケティング…………… 279
マス・メディア……………………34
マッチング市場…………………… 191
マテリアルハンドリング……… 254, 258
マンガン乾電池……………………56
満足度……………………………… 279
見込み客…………………………… 206
自ら動機づけされた創造性……… 142
ミス・コミュニケーション……… 158
見本品販売…………………………29
民営化………………………… 50, 235
民間部門…………………………… 188
無人飛行機………………………… 292
メインフレーム…………………… 131
メセナ………………………………76
持株制度…………………………… 100
持ち株比率………………………… 245
モトローラ………………………… 134

■や　行

有形資産…………………………… 192
有限責任…………………………… 187
雪印乳業…………………………… 226
輸出競争力………………………… 145
輸出主導型経済…………………… 145
輸出代替効果………………… 11, 15
輸出マーケティング………………37
輸送………………………………… 258
輸送機関…………………………… 288

輸送経済…………………………… 287
輸送トラッキングシステム……… 243
輸送モード………………………… 291
輸入業者……………………………39
輸入障壁……………………………… 5
指切断事故………………………… 227
良き企業市民………………………68
余剰人員…………………………… 169
欲求不満…………………………… 173

■ら　行

ランゲージ・バリア……………… 158
リーダーシップ……………… 106, 220
リードタイム……………… 57, 108, 250
リエンジニアリング……………… 103
リカード……………………………… 2
リコール隠し事件………………… 226
リスク………………………… 17, 95
リスク・キャピタル………… 93, 199
リスク・テイカー………………… 124
リスク・マネージャー…………… 143
リスク要因………………………… 220
リチウム電池………………………63
リビジョニズム……………………53
流通………………………… 32, 193, 276
流通機構の変遷過程…………………30
流通機能………………………… 32, 34
流通業者……………………………39
流通経路短縮化……………………30
流通コスト…………………………33
流通システム……………………… 274
流通チャネル………………… 243, 274
流通取引……………………………34
流通取引の経済性…………………33
リレーションシップ……………… 156
ルート128………………………… 150
レイオフ……………………… 67, 134
礼儀作法…………………………… 171

レーガノミックス……………………94
連邦制……………………………26, 110
労働市場……………………………187
労働集約型…………………………87
労働生産性……………………………3
労務戦略……………………………19
ローカル＝コンテント法……………12
ローリスク・ローリターン………195
ロジスティクス……36, 203, 243, 250, 275
ロジスティクス・マネジメント……257
ロジスティクス・ルネサンス…250, 262
ロジスティクス管理協議会………254, 257
ロジスティクス情報システム………258
路線トラック………………………288
ロックフェラー……………………136
ロバート・ノイス…………………125

■わ 行

ワールドコム………………………226
ワレン・ベニス……………………221
ワン・ツゥ・ワン・マーケティング 238

〔欧　文〕

■ A

accountants	191
adaptability	142
adaptation	209
added value	248
Advanced skills	142
advancement of knowledge	192
adversary bargaining	171
adversary relationship	164
advertising	34, 207
Advertising Age	205
AEEG	144
agreement	156
alliances	188, 221
Altair8800	137
AMA	26, 203
amenity	189
American dream	143
American Entrepreneurs for Economic Growth	144
American Marketing Association	203
Andrew Grove	125
angel	118, 143
anti-Americanism	236
anti-globalization	234
Apple Computer	149
Archie Kleingartner	121
ASEAN	108
ASEAN 4	8
assembly line	36, 128
asset	262
assortment	218
attitude	169, 188
attractiveness	206
autonomy	122

■ B

Backup	75
Balanced promotion	215
bankruptcy laws	187
bargain	177
bargaining	155, 218
BASIC	137
basic skill	161
Basic Strategies	18
Beginner's All-purpose Symbolic Instruction Code	150
Big Blue	132
big company disease	150
Bill Gate	136
binary digit	149
bit	149
bluff	162
body language	174
BPR	104
brain	132, 139
brand	203
brand appeal	280
Brand association	218
Brand awareness	218
Brand loyalty	218
British Standards Institution	231
BS	103, 152
BSI	231
buffer-stocking	218
bureaucracy	104
Burt Nanus	221
business	17, 154, 247
business incubators	185
business logistics	255, 272, 274
business negotiation	154, 155
business plan	106, 143
business practice	239

business risk	119
Business School	103, 152
business-to-business marketing	279
business venture	119, 199
buyer's market	208

■C

calculated risk-taking	187
capital	119, 183
carbon monoxide	227
career path	124
care-why	142
carrier	288
carriers	262
case study	152
CEO	140, 191
Chairman	125
channel management	274
channels of distribution	243
CLM	254, 257
coaching	191
COBOL	137
Coca-Cola	214
Cognitive knowledge	141
Coke	214
collaboration	287
collaborations	188
collective bargaining	155, 177
combined freight	290
commercial banks	190
commercial venture	120
commitment	221
commodity	132
Common customer needs	236
communication	155, 218
communicative behavior	174
Community relations	71
company-secret	188

comparative advantage	183, 255
competition	16, 111, 115, 208, 236
competitive	3, 241
competitive advantage	213
competitive environment	207
competitive pressures	213
Competitive Strategy	17
competitor	235
complacency	142
complexity	208
compliance	230
conscious effort	210
consolidated operations	288
consolidation	287
consolidation warehouse	291
consumer's surplus	32
consumer's tastes	208
content words	159
control	130
controllable	240
convenience	218
conveyance	288
coordination	290
core business	150
corporate behavior	16
corporate culture	16, 134
corporate governance	186
Corporate Social Responsibility	226, 230
Corporate Strategy	16
cost	218, 236
Council of Supply Chain Management Professionals	257
CPU	129
creative behavior	124
Creative Intelligence	221
creative worker	121
creativity	124, 220

cross-culture interface ⋯⋯⋯⋯⋯ 107
cross-docking ⋯⋯⋯⋯⋯⋯⋯ 289, 292
CS ⋯⋯⋯⋯⋯⋯⋯⋯ 208, 235, 252, 279
CSCMP ⋯⋯⋯⋯⋯⋯⋯⋯⋯⋯⋯⋯ 257
CSR ⋯⋯⋯⋯⋯⋯⋯⋯⋯⋯ 226, 230, 231
cultural values ⋯⋯⋯⋯⋯⋯⋯ 210, 242
culture ⋯⋯⋯⋯⋯⋯⋯⋯⋯⋯ 100, 142
Customer driven markets ⋯⋯⋯⋯ 109
Customer franchaise ⋯⋯⋯⋯⋯⋯ 278
customer preferences ⋯⋯⋯⋯⋯⋯ 237
customer relationship ⋯⋯⋯⋯⋯⋯ 280
Customer Relationship Marketing 280
customer satisfaction ⋯⋯ 208, 235, 252
customer service ⋯⋯⋯⋯⋯⋯ 256, 277
Customer value ⋯⋯⋯⋯⋯⋯ 213, 278
customization ⋯⋯⋯⋯⋯⋯⋯⋯⋯ 238
customize ⋯⋯⋯⋯⋯⋯⋯⋯⋯ 203, 281
Customized for individuals ⋯⋯⋯ 218
customs ⋯⋯⋯⋯⋯⋯⋯⋯⋯⋯⋯⋯ 172

■ D

data ⋯⋯⋯⋯⋯⋯⋯⋯⋯⋯⋯⋯⋯⋯ 128
Database accountability ⋯⋯⋯⋯⋯ 215
Data Base Marketing ⋯⋯⋯⋯⋯⋯ 279
decentralization ⋯⋯⋯⋯⋯⋯⋯⋯ 111
decentralize ⋯⋯⋯⋯⋯⋯⋯⋯⋯⋯ 124
decision making ⋯⋯⋯⋯⋯⋯⋯⋯ 16
degree of difficulty ⋯⋯⋯⋯⋯⋯⋯ 127
degree of satisfaction ⋯⋯⋯⋯⋯⋯ 279
delicacy ⋯⋯⋯⋯⋯⋯⋯⋯⋯⋯⋯⋯ 47
delivery service ⋯⋯⋯⋯⋯⋯⋯⋯ 278
demand creation ⋯⋯⋯⋯ 28, 202, 252
demand fulfilment ⋯⋯⋯⋯⋯⋯⋯ 255
Demographics ⋯⋯⋯⋯⋯⋯⋯⋯⋯ 216
deregulation ⋯⋯⋯⋯⋯ 50, 94, 235, 262
Deutsche Post ⋯⋯⋯⋯⋯⋯⋯⋯⋯ 263
DHL ⋯⋯⋯⋯⋯⋯⋯⋯⋯⋯⋯⋯⋯ 243
differentiated products ⋯⋯⋯⋯⋯ 237

differentiation ⋯⋯⋯⋯⋯⋯ 206, 216, 278
Digital ⋯⋯⋯⋯⋯⋯⋯⋯⋯⋯⋯⋯⋯ 75
dilemma ⋯⋯⋯⋯⋯⋯⋯⋯⋯⋯⋯⋯ 57
direct operations ⋯⋯⋯⋯⋯⋯⋯⋯ 288
discipline ⋯⋯⋯⋯⋯⋯⋯⋯⋯⋯⋯ 239
distribution ⋯⋯⋯⋯⋯ 32, 193, 237, 287
distribution centers ⋯⋯⋯⋯⋯ 285, 289
distribution channel ⋯⋯⋯⋯⋯ 274, 282
distribution effciency ⋯⋯⋯⋯⋯⋯ 284
distributor ⋯⋯⋯⋯⋯⋯⋯⋯⋯⋯⋯ 39
diversity ⋯⋯⋯⋯⋯⋯⋯⋯⋯⋯ 208, 221
domestic marketing ⋯⋯⋯⋯⋯⋯ 41, 208
DRAM ⋯⋯⋯⋯⋯⋯⋯⋯⋯⋯ 128, 133
dumping ⋯⋯⋯⋯⋯⋯⋯⋯⋯⋯⋯⋯ 46
dynamic business environment ⋯ 192
Dynamic Random-Access Memory 149

■ E

EC ⋯⋯⋯⋯⋯⋯⋯⋯⋯⋯⋯⋯⋯⋯ 296
E-commerce ⋯⋯⋯⋯⋯⋯⋯⋯⋯⋯ 238
East India Company ⋯⋯⋯⋯⋯⋯ 239
Eastman Kodak Company ⋯⋯⋯⋯ 55
economic nationalism ⋯⋯⋯⋯⋯⋯ 61
economic power ⋯⋯⋯⋯⋯⋯⋯⋯ 4
economies of scale ⋯⋯⋯⋯⋯ 238, 289
economies of scope ⋯⋯⋯⋯⋯⋯⋯ 238
EDI ⋯⋯⋯⋯⋯⋯⋯⋯⋯⋯⋯⋯⋯ 250
effective manager ⋯⋯⋯⋯⋯⋯⋯ 133
efficiency ⋯⋯⋯⋯⋯⋯⋯⋯⋯⋯⋯ 207
Electronic Data Interchange ⋯⋯⋯ 250
emotion ⋯⋯⋯⋯⋯⋯⋯⋯⋯⋯⋯ 162
end-user loyalty ⋯⋯⋯⋯⋯⋯⋯⋯ 281
entertainment allowance ⋯⋯⋯⋯ 179
entrepreneur
⋯ 101, 109, 118, 119, 125, 136, 148, 184
entrepreneurial activity ⋯⋯⋯⋯⋯ 199
entrepreneurial information economy
⋯⋯⋯⋯⋯⋯⋯⋯⋯⋯⋯⋯⋯⋯⋯ 184

entrepreneurial mind	101	free trade	237
entrepreneurial phase	130	free-lance	124
entrepreneurship	91, 101, 183	freedom	122
Environmental & Social Report	233	frustration	173
environmentalists	235	function words	159
equity	93, 106, 143	functional areas	213, 273
erasable programmable read-only memory	128	fund	118

■ G

etiquette	172	GDP	9, 183, 248
EU	8, 21	GE	103
Evolving capital markets	109	Geographics	216
executive effectiveness	221	Gift exchange	172
experiences	210	Global channels	236
expertise	20, 192	global communication	208
export broker	39	global corporation	7
export marketing	37	Global customers	236
external problems	16	global integrator	263

■ F

		Global localization	214
		Global logistics	272
face-to-face communication	175	global market	207
facial expression	175	global marketing	41, 202, 212, 234
Failure to communication	206	global marketing concept	220
Fair Share	70	global marketing management	220
Fairchild Semiconductor	126	global marketplace	219
Federal Express	243	global standardization	212, 238
FedEx	264	global standards	208
fictive friendship	166	globality	240
finance	190	globalization	8, 50, 52, 219, 234, 240, 247
Financial strategy	19	globalization drivers	236
financing	119	Globalization of Markets	218
flexible assortments	285	glocalization	240
Ford, Henry	36	GM	103
foreign direct investment	7	goals	284
FORTUNE	101	gold-collar	120
forwarder	295	Good Corporate Citizenship	68
forwarding	270	Gordon Moore	125
forward-looking policy agenda	189	government procurement	234
FOUR Ps	203		

grass-roots ························70
Green Marketing ···················· 202

■H

habitat ······················· 184, 194
hacker ····························· 140
Hall, M. ····························27
hand delivery ······················ 291
Harvard Business Review ············ 141
HBS ······························· 101
headhunters ······················· 191
hearing ···························· 160
hedge ····························· 125
horizontal trade ····················· 3
Hostile Acquisition ················· 227
hub-and-spoke system ·············· 292
human process ····················· 178
human relations skill ··············· 167
human resource management ······ 125
human resources ··················· 190

■I

IBM································ 131
IBM-PC ··························· 132
IC ························56, 126, 185
idea about the goods ·········· 28, 252
identitiy ···························· 112
ILO ·························· 182, 246
immigration ······················· 186
in principle ························ 160
inbound distribution ··············· 283
income elasticity of demand ········44
individual responsibility ············ 122
individual solutions ················ 279
Individualized Marketing ··········· 216
industrial park ·····················98
Industrial Revolution ················ 3
inferior goods ······················49

information ························33
Information availability ············ 109
Information Technology············· 284
infrastructure ····················· 139
Initial Public Offering ········· 148, 190
initiative···························· 164
innovation ··················· 183, 235
inscrutable Japanese ··············· 162
integrated circuit··················· 126
Integrated communication·········· 215
integration··················· 247, 290
Intel Corporation ·················· 125
intellect ···························· 143
intellectual leader ·················· 142
Intelligent Transport System ······ 233
Interactive communication ········ 215
interface···················· 243, 277
internal problems···················16
international ·········· 26, 52, 219, 247
International Business ·········· 2, 239
International Communication ······ 202
international corporation ············ 7
international division of labor ········ 3
international integration············ 240
international integrator ············ 263
International labour Organization 246
International Management ·········· 2
international marketer ············· 209
international marketing
···················41, 202, 208, 212
international marketing channel ··· 220
international marketing research
 process ························ 219
International Organization for
 Standardization ················ 226
international standard··············· 229
international trade ·················· 3
internationality······················ 240

索　引　319

Internationalization ················52
Internationalization of Business ·····18
Internet ····················· 100, 238
inventory management ········ 258, 285
investment banker ················· 126
IPO ······················ 148, 190, 195
ISO ······························· 226
ISO26000 ················ 226, 229, 246
issues ···························· 208
IT ······················· 185, 186, 284
ITS ······························· 233

■ J

jargon······················· 119, 202
JASDAQ ························· 107
JETRO ·····························22
JIS ························· 252, 275
job security ······················ 121
John D. Rockefeller ················ 136
joint decision······················ 156
joint distribution ·················· 287
joint venture·······················62
just-in-time ················ 243, 256

■ K

KFC ······························ 235
know-how ························ 142
know-what ······················· 141
know-why························· 142
knowledge ···················· 120, 210
knowledge intensity ··············· 186
knowledge worker ············ 120, 221

■ L

labor ························ 183, 241
labor disputes ···················· 177
Labor strategy ·····················19
language barrier ·················· 154

layoff ························ 67, 134
LBO ····················· 190, 226, 245
lead time ················57, 250, 256
Leaders ··························· 221
leadership ···················· 106, 220
learning experience················ 187
leaves of absence ················· 188
Legal strategy ·····················20
Leveraged Buyout ················ 190
licensing rights··················· 138
lifeblood of America's entrepreneurs
································ 143
limited liability ··················· 187
loading and unloading·············· 298
loan ··························· 93, 96
local content legislation ············12
local marketing····················41
localization························ 240
logistics ·······36, 203, 237, 243, 250, 252
logistics clusters ·················· 287
logistics functions ················ 285
logistics information management 285
logistics information systems ····· 258
logistics performance ············· 279
Logistics Renaissance ············· 262
logistics system ·················· 285
long-term profitability············· 279
LTL ······························ 288

■ M

M&A ··················· 11, 226, 263, 295
mainframe························ 131
Make a difference ·················95
make money ····················· 119
Management Buy-Out ············ 226
Management strategy ··············19
managerial functions ············· 243
Managerial Strategy ···············23

Managing Professional Intellect ··· 141
Manufacturing ························· 213
marginal cost ······················· 193
market ·························17, 203, 236
Market driven ························ 216
Market effectiveness ················ 215
Market globalization ················ 109
market in ······························37
market investment ·················· 210
market position ····················· 210
market potential ····················· 210
market segmentation ·················43
market share ················ 100, 131
marketing ················48, 155, 202, 203
marketing advantage ················ 280
marketing channel ·················· 278
marketing concept ·················· 273
marketing creativity ················ 220
market-driven supply chain strategy
··· 278
marketing efforts······················ 272
marketing leadership ··············· 220
marketing logistics ············· 255, 274
marketing mix ······················45, 204
marketing on the Internet···············49
Marketing oriented ·················· 215
marketing plan························ 204
marketing research ·················· 204
Marketing strategy ·····················18
marketplace ······················49, 203
Mass Marketing ················ 216, 279
Massed Reserved······················33
materials handling ·················· 254
MBA ······························· 101, 123
MBO ······························ 226, 245
mega-competition················ 113, 294
mental block ·························· 160
mentor ································ 102

Merger and Acquisition ············· 226
message impact ····················· 175
microprocessor························ 125
Microsoft Corporation··············· 136
middle-income class ···················44
middlemen···························· 212, 251
Minimum Total Transaction ············33
minority-owned joint venture ········62
MNCs ································· 207
mobile phone ······················· 234
moral judgment ····················· 173
MOS ·································· 128
Mothers································ 146
motivation ···························· 142
Motorola ······················· 131, 134
MS-DOS ······························ 132
multinational corporations ············ 207
multinational giants···················· 234
MUTEC ·································53

■N

NAFTA ································ 248
NASDAQ ······················· 107, 145
National Association of Securities
 Dealers Automated Quotation ··· 107
National Council of Physical Distribution
 Management ······················ 254
national distribution centers ········ 290
National Venture Capital Association
··· 144
natural resources······················· 2
necessities ·····························31
needs ································· 203
negotiating tool ······················ 174
negotiation···················· 152, 154, 155
negotiator ···························· 156
Net Bubble ·························· 183
new hightechnology company ······ 118

new venture ･･････････････････････ 120
Newly Industrializing Economies ･･････21
niche ･･････････････････････････ 127
Niche Marketing ････････････････ 216
NIEs ････････････････････････8, 21, 108
No Direct Foreign Marketing ･････ 211
No Marketing ･･････････････････ 216
non-verbal････････････････････････ 174
non-vocal ･････････････････････ 174
nonmarket biases････････････････････20
North American Free Trade
　　Agreement ･･････････････････ 248
NPO ･･････････････････････････ 188
NVCA ････････････････････････ 144

■O

OEM ･･･････････････････････63, 108, 135
offshoring ･････････････････････ 244
one-to-one marketing ･･･････････ 238
Online Marketing････････････････ 202
open business environment ･･･････ 188
open, unregulated markets ･･･････ 207
operating language ･････････････ 138
Operational efficiency ･･････････ 215
optimistic entrepreneurial spirit ･･･ 187
optimisum ･････････････････････ 221
optimize････････････････････････16
optimium solution ･･････････････ 273
optimum strategy ･･･････････････20
original equipment manufacturing ･･･63
orthodox type in distribution ･････ 251
OS ･･･････････････････････ 136, 139
outbound distribution ･･･････････ 283
output-oriented approach to
　　management ･･･････････････ 133
outsourcing ･･････････････････ 188, 261
overcommunicated society ･･････ 206
ownership strategy ･････････････････60

■P

packaging ･･････････････････ 243, 258
Panasonic ･･････････････････････62
Panasonic Corporation ･････････････76
paradigm shift ･･･････････････ 244
paralanguage ･････････････････ 174
parent corporation ･････････････ 7
Paul Allen ･･･････････････････ 137
PC ････････････････････････ 125, 136
PC revolution ････････････････ 125
PDM ･････････････････････････ 274
Perceived quality････････････････ 218
personal computer ･･････････････ 129
personal contact ････････････････ 123
personnel ････････････････････ 240
persuasion ･･･････････････････ 156
Persuasive selling ･･･････････････ 215
Peter F. Drucker ･････････････････ 221
philanthropy ･･･････････････････69
Philip Kotler ･････････････････ 204
physical distribution ･････ 252, 275, 282
physical distribution management　274
physical supply････････････････28, 252
place ･･････････････････････45, 203, 218
platform ･････････････････････ 193
Poison Pill ･･･････････････････ 227
poker face ･････････････････････ 162
policy makers ･･･････････････ 184
Pooling Uncertainty ･･･････････････33
portfolio ･･･････････････････ 191
portfolio investment ･･･････････････62
Positioning･････････････････････ 205
practices ･･･････････････････ 193
preferences ･････････････････ 205
Preferred by customer ･･････････ 216
premium ･･･････････････････ 129
President and CEO ･･････････････ 127

president and chief operating officer ………… 133
price ……… 45, 203, 218
principle of comparative costs ……… 2
private sector ……… 189
privatization ……… 50, 235
processing ……… 149
product ……… 45, 203, 218
Product customization ……… 215
Product differenciation ……… 215
Product featuring ……… 215
Product Life Cycle Theory ……… 5
product mix ……… 17
product out ……… 37
product positioning ……… 206
Product specialization ……… 215
Product standardization ……… 215
Production oriented ……… 215
productivity ……… 207
professional ……… 122
professional employees ……… 133
professional worker ……… 121
professionalism ……… 120
profit ……… 16, 119
profit margin ……… 129, 134
programming language ……… 150
Prologis ……… 263
promotion ……… 45, 203, 218
proprietary technology ……… 132
protectionism ……… 57
Psychographics ……… 216
Public Affairs strategy ……… 20
public hearing ……… 160
public policy ……… 144
public relations ……… 132
public sector ……… 188
public utilities ……… 235
purchasing power ……… 208

■Q

Quality Control ……… 59
quality of life ……… 111

■R

R&D ……… 213
raw materials ……… 241
Reaganomics ……… 94
real assets ……… 190
recession ……… 133
Recruiting ……… 123
Red X ……… 135
reengineering ……… 103
regional distribution centers ……… 290
Regular Foreign Marketing ……… 212
relationship ……… 290
Relationships ……… 123, 156, 273, 277
reliability ……… 277
resellers ……… 282
resources ……… 19, 34, 123, 221
responsiveness ……… 277
results-oriented meritocracy ……… 187
revenues ……… 131, 134
reverse distribution ……… 284
revisionism ……… 53
risk ……… 93, 119
risk capital ……… 93, 119, 199
risk-taker ……… 124
Robert Noyce ……… 125
Robinson, R. D. ……… 7
royalty ……… 138, 140

■S

SAG ……… 228
sale by description ……… 29
sale by sample ……… 29
sale in bulk ……… 29

sales	43
sales force	212, 214
SBA	105
SCM	243, 244, 250, 267, 259
seed capital	143
segments	279, 285, 297
Segmentation	216
Segmented Marketing	216
Segments	205
Self-motivated creativity	142
self-reference criterion	210, 242
selling at the market	31
selling at the market minus	31
selling at the market plus	31
semiconductor	185
semiconductor chip	125
sensitivity	158
shipments	291
shipper	288
shopping and transport	284
Shockley Semiconductor	126
SIGMA	232
silent language	175
silicon chip	126
Silicon Valley	126, 183, 185
Singer Sewing Company	239
skills	241
slang	202
Small Business Administration	105
Small Business Investment Companies	93
SMF	231
Social Context of Corporate Management	226
social logistics	272
Social Marketing	202
Social Responsibility	229
sociocultural	241
socioeconomic	241
sourcing	238
Sourcing strategy	18
specialization	183
Specialized for niches	218
specialties	30
Speed driven	109
spoken language	174
SR	229
stages of international marketing involvement	210
stakeholder	229
standard business terms	119
standardization	214, 247
standardize	281
Star Trek	137
start-up company	148
start-up frims	238
start-up	148, 199
stock option	145
STP	205
strategic decisions	16
strategic manager	143
strategy	16, 210, 216
Structual Strategies	18
subsidiary	62
substitution	34
superior goods	49
supplier	66, 250
Supply Chain Management	244, 256
supply-chain	203
sustainability	189, 231
Sustainability Report	233
Sustainable Development	231
Sustainable Management Forum of Japan	231
synergy	53, 281

■T

tactics ·· 18, 210
Take Over Bid ································ 245
Tandy Corporation ························ 140
target market ·································· 38
Targeting ······································· 205
team-based approach ···················· 133
teamwork ·· 59
Techniques ······································ 62
technoculture ································· 136
Technological innovation ············· 109
technology ······················ 20, 50, 136, 236
telecommunications ······················ 238
teletype machine ··························· 136
test marketing ································ 49
Texas Instruments ························ 134
think globally and act locally ······ 214
third party certification ········ 228, 246
third party logistics ················ 244, 260
Three Dimension Graphics ········· 185
3PL ·· 250, 260
3Rs ··· 277
time ·· 256
time lag ·· 17
time sensitive ································ 279
tip ··· 171
TNT ·· 263
topography ···································· 241
trade friction ···································· 4
trading companies ························ 211
trailer ··· 288
training needs ······························· 167
Transferable marketing ················ 236
transistor ······································· 129
transportation ······················ 258, 285, 287
transportation costs ······················ 284
transportation economics ············· 287

transportation modes ···················· 291
trial and error ······························· 193
triple bottomline ··························· 232
truckload ······································· 288

■U

UCLA ··· 121
uncertainty ···························· 21, 209, 221
unconsicous reference···················· 210
uncontrollable ······························· 240
uniformity of operations··············· 239
upstream and downstream ·········· 282
UPS ·· 243, 264

■V

value ································ 213, 216, 218
value chain ···························· 213, 244
variables ································· 43, 236
VC ·· 200
venture ····································· 93, 119
venture business ····················· 90, 118
venture capital ··············· 93, 118, 190
venture capitalist ·························· 118
venture culture ······························· 91
verbal ··· 174
vertical trade ···································· 3
vertically integrated companies ··· 188
virtual companies ························· 188
virtual corporations······················· 238
vitality ··· 144
vocal ·· 174
voice ······································· 174, 218

■W

Wall Street ···································· 157
Wal-Mart ······································· 289
warehouse ······························ 285, 287
warehousing ··························· 258, 285

weak smile	163	World Wide Web	238
White Knight	227	worldwide integration	248
William Shockley	126	worldwide integration of markets	219
Win-Win	157	written language	174
Windows 95	136	WTO	235
working capital	119	WWW	238
Working Report on Social Responsibility	229	■Y	
World Trade Organization	235	Yahoo！	185

〈著者紹介〉

丹下　博文（たんげ・ひろふみ）

1950年，愛知県生まれ。早稲田大学法学部卒業，同大学院法学研究科修士課程修了。米コロンビア大学経営大学院修了（MBA），同大学院客員研究員。UCLA（米カリフォルニア大学ロサンゼルス校）アンダーソン経営大学院および社会公共政策大学院客員研究員などを経て，現在は愛知学院大学大学院経営学研究科教授，博士（経営学）。

主著に『企業経営の物流戦略研究』（中央経済社），『企業経営の社会性研究〈第3版〉』（中央経済社），『地球環境辞典〈第3版〉』（編著，中央経済社），『市場流通に関する諸問題〔新増補版〕』（訳・論説，白桃書房），『Negotiation and Business Globalization』（英文，成文堂）など多数。

企業経営のグローバル化研究〈第3版〉
■ マーケティングからロジスティクスの時代へ

2007年4月25日	第1版第1刷発行
2010年2月20日	第2版第1刷発行
2013年5月20日	第2版第3刷発行
2016年4月1日	第3版第1刷発行
2018年6月20日	第3版第2刷発行

著　者	丹　下　博　文
発行者	山　本　　　継
発行所	㈱中央経済社
発売元	㈱中央経済グループ 　　パブリッシング

〒101-0051　東京都千代田区神田神保町1-31-2
電　話　03(3293)3371（編集代表）
　　　　03(3293)3381（営業代表）
http://www.chuokeizai.co.jp/
印　刷／東光整版印刷㈱
製　本／誠製本㈱

©2016
Printed in Japan

＊頁の「欠落」や「順序違い」などがありましたらお取り替えいたしますので発売元までご送付ください。（送料小社負担）

ISBN978-4-502-18601-1　C3034

JCOPY〈出版者著作権管理機構委託出版物〉本書を無断で複写複製（コピー）することは，著作権法上の例外を除き，禁じられています。本書をコピーされる場合は事前に出版者著作権管理機構（JCOPY）の許諾を受けてください。
　JCOPY〈http://www.jcopy.or.jp　eメール：info@jcopy.or.jp　電話：03-3513-6969〉